【象棋谱丛书】

黄少龙 梁文斌 主编

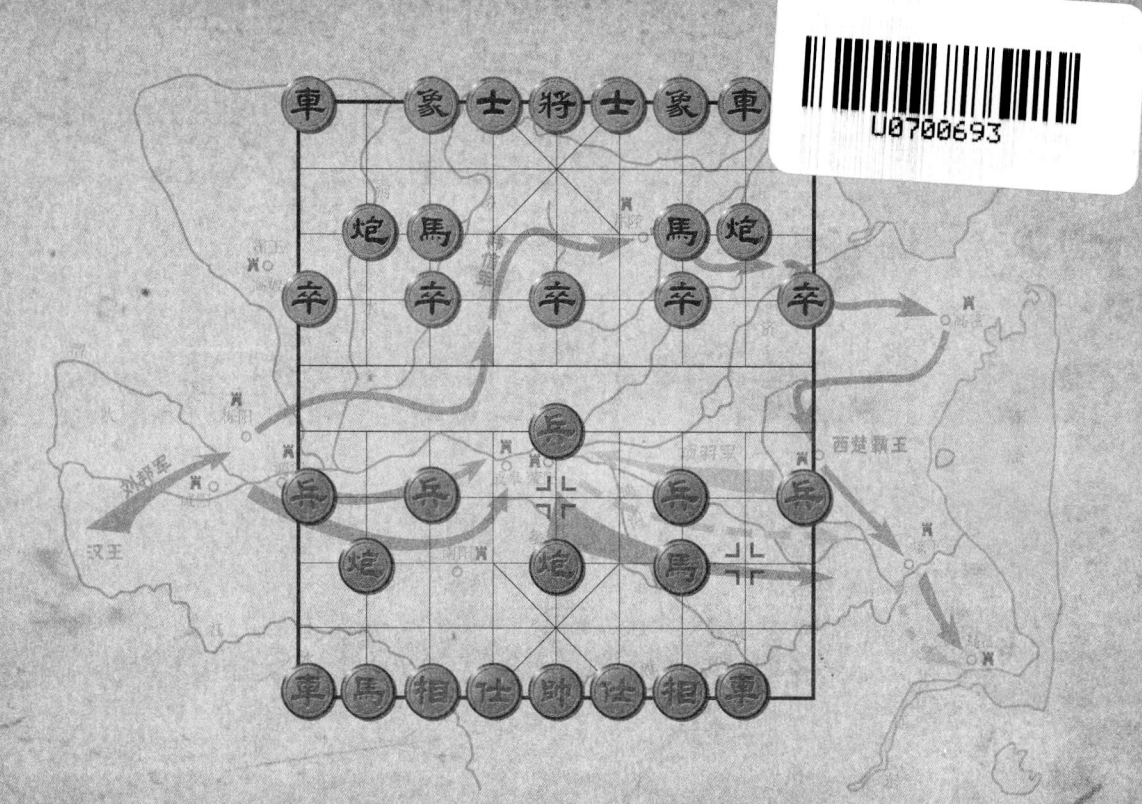

中炮冲中兵对屏风马

梁文斌 编

经济管理出版社·棋书中心

图书在版编目（CIP）数据

中炮冲中兵对屏风马/梁文斌编.—北京：经济管理出版社，2015.7
ISBN 978-7-5096-3806-4

Ⅰ.①中… Ⅱ.①梁… Ⅲ.①中国象棋—布局（棋类运动） Ⅳ.①G891.2

中国版本图书馆 CIP 数据核字（2015）第 121698 号

组稿编辑：郝光明　张　达
责任编辑：郝光明　史岩龙
责任印制：黄章平
责任校对：超　凡

出版发行	经济管理出版社
	（北京市海淀区北蜂窝8号中雅大厦A座11层　100038）
网　　址	www.E-mp.com.cn
电　　话	（010）51915602
印　　刷	三河市聚河金源印刷有限公司
经　　销	新华书店
开　　本	720mm×1000mm/16
印　　张	13.25
字　　数	245 千字
版　　次	2015 年 7 月第 1 版　2015 年 7 月第 1 次印刷
印　　数	1—5000 册
书　　号	ISBN 978-7-5096-3806-4
定　　价	36.00 元

·版权所有　翻印必究·

凡购本社图书，如有印装错误，由本社读者服务部负责调换。
联系地址：北京阜外月坛北小街2号
电话：（010）68022974　邮编：100836

总 序

具有初、中级水平的棋友，如何提高棋力？这是大家关心的问题。

一是观摩象棋大师实战对局，细心观察大师在开局阶段怎样舒展子力、部署阵型，争夺先手；在中局阶段怎样进攻防御，谋子取势、攻杀入局；在残局阶段怎样运子，决战决胜，或者巧妙求和。从大师对局中汲取精华，为我所用。

二是把大师对局按照开局阵式分类罗列，比较不同阵式的特点、利弊及对中局以至残局的影响，从中领悟开局的规律及其对全盘棋的重要性。由于这些对局是大师们经过研究的作品，所以对我们有很实用的价值，是学习的捷径。

本丛书就是为满足广大棋友的需要，按上述思路编写的。全套丛书以开局分类共51册，每册一种开局阵式。读者可以选择先学某册开局，并在自己对弈实践中体会有关变化，对照大师对局的弈法找出优劣关键，就会提高开局功力，然后选择另一册，照此办理。这样一册一册学下去，掌握越来越多的开局知识，你的开局水平定会大为提高，赢棋就多起来。

本丛书以宏大的气魄，把象棋开局及其后续变化的巨大篇幅展示在读者面前，是棋谱出版的创举，也是广大棋友研究象棋的好教材，相信必将得到棋友们的喜爱。

黄少龙
2013.11.6

前 言

"中炮冲中兵对屏风马"是古典与现代相融合的攻防战术。本书共五章。

第一章"中炮冲中兵过河炮对屏风马"。这是于20世纪30年代萌发的老版布局战术,其独特深奥的激烈攻守吸引众多名家大腕,曾一度成为十分流行的主战武器,至今仍可见。

第二章"中炮牛头滚对屏风马"。所谓"牛头滚"是江南地区象棋爱好者对中炮连续冲中兵战术的俗称,比喻两牛相斗互抵时的惨烈。由于连续三步急冲中兵而形成横冲直撞的态势,争斗异常凶猛,"二牛斗井台,一牛触井亡"是其真实写照。至今"牛头滚"仍是攻击型棋手斗狠的锐器。

第三章"中炮冲中兵对屏风马两头蛇"。这是老资格攻防布局战术。最初是以直冲中兵对屏风马两头蛇的缠斗为主基调,后来渐至门庭冷落鞍马稀的境地,但其相互攻守又有新的发展。

第四章"中炮冲中兵对屏风马退8路炮"。这是20世纪80年代兴起的冷门布局战术,其退8路炮,产生横向"八打"的独特防御风格,往往会收到出其不意、攻其不备的效果。

第五章"中炮急冲中兵对屏风马"。"中炮急冲中兵"是对中炮过河车进七兵冲中兵战术名称的约定俗成。本章重点是最新急冲战术,也有急冲中兵转五七炮,以及拐弯卒等老版布局攻防战术。

本书具有五大特点:

(1)"比赛时间"是研究布局战术不可或缺的重要参数。书中全部标注对局比赛时间,通过比赛时间先后排列及不同战术分类,会使读者朋友对布局战术发展脉络一目了然。

(2)"一局两图"是经济管理出版社编辑部主任郝光明先生独特创意。每局第一棋图显示布局结构与类型，第二棋图显示中局或残局精妙之处，双图相互上下呼应，又有坐标定位功用，解除通常打谱出现"跳着串行"又要推倒重来的烦恼。

(3)棋步优与劣是以"！"与"？"标示。此处无声胜有声，并非乱点鸳鸯谱，而是作者精心研究后的认识。这个小标点会给打谱起到提纲挈领的作用，使读者朋友在打谱中提高"心算"能力，在不知不觉之中使棋艺水平得到提高。

(4)好友得知我在编这本书，从福建打来电话而颇有微词："对局在网上一按鼠标就会有一大把，何必劳你大驾呢？"仁者见仁，智者见智，不同看法是正常的。值此我借用网络一句流行语："亲，你out了！"本书有很多名人珍稀对局，是翻箱倒柜耗费大量时间，从手抄资料中淘宝而得，就是把鼠标按碎也不会从网上搜索到。

(5)这本书乍看是对局记录，实则是工具书或是象棋布局辞典。一册在手，五大类布局战术尽收眼底，细细研读本书会对提高棋艺水平大有帮助。

梁文斌
2014年岁末

目 录

第一章 中炮冲中兵过河炮对屏风马 ······ 1

第1局	周顺发胜胡荣华	中炮冲中兵过河炮对屏风马两头蛇挺进边卒	1
第2局	季本涵胜朱剑秋	中炮冲中兵过河炮对屏风马两头蛇挺进边卒	2
第3局	周新海负李鹏	中炮冲中兵过河炮对屏风马两头蛇挺进边卒	3
第4局	陈孝堃和柳大华	中炮冲中兵过河炮对屏风马两头蛇挺进边卒	4
第5局	柳大华和刘殿中	中炮冲中兵过河炮对屏风马两头蛇挺进边卒	6
第6局	黄华负黎德志	中炮冲中兵过河炮对屏风马两头蛇挺进边卒	7
第7局	沈芝松胜朱剑秋	中炮冲中兵过河炮压马对屏风马两头蛇挺进边卒	8
第8局	林忠宝负邓又平	中炮冲中兵过河炮压马对屏风马两头蛇挺进边卒	9
第9局	程进超胜宋国强	中炮冲中兵过河炮分炮肋道对屏风马两头蛇挺进边卒	10
第10局	程进超胜于川	中炮冲中兵过河炮分炮肋道对屏风马两头蛇挺进边卒	11
第11局	方烈负赖理兄	中炮冲中兵过河炮分炮肋道对屏风马两头蛇挺进边卒	12
第12局	陈苏怡负时凤兰	中炮冲中兵过河炮平炮压马对屏风马两头蛇挺进边卒	13
第13局	王嘉良胜赵明	中炮冲中兵过河炮分车压马对屏风马两头蛇飞右象	14
第14局	朱肇康负王佩臣	中炮冲中兵过河炮分车压马对屏风马两头蛇飞右象	15
第15局	陈孝堃胜言穆江	中炮冲中兵过河炮分车压马对屏风马两头蛇飞右象	16
第16局	王学东胜赵庆东	中炮冲中兵过河炮分车压马对屏风马两头蛇飞右象	17
第17局	陈建东负陈汉华	中炮冲中兵过河炮分车压马对屏风马两头蛇飞右象	18
第18局	李忠雨胜于红木	中炮冲中兵过河炮再冲中兵对屏风马两头蛇飞右象	19
第19局	朱贵友负唐方云	中炮冲中兵过河炮分炮压马对屏风马两头蛇飞右象	21
第20局	蔡佑广和柳大华	中炮冲中兵过河炮分炮压马对屏风马两头蛇飞右象	22
第21局	王嘉良负杨官璘	中炮过河车冲中兵左马盘头对屏风马两头蛇飞右象	23
第22局	黎德志胜刘宗泽	中炮冲中兵过河炮对屏风马平炮兑车	25
第23局	陈耀胜梁华龙	中炮冲中兵过河炮对屏风马平炮兑车	26
第24局	葛晓征胜王建鸣	中炮冲中兵过河炮对屏风马平炮兑车	27

· 1 ·

第25局	牛志峰 胜 郭东文	中炮冲中兵过河炮对屏风马平炮兑车	28
第26局	王学东 负 陈汉华	中炮冲中兵过河炮对屏风马平炮兑车	29
第27局	梁文伟 胜 罗忠财	中炮冲中兵过河炮对屏风马平炮兑车	31
第28局	陈万威 胜 陈自成	中炮冲中兵过河炮对屏风马跳外马	32
第29局	顾胜 胜 芮立龙	中炮冲中兵过河炮对屏风马跳外马	33
第30局	蔡佑广 胜 李旭平	中炮冲中兵过河炮对屏风马跳外马	34
第31局	宗永生 胜 郑新年	中炮冲中兵过河炮对屏风马跳里马	35

第二章　中炮牛头滚对屏风马 ……………………………… 37

第32局	王晓华 负 徐健秒	中炮冲中兵牛头滚对屏风马右肋跳马	37
第33局	刘沛罡 负 刘德钟	中炮冲中兵牛头滚对屏风马右肋跳马	38
第34局	范思远 胜 李明超	中炮冲中兵牛头滚对屏风马右肋跳马	39
第35局	李冠男 胜 桂意	中炮冲中兵牛头滚对屏风马右肋跳马	40
第36局	边小强 胜 李小龙	中炮冲中兵牛头滚对屏风马右肋跳马	41
第37局	徐向卓 胜 胡森	中炮冲中兵牛头滚对屏风马右肋跳马	42
第38局	王晓华 胜 潘振波	中炮冲中兵牛头滚对屏风马左肋跳马	43
第39局	邝伟德 胜 黎金福	中炮冲中兵牛头滚对屏风马左肋跳马	44
第40局	齐辉 负 左文静	中炮冲中兵牛头滚对屏风马左肋跳马	45
第41局	林琴思 负 赵寅	中炮冲中兵牛头滚对屏风马左肋跳马	46
第42局	赵殿宇 和 聂铁文	中炮冲中兵牛头滚对屏风马左肋跳马	47
第43局	许波 胜 张志刚	中炮冲中兵牛头滚对屏风马左肋跳马	48
第44局	许波 胜 周群	中炮冲中兵牛头滚对屏风马左肋跳马	49
第45局	许波 负 桂意	中炮冲中兵牛头滚对屏风马左肋跳马	50
第46局	吴健民 负 李成蹊	中炮冲中兵牛头滚对屏风马左肋跳马	51
第47局	何海东 胜 王广书	中炮冲中兵牛头滚对屏风马左肋跳马	52
第48局	何海东 胜 王家瑞	中炮冲中兵牛头滚对屏风马左肋跳马	53
第49局	何海东 胜 许统才	中炮冲中兵牛头滚对屏风马左肋跳马	54
第50局	唐丹 负 陈幸琳	中炮冲中兵牛头滚对屏风马左肋跳马	55
第51局	郝继超 负 赵国荣	中炮冲中兵牛头滚对屏风马左肋跳马	56
第52局	许波 负 刘宗泽	中炮冲中兵牛头滚对屏风马左马兑红马	57
第53局	郭宪滨 胜 阮武军	中炮冲中兵牛头滚对屏风马左马兑红马	58
第54局	梁辅聪 胜 谢业枧	中炮冲中兵牛头滚对屏风马左马兑红马	59
第55局	薛忠 胜 田中笃	中炮冲中兵牛头滚对屏风马左马兑红马	60

目 录

第三章　中炮冲中兵对屏风马两头蛇 …………………………………… 62

第56局	周德裕胜罗天扬	中炮冲中兵对屏风马两头蛇高炮打车巡河炮 …………… 62
第57局	蔡福如胜朱剑秋	中炮冲中兵对屏风马两头蛇高炮打车巡河炮 …………… 63
第58局	阮清洁胜胡伟长	中炮冲中兵对屏风马两头蛇高炮打车巡河炮 …………… 64
第59局	王嘉良胜宋景岱	中炮急冲中兵分车压马对屏风马两头蛇退8路炮 ……… 65
第60局	郭长顺负刘殿中	中炮急冲中兵分车压马对屏风马两头蛇退8路炮 ……… 67
第61局	李义庭胜胡荣华	中炮急冲中兵横车对屏风马两头蛇高炮打车飞右象 …… 68
第62局	孟立国胜王有盛	中炮急冲中兵横车对屏风马两头蛇高炮打车巡河炮 …… 69
第63局	汪伟胜刘幼稚	中炮冲中兵对屏风马两头蛇高炮打车平炮兑车 ………… 70
第64局	宇兵负黎德志	中炮冲中兵对屏风马两头蛇高炮打车平炮兑车 ………… 71
第65局	王晴胜赵寅	中炮冲中兵对屏风马两头蛇高炮打车平炮兑车 ………… 73
第66局	赵鑫鑫负徐超	中炮冲中兵对屏风马两头蛇高炮打车平炮兑车 ………… 74
第67局	黎德志胜孙浩宇	中炮冲中兵对屏风马两头蛇高炮打车飞中象 …………… 75
第68局	张旒十负何文哲	中炮冲中兵对屏风马两头蛇高炮打车飞中象 …………… 76
第69局	蔡佑广和陈富杰	中炮冲中兵对屏风马两头蛇高炮打车飞中象 …………… 77
第70局	蔡世和胜所司和晴	中炮冲中兵对屏风马两头蛇高炮打车中卒吃兵 ………… 77
第71局	李忠雨负杨官璘	中炮冲中兵分车压马对屏风马两头蛇中卒吃兵 ………… 79
第72局	张晓平负郑新年	中炮冲中兵分车压马对屏风马两头蛇巡河炮 …………… 80
第73局	苗利明负汪洋	中炮冲中兵分车压马对屏风马两头蛇巡河炮 …………… 81
第74局	柳大华和赵国荣	中炮冲中兵分车压马对屏风马两头蛇巡河炮 …………… 82
第75局	励娴胜梁妍婷	中炮冲中兵分车压马对屏风马两头蛇退8路炮 ………… 83
第76局	励娴胜尹晖	中炮冲中兵分车压马对屏风马两头蛇退8路炮 ………… 84
第77局	励娴负洪天霖	中炮冲中兵分车压马对屏风马两头蛇左炮过河 ………… 85
第78局	赵冬负陈幸琳	中炮冲中兵弃七兵对屏风马两头蛇 ……………………… 86
第79局	黄志强负阎文清	中炮冲中兵弃七兵对屏风马两头蛇 ……………………… 87

第四章　中炮冲中兵对屏风马退8路炮 ………………………………… 89

第80局	何兆雄胜丁如意	中炮冲中兵横车对屏风马退8路炮高车保马 …………… 89
第81局	黄勇负靳玉砚	中炮冲中兵横车对屏风马退8路炮高车保马 …………… 90
第82局	阎超慧负左文静	中炮冲中兵横车对屏风马退8路炮高车保马 …………… 92
第83局	励娴负李贵勇	中炮冲中兵横车对屏风马退8路炮高车保马 …………… 93
第84局	李承鹏胜李晓成	中炮冲中兵横车对屏风马退8路炮高车保马 …………… 94

第85局	谢业枧胜廖二平	中炮冲中兵边炮对屏风马退8路炮高车保马……	96
第86局	邝伟德负赵鑫鑫	中炮冲中兵盘头马对屏风马退8路炮高车保马……	97
第87局	柯善林胜郦智威	中炮冲中兵对屏风马退8路炮分炮打车……	98
第88局	陈庭水胜宋德柔	中炮冲中兵对屏风马退8路炮分炮打车……	99
第89局	邝伟德负马武廉	中炮冲中兵对屏风马平炮兑车……	100
第90局	林琴思胜雷隆云	中炮冲中兵对屏风马平炮兑车……	102
第91局	许波负张俊	中炮冲中兵对屏风马平炮兑车……	103
第92局	许波胜虞云朋	中炮冲中兵对屏风马平炮兑车……	104

第五章　中炮急冲中兵对屏风马……106

第93局	李树洲负严俊	中炮急冲中兵六路分兵对飞马踏车……	106
第94局	王跃飞负王天一	中炮急冲中兵六路分兵对飞马踏车……	107
第95局	许文章胜梁国志	中炮急冲中兵六路分兵对飞马踏车……	108
第96局	朱琮思胜张申宏	中炮急冲中兵退肋车对飞马踏车炮轰底相……	109
第97局	夏刚负李洪	中炮急冲中兵退肋车对飞马踏车炮轰底相……	110
第98局	孙勇征胜赵国荣	中炮急冲中兵退肋车对飞马踏车炮轰底相……	112
第99局	邓明高和孙勇征	中炮急冲中兵退肋车对飞马踏车炮轰底相……	113
第100局	姜兵胜朱益明	中炮急冲中兵退肋车对飞马踏车炮轰底相……	114
第101局	王天一胜郑惟桐	中炮急冲中兵退肋车对飞马踏车炮轰底相……	115
第102局	霍美勇负韩强	中炮急冲中兵炮轰中卒对飞马踏车……	116
第103局	颜春生负卢勇	中炮急冲中兵炮轰中卒对飞马踏车……	118
第104局	王一鹏负李俊峰	中炮急冲中兵飞边相对贴将马……	119
第105局	蔡龙泉负张兰天	中炮急冲中兵飞边相对贴将马……	120
第106局	李荣负吕载	中炮急冲中兵过河炮对窝心马……	121
第107局	于幼华负徐天红	中炮急冲中兵过河炮对窝心马……	122
第108局	谢靖胜王斌	中炮急冲中兵过河炮轰中卒对窝心马飞左象……	123
第109局	谢靖胜孙逸阳	中炮急冲中兵过河炮轰中卒对窝心马飞左象……	124
第110局	许文章负吴代明	中炮急冲中兵过河炮轰中卒对窝心马飞马兑炮……	126
第111局	张学潮和李智屏	中炮急冲中兵过河炮对窝心马……	127
第112局	唐俊负张泽海	中炮急冲中兵过河炮轰中卒对窝心马飞马兑炮……	128
第113局	徐和良和李义庭	中炮急冲中兵转五七炮对飞右象……	129
第114局	沈浩胜翁翰明	中炮急冲中兵转五七炮对飞右象……	130
第115局	林进春负曾纪升	中炮急冲中兵转五七炮对飞右象……	131

第116局	沈玉健胜姜兵	中炮急冲中兵转五七炮对飞右象	132
第117局	陈金盛胜刘剑青	中炮急冲中兵转五七炮对贴将马	133
第118局	陈金盛负何顺安	中炮急冲中兵转五七炮对贴将马	134
第119局	郑玉廷负梅清明	中炮急冲中兵转五七炮对贴将马	135
第120局	梁辉远胜张建利	中炮急冲中兵转五七炮对贴将马	137
第121局	许长进胜邓颂宏	中炮急冲中兵转五七炮对贴将马	138
第122局	郑荣生负柳大华	中炮急冲中兵转五七炮飞边相对弃7卒	139
第123局	王永强胜张兆海	中炮急冲中兵转五七炮飞边相对弃7卒	140
第124局	唐子龙胜弋川新	中炮急冲中兵转五七炮飞边相对弃7卒	141
第125局	朱学增负赵文山	中炮急冲中兵转五七炮退边马对弃7卒	142
第126局	赵国荣胜王秉国	中炮急冲中兵转五七炮退边马对弃7卒	143
第127局	曾军胜弋川新	中炮急冲中兵转五七炮退边马对弃7卒	145
第128局	于红木胜邹立武	中炮急冲中兵转五七炮对弃7卒倒骑河炮打中兵	146
第129局	谢艺胜黄向晖	中炮急冲中兵转五七炮对弃7卒倒骑河炮打中兵	147
第130局	卜凤波负聂铁文	中炮急冲中兵转五七炮对弃7卒倒骑河炮打中兵	148
第131局	李贵勇负周小平	中炮急冲中兵转五七炮对弃7卒倒骑河炮打中兵	149
第132局	于幼华负郝继超	中炮急冲中兵转五七炮对弃7卒倒骑河炮打中兵	150
第133局	基沙纳负孙勇征	中炮急冲中兵转五七炮对弃7卒炮轰底相	151
第134局	李义庭胜杨官璘	中炮急冲中兵转五七炮对跳外马倒骑河炮打中兵	152
第135局	王嘉良负李来群	中炮急冲中兵转五七炮对跳外马倒骑河炮打中兵	154
第136局	阮大胜胜蔡培青	中炮急冲中兵转五七炮对跳外马倒骑河炮打中兵	155
第137局	于红木负刘殿中	中炮急冲中兵转五七炮对跳外马倒骑河炮打中兵	156
第138局	王永强胜廖二平	中炮急冲中兵转五七炮对跳外马倒骑河炮打中兵	158
第139局	李义庭负蔡福如	中炮急冲中兵转五七炮对跳外马踩三兵	160
第140局	王永强负杨景超	中炮急冲中兵转五七炮对跳外马踩三兵	161
第141局	陈建昌胜李鹏	中炮急冲中兵转五七炮对跳外马踩三兵	162
第142局	谢靖负王斌	中炮急冲中兵转五七炮对跳外马踩三兵	163
第143局	王嘉良胜胡荣华	中炮急冲中兵转五七炮横车对跳外马高车保马	165
第144局	谢艺胜吴卫国	中炮急冲中兵转五七炮横车对跳外马高车保马	166
第145局	赵金成胜于幼华	中炮急冲中兵转五七炮横车对跳外马高车保马	167
第146局	赵金成和蒋川	中炮急冲中兵转五七炮横车对跳外马高车保马	168
第147局	郭长顺负刘殿中	中炮急冲中兵转五七炮七兵渡河对踏外马冲卒逐车	169
第148局	苗利明负许银川	中炮急冲中兵盘头马对屏风马	171
第149局	蒋家宾负党斐	中炮急冲中兵盘头马对屏风马	172

第150局	赵国荣负孙勇征	中炮急冲中兵盘头马对屏风马	173
第151局	范思远负滕飞	中炮急冲中兵盘头马对屏风马	174
第152局	陈鱼负黄国栋	中炮急冲中兵对屏风马进车点穴	176
第153局	虞海洋胜孔令帮	中炮急冲中兵对屏风马进车点穴	177
第154局	周永忠胜胡智慧	中炮急冲中兵对屏风马进车点穴	178
第155局	庄才钧胜黄晓华	中炮急冲中兵对屏风马进车点穴	179
第156局	王秋生胜闫依群	中炮急冲中兵对屏风马进车点穴	181
第157局	李进胜苏健强	中炮急冲中兵对屏风马进车点穴	182
第158局	黎泽桁负方艺霖	中炮急冲中兵对屏风马进车点穴	183
第159局	秋吉一功胜王辉川	中炮急冲中兵对屏风马进车点穴	184
第160局	龚杰胜负赖理兄	中炮急冲中兵对拐弯卒	185
第161局	龚旭东负李晓静	中炮急冲中兵对拐弯卒	186
第162局	张强负柳大华	中炮急冲中兵对拐弯卒	187
第163局	李锦林负龙龚	中炮急冲中兵对拐弯卒	189
第164局	米珍珠负张义平	中炮急冲中兵对拐弯卒	190
第165局	张才负徐建斌	中炮急冲中兵对拐弯卒	191
第166局	蔡俊武胜梁朝晖	中炮急冲中兵对拐弯卒	192
第167局	申鹏胜李雪松	中炮急冲中兵对拐弯卒	193
第168局	黄金成负石才贯	中炮急冲中兵对拐弯卒	194
第169局	石天生负石才贯	中炮急冲中兵对拐弯卒	196
第170局	陈杰胜冯金利	中炮急冲中兵对拐弯卒	198

第一章 中炮冲中兵过河炮对屏风马

第1局 周顺发胜胡荣华

(1962年6月6日弈于江苏队访问上海队友谊赛)

中炮冲中兵过河炮对屏风马两头蛇挺进边卒

1. 炮二平五　马8进7
2. 马二进三　车9平8
3. 车一平二　卒7进1
4. 车二进六　马2进3
5. 兵五进一　士4进5
6. 马八进七　卒3进1
7. 炮八进四（图1）卒1进1！
8. 兵五进一　车1进3
9. 炮八退五　炮2进1
10. 车二退二　卒5进1
11. 炮八平五！炮8进2？
12. 车九平八　炮2平7
13. 车二平六　炮7进3
14. 相三进一　炮8进3
15. 后炮进四　象7进5
16. 马七进五　车8进6
17. 车八进七　炮8平5
18. 炮五退三　炮7平9？
19. 车六进四（图2）炮9平5
20. 炮五进五　士5进4
21. 车八平七　车1退3
22. 炮五退三

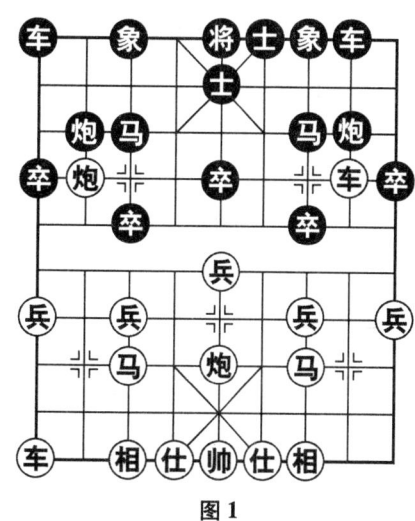

图1

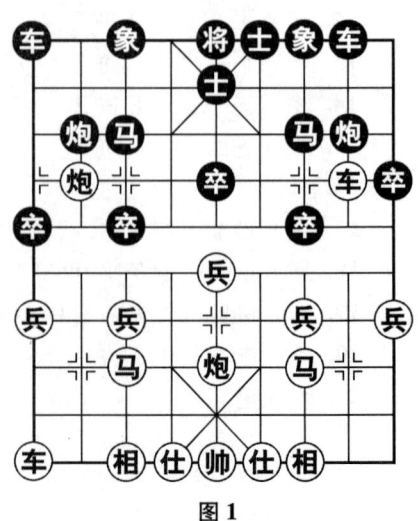

图 2

第 2 局　季本涵胜朱剑秋

（1964 年 5 月 10 日弈于全国象棋个人赛）
中炮冲中兵过河炮对屏风马两头蛇挺进边卒

1. 炮二平五　马 8 进 7
2. 马二进三　卒 7 进 1
3. 车一平二　车 9 平 8
4. 车二进六　马 2 进 3
5. 兵五进一　士 4 进 5
6. 马八进七　卒 3 进 1
7. 炮八进四　卒 1 进 1（图 1）
8. 兵五进一　车 1 进 3
9. 炮八退五　车 1 平 4?
10. 炮八平五　炮 2 进 1
11. 车九平八!　炮 8 平 9
12. 兵五进一　马 3 进 5
13. 车二平三　将 5 平 4
14. 马三进五　炮 9 进 4?
15. 马五进四　车 4 进 6
16. 马七退六　炮 2 平 7
17. 马四进三!　马 5 退 7
18. 车八进六（图 2）象 7 进 5
19. 车八平三　炮 9 进 3

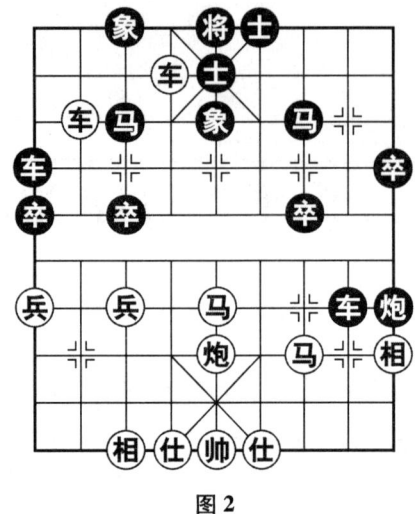

图 1

第一章 中炮冲中兵过河炮对屏风马

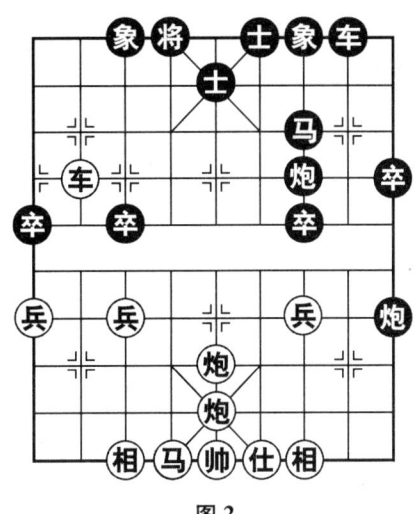

图2

20. 马六进七 士5进4
22. 帅五平六 将4平5

21. 后炮平六 士4退5
23. 炮六平五

第3局 周新海负李鹏

（1993年4月20日弈于全国象棋团体赛）

中炮冲中兵过河炮对屏风马两头蛇挺进边卒

1. 炮二平五 马8进7
2. 马二进三 车9平8
3. 车一平二 卒7进1
4. 车二进六 马2进3
5. 马八进七 卒3进1
6. 兵五进一 士4进5
7. 炮八进四 卒1进1
8. 兵五进一 车1进3（图1）
9. 兵五进一？ 马3进5
10. 炮八退五 炮8平9
11. 车二进三 马7退8
12. 炮八平五 炮2平5
13. 车九平八 马8进7
14. 车八进四 车1平4
15. 前炮进五？ 象7进5

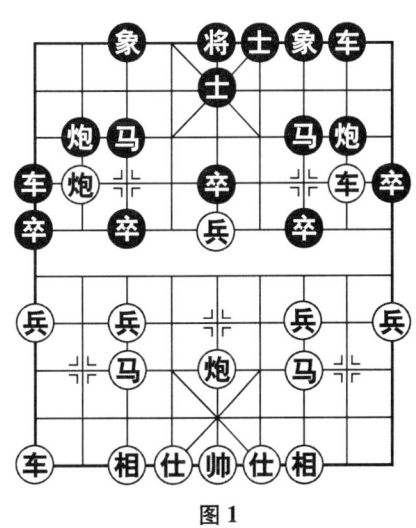

图1

16. 马七进五	车4进3	17. 兵三进一	卒7进1
18. 车八平三	炮9退2	19. 炮五进五?	马7进5
20. 兵七进一	炮9平7	21. 车三进二	马5进4
22. 仕四进五	卒3进1	23. 相三进五	卒3进1！
24. 车三平六	炮7进6	25. 马五进三	马4进2！
26. 车六退三	卒3平4		
27. 兵一进一	马2进3		
28. 帅五平四	炮7平1（图2）		

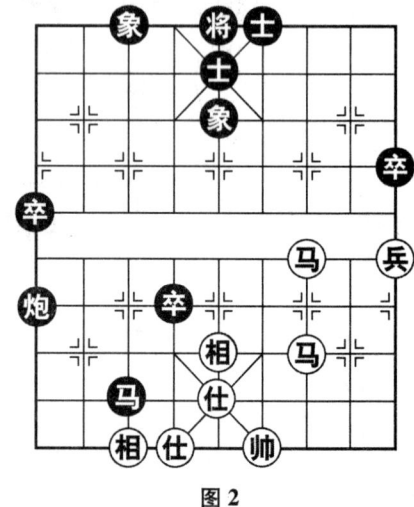

图 2

29. 兵一进一	卒9进1
30. 前马进一	卒1进1
31. 马一退三	卒1平2
32. 后马进四	士5进6
33. 马四进六	象5进3
34. 马三进五	士6进5
35. 马五退三	卒2平3
36. 马六进七	炮1平2
37. 马七退五	象3进5
38. 相五退三	炮2退5！
39. 马三进二	

第4局　陈孝堃和柳大华

（1999年1月21日弈于河南省首届少林汽车杯全国象棋八强赛）
中炮冲中兵过河炮对屏风马两头蛇挺进边卒

1. 炮二平五	马8进7	2. 马二进三	卒7进1
3. 车一平二	车9平8	4. 车二进六	马2进3
5. 兵五进一	士4进5	6. 马八进七	卒3进1
7. 炮八进四	卒1进1	8. 兵五进一	车1进3
9. 炮八退五	炮8平9（图1）	10. 车二平三	车8进2！
11. 车三平一	车8进6	12. 仕六进五	马7进9？
13. 炮八平二	马9进8	14. 马三进五	马8进6
15. 仕五进四	马6退5	16. 车九平八	车1平4
17. 炮二平九	炮9平5	18. 炮九进四	马5进4
19. 车八进一	卒5进1	20. 仕四进五	象3进1？

第一章　中炮冲中兵过河炮对屏风马

21. 炮九平五？　马4退5
22. 炮五进三　车4平5！
23. 炮五进二　炮2平5
24. 相七进五　炮5进4
25. 马七进五　车5进3
26. 兵七进一！卒3进1
27. 相五进七　车5平7
28. 相七退五　车7平9
29. 兵九进一　马3进5
30. 车八进三　车9平6
31. 兵九进一　马5进6
32. 相三进一　马6进8
33. 相一退三　车6平1
34. 帅五平六　象7进5
35. 兵九平八　马8进7
36. 仕五进六　车1进3
37. 帅六进一　马7进5
38. 仕四退五　马5退3
39. 车八平七　马3退4
40. 车七退一　马4退5
41. 车七平五！马5退3
42. 车五平七　马3进4
43. 车七进一　马4退5
44. 兵八进一　马5进3
45. 仕五进四　车1退3
46. 仕四退五　车1平5
47. 帅六退一　车5退3（图2）
48. 车七平八　象1退3
49. 兵八进一　车5进3
50. 兵八进一　车5平6
51. 帅六平五　士5退4
52. 相五退七　车6退5
53. 兵八进一　象3进1
54. 相七进五　车6进5

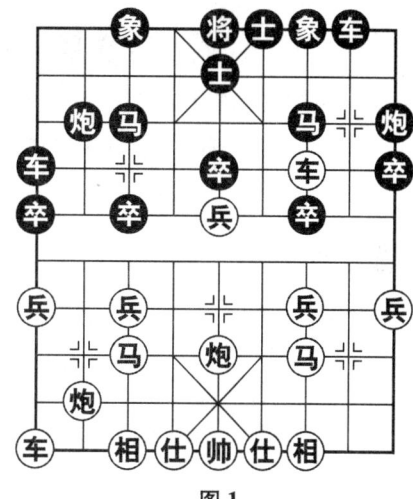

图1

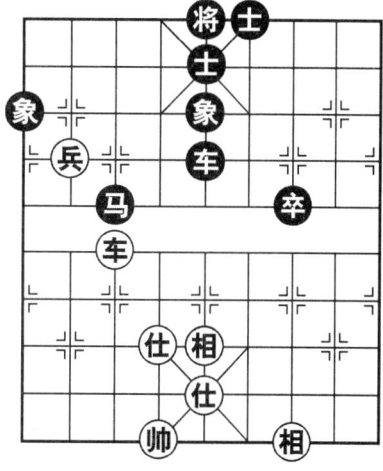

图2

第5局 柳大华和刘殿中

（2002年1月2日弈于第22届五羊杯全国象棋冠军邀请赛）
中炮冲中兵过河炮对屏风马两头蛇挺进边卒

1. 炮二平五　马8进7
2. 马二进三　车9平8
3. 车一平二　卒7进1
4. 车二进六　马2进3
5. 兵五进一　士4进5
6. 马八进七　卒3进1
7. 炮八进四　卒1进1
8. 兵五进一　车1进3
9. 炮八退五　炮2进1
10. 车二退二　卒5进1（图1）
11. 兵七进一！炮2平8
12. 车二平六　卒5进1
13. 马七进八　前炮平5？
14. 车六平五　车1平4
15. 炮八平五　车4平5
16. 兵七进一　炮5进4
17. 车五退二　马7进5
18. 车五平七　炮8平5！
19. 炮五进六　象7进5
20. 兵七进一　马5进4
21. 车七进一　马3进5
22. 车九进二　马5进6
23. 马三进五　车4平2（图2）
24. 马八进六　马6退4
25. 马五进六　车8进3
26. 车九平四　车8平5
27. 仕六进五　车2退2
28. 车七进一　马4进6
29. 马六进八　将5平4！
30. 相三进五　车2平4
31. 车七平四　马6退4
32. 马八退七　车5平3
33. 相七进九

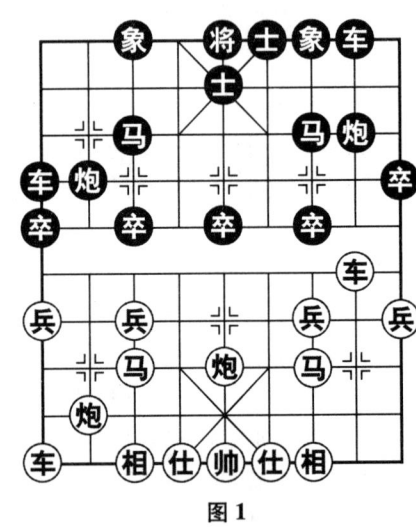

图1

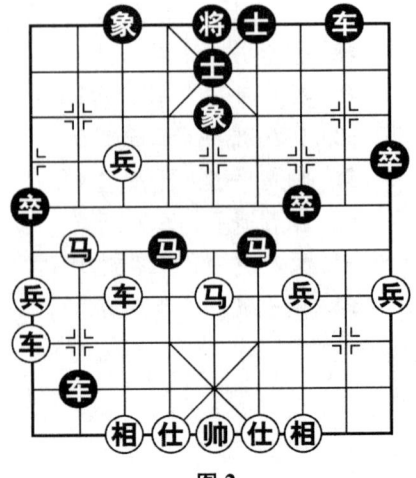

图2

第6局　黄华负黎德志

（2006年1月31日弈于汕头市第7届西凤杯象棋公开赛）
中炮冲中兵过河炮对屏风马两头蛇挺进边卒

1. 炮二平五　　马8进7
2. 马二进三　　车9平8
3. 车一平二　　卒7进1
4. 车二进六　　马2进3
5. 马八进七　　卒3进1
6. 兵五进一　　士4进5
7. 炮八进四　　卒1进1
8. 兵五进一　　车1进3
9. 炮八退五　　炮2进1
10. 车二退二　　卒5进1
11. 炮八平五　　炮8进2（图1）
12. 兵七进一　　炮2平8
13. 车二平四　　象7进5
14. 兵七进一　　卒5进1！
15. 车四平五　　前炮平3
16. 车九平八　　炮8平5
17. 前炮进四？　马7进5
18. 车五进一　　车8进5
19. 马七进五？　车8平4
20. 相七进五　　炮3平2！
21. 炮五平二　　车4平8
22. 炮二平七　　象5进3
23. 车五进一？　车1平5
24. 炮七进六　　炮2退1
25. 车八进五　　车8平4
26. 炮七平二　　象3进5
27. 炮二进二　　象5退7
28. 炮二退八　　象3退5
29. 兵三进一　　卒7进1
30. 马五进三？　车4平7！
31. 炮二平五　　车7退1！（图2）

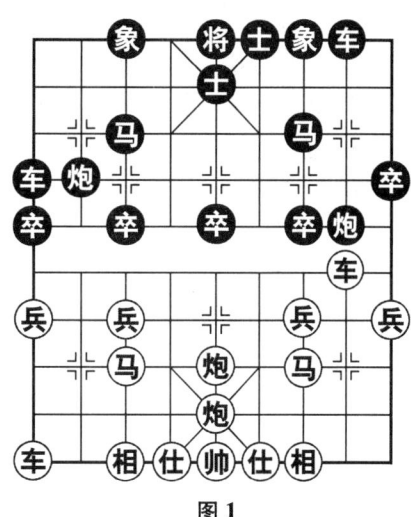

图1

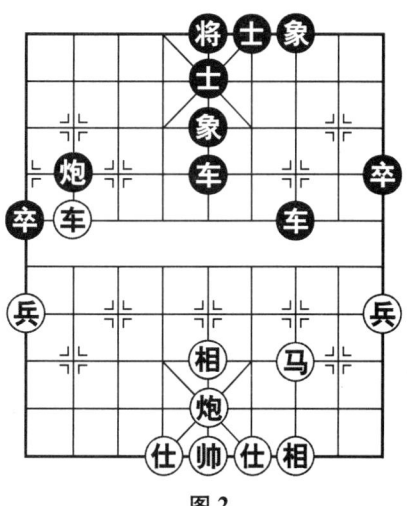

图2

第7局 沈芝松胜朱剑秋

（1964年5月6日弈于全国象棋个人赛）

中炮冲中兵过河炮压马对屏风马两头蛇挺进边卒

1. 炮二平五　马8进7
2. 马二进三　卒7进1
3. 车一平二　车9平8
4. 车二进六　马2进3
5. 兵五进一　士4进5
6. 马八进七　卒3进1
7. 炮八进四　卒1进1
8. 炮八平七（图1）车1进3
9. 炮七进三？ 象7进5
10. 炮七退一　炮2进1
11. 车二退二　车1退2
12. 车九平八　炮2进1
13. 炮七退三　象5进3
14. 兵七进一　象3退5
15. 兵七进一　象5进3
16. 马七进六　车1平2
17. 兵三进一　象3退5？
18. 兵三进一　象5进7
19. 车二进二　炮2退1
20. 马六进七　炮2进3？
21. 炮五平七　车2平2
22. 马七退六　炮2退1
23. 兵五进一　炮8平9
24. 车二平三　车8进2
25. 马三进五　车2退3
26. 相七进五　卒5进1
27. 马六进七　炮2平5？（图2）
28. 炮七进五！车2进9
29. 炮七平二　车2退3
30. 炮二退二！象7退5？
31. 车三进一　车2平5
32. 炮二进四　象5退7

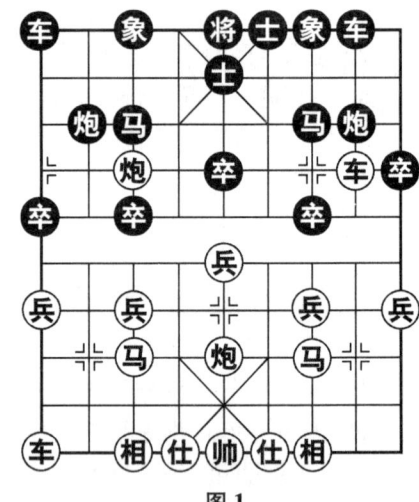

图1

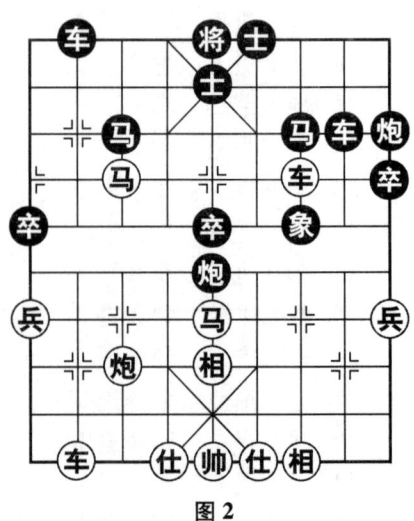

图2

33. 仕四进五	炮9进4		34. 车三进二	炮9进3
35. 相三进一	炮5进2		36. 帅五平四	车5平6
37. 仕五进四	车6平8		38. 炮二平一	炮9平4
39. 马七退五	车8进3		40. 相一退三	炮5平2?
41. 帅四平五				

第8局　林忠宝负邓又平

(1984年4月9日弈于全国象棋团体赛)

中炮冲中兵过河炮压马对屏风马两头蛇挺进边卒

1. 炮二平五　马8进7
2. 马二进三　车9平8
3. 车一平二　卒7进1
4. 车二进六　马2进3
5. 马八进七　卒3进1
6. 炮八进四　士4进5
7. 兵五进一　卒1进1
8. 炮八平七　车1进3（图1）
9. 炮七进三　象7进5

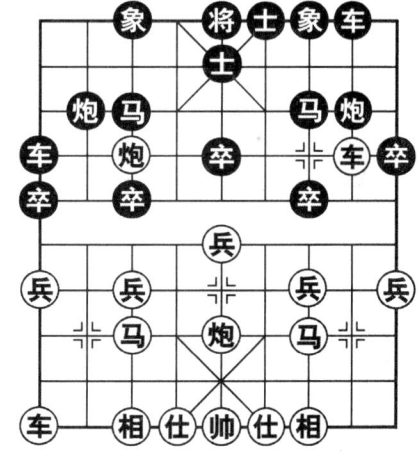

图1

10. 兵七进一　炮2进1
11. 车二退二　象5退3
12. 兵七进一　炮2退2
13. 兵五进一?　卒5进1
14. 车九平八　炮2平3
15. 车二平七　马7进5
16. 马七进八　车1退3
17. 兵七进一　卒5进1
18. 仕六进五?　炮8平5!
19. 炮五进四　马3进5
20. 兵七平六　马5进6
21. 车七进四　车8进7!
22. 相七进五　车8平7
23. 马八进六　车7退1
24. 车八平六　马6进8（图2）

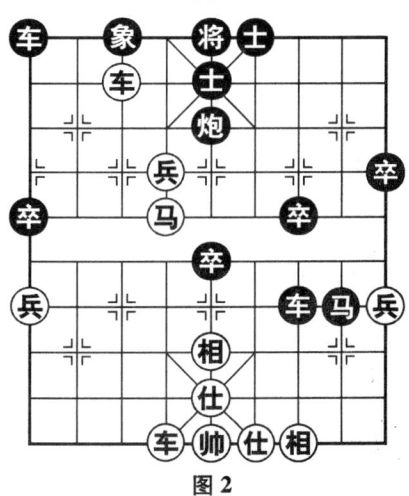

图2

第9局 程进超胜宋国强

（2002年11月2日弈于全国象棋个人赛）
中炮冲中兵过河炮分炮肋道对屏风马两头蛇挺进边卒

1. 炮二平五　马8进7
2. 马二进三　车9平8
3. 车一平二　卒7进1
4. 车二进六　马2进3
5. 兵五进一　士4进5
6. 马八进七　卒3进1
7. 炮八进四　卒1进1
8. 炮八平六（图1）车1进3?
9. 车九平八　马3进4

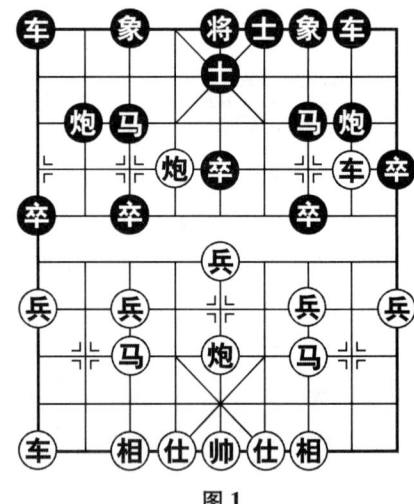

图1

10. 兵五进一　车1平4?
11. 兵五平六　车4进1
12. 马三进五　车4退2
13. 车八进六　炮8平9
14. 炮五进四　象7进5
15. 车二进三　马7退8
16. 炮五退一　炮9进4
17. 炮五平九！炮2平1
18. 马五进六　炮9退2
19. 马六进四　车4进5
20. 炮九平三　炮1进2
21. 仕六进五！车4退1
22. 炮三退一　炮9平5
23. 相七进五　马8进7
24. 炮三平二　炮1退3
25. 车八平七　车4平3
26. 车七进二　将5平4?
27. 炮二进四　士5进6
28. 炮二退六　炮1进3
29. 兵九进一　炮1平2
30. 车七退二　车3平4
31. 车七平八　士6进5
32. 兵九进一　炮2进2
33. 炮二进一！车4进1
34. 炮二平八　车4平2
35. 车八平六　将4平5
36. 炮八进六　象3进1
37. 帅五平六　将5平6
38. 兵九进一　卒3进1（图2）
39. 兵九平八　车3平
40. 相五进七　车1平2
41. 帅六进一　车1退1
42. 帅六退一　车1平1
43. 帅六进一　炮5平6
44. 兵三进一！炮6进4
45. 仕五进六　车1退5

46. 车六退三　车1平6
47. 马四退六　车6平5
48. 马六进七　士5进4
49. 车六进四　士6退5
50. 车六进二　将6进1
51. 车六平三！炮6平7
52. 车三退一　将6退1
53. 马七进五　马7退5
54. 车三平五

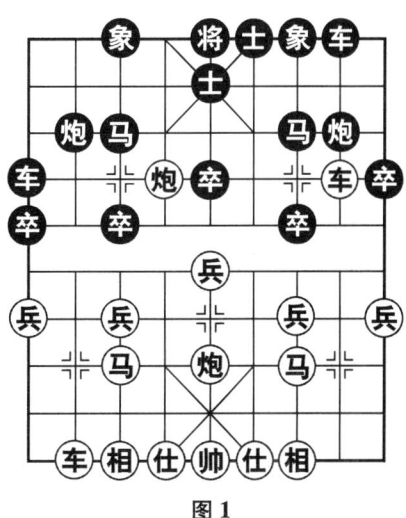

图2

第10局　程进超胜于川

（2002年11月4日弈于全国象棋个人赛）

中炮冲中兵过河炮分炮肋道对屏风马两头蛇挺进边卒

1. 炮二平五　马8进7
2. 马二进三　车9平8
3. 车一平二　卒7进1
4. 车二进六　马2进3
5. 兵五进一　士4进5
6. 马八进七　卒3进1
7. 炮八进四　卒1进1
8. 炮八平六　车1进3
9. 车九平八（图1）炮2进2？
10. 炮六平七　车1平3
11. 车八进五　炮8平9
12. 车二平三　马7退9？
13. 马三进五　炮9进4
14. 车三平一　炮9平5
15. 马七进五　马9进8
16. 兵五进一　卒5进1
17. 炮五平二！车3平5
18. 车八平七　马8进6
19. 车一平五　马3进5

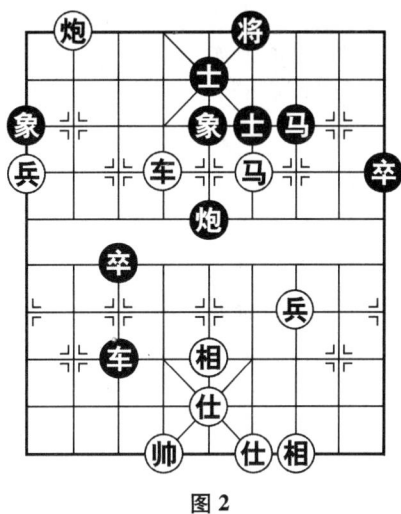

图1

20. 车七进四　士5退4
21. 马五退四　卒5进1?
22. 车七退五　马6进4
23. 炮二平八　士4进5
24. 马四进六　卒5进1
25. 炮八进二　马4退6
26. 车七退五　士5退4
27. 炮八进五　将5进1
28. 车七退一　将5进1（图2）
29. 马六进七　马5进4
30. 车七退三　车8进3
31. 车七平六　车8平5
32. 仕六进五　卒5平4?
33. 炮八退五

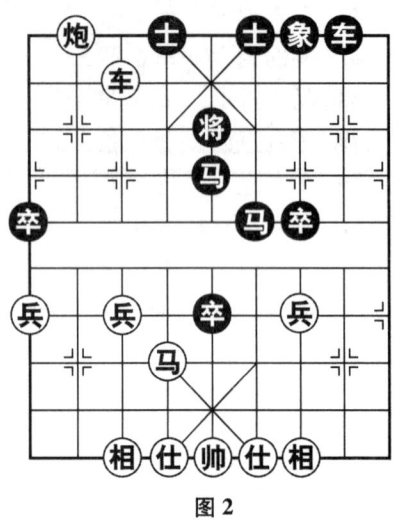

图2

第11局　方烈负赖理兄

（2010年11月29日弈于第16届亚洲象棋锦标赛）
中炮冲中兵过河炮分炮肋道对屏风马两头蛇挺进边卒

1. 炮二平五　马8进7　　　2. 马二进三　卒7进1
3. 车一平二　车9平8　　　4. 车二进六　马2进3
5. 兵五进一　士4进5
6. 马八进七　卒3进1
7. 炮八进四　卒1进1
8. 炮八平六　车1进3
9. 车九平八　马3进4
10. 兵五进一　车1平4
11. 兵五平六　车4进1
12. 车二平三（图1）车4退2
13. 车三退一　炮8退1
14. 马三进五　炮8平7
15. 车三平七　象7进5
16. 车七退一　车8进6
17. 马五进三　马7进6

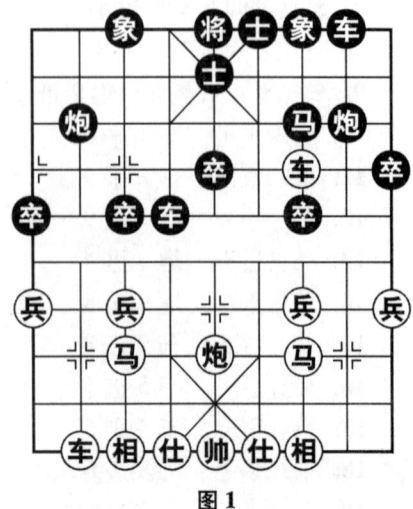

图1

18. 车八进四　马6进7?
19. 炮五平三　炮2平1
20. 车七平六　车8进1
21. 马七进五　炮1进4
22. 车六进三　士5进4
23. 炮三平五　炮1平5
24. 炮五进四（图2）炮7平5?
25. 炮五进二　炮5退5
26. 仕六进五　车8平3
27. 相三进五?　马7进9
28. 车八平四　象5进7!
29. 帅五平六　车3退1
30. 车四退二　马9退7

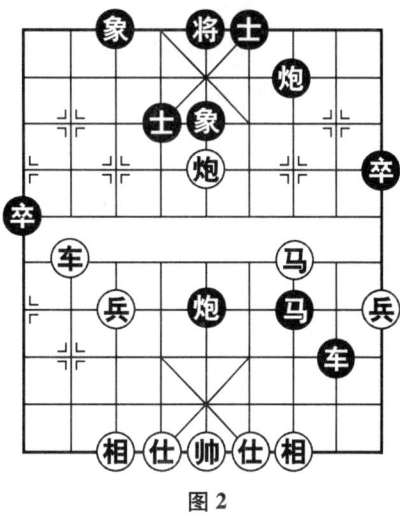

图2

第12局　陈苏怡负时凤兰

（2009年11月16日弈于第1届全国智力运动会）

中炮冲中兵过河炮平炮压马对屏风马两头蛇挺进边卒

1. 炮二平五　马8进7
2. 马二进三　车9平8
3. 车一平二　卒7进1
4. 车二进六　马2进3
5. 兵五进一　卒3进1
6. 炮八进四　士4进5
7. 马八进七　卒1进1
8. 车二平三（图1）车1进3
9. 炮八退五　炮8进2
10. 炮八平二!　炮8平9
11. 车九平八　炮2平1
12. 车八进一?　卒7进1
13. 兵三进一　炮9平4
14. 兵五进一?　炮4退1
15. 车三退一　象7进9
16. 兵五进一　象9进7!
17. 兵五平六　象7退5
18. 车八平六　马7进6
19. 兵六进一　车1平4!

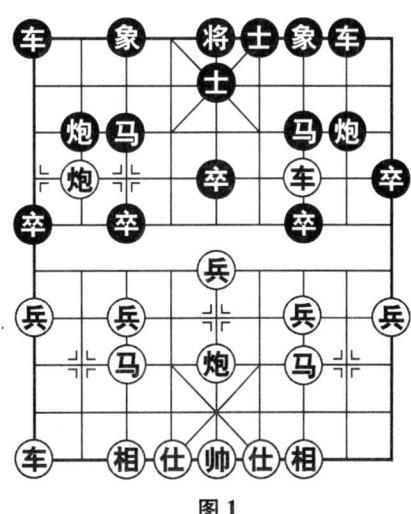

图1

20. 车六平四	马6进4	21. 马七进五	车4退1
22. 兵七进一	马4进5	23. 相七进五	将5平4!
24. 仕四进五	炮1进4	25. 相五退七	炮1进2!
26. 车四进四	车8进8	27. 兵七进一	车8平7
28. 相三进一	车4进4		
29. 兵七进一	马3进5		
30. 车四平五	马5进3		
31. 马三进四	车4退1		
32. 马四退五	车7平8		
33. 前马退七	车8进1		
34. 仕五退四	马3进4（图2）		
35. 仕六进五	炮1进1		
36. 马七退八	车4平3		
37. 车五平六	将4平5		
38. 车六退二	车3进4		
39. 仕五退六	车3平2		
40. 车六平九	车8退5		

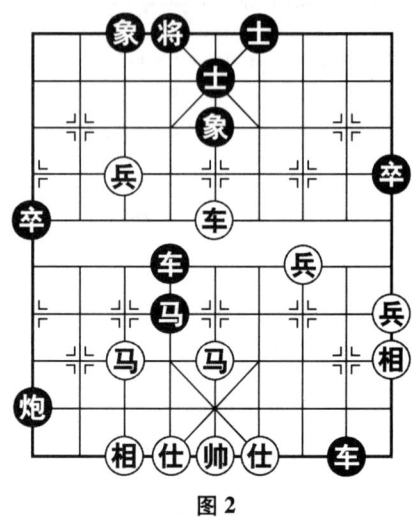

图2

第13局　王嘉良胜赵明

(1964年5月4日弈于全国象棋个人赛)

中炮冲中兵过河炮分车压马对屏风马两头蛇飞右象

1. 炮二平五　马8进7
2. 马二进三　车9平8
3. 车一平二　卒7进1
4. 车二进六　马2进3
5. 兵五进一　士4进5
6. 马八进七　卒3进1
7. 炮八进四　象3进5（图1）
8. 车二平三　马3进4
9. 兵五进一　卒5进1!
10. 炮八退一　卒3进1
11. 炮八平五　炮8进2
12. 前炮平二?　马4进6

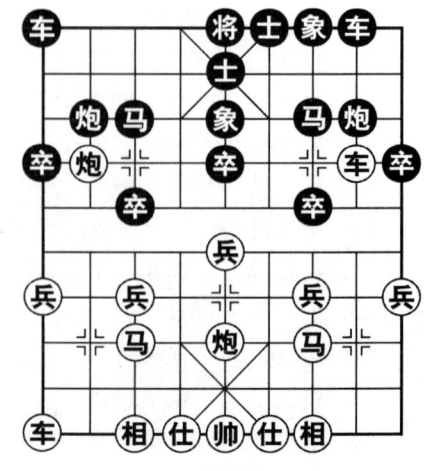

图1

13. 车三平八　马6进7？
15. 车九平八　车1平4
17. 炮二平九　前马退5
19. 车八进九　士5退4
21. 炮九进三　士4进5
22. 车八进四　士5退4
23. 车八退六　士4进5
24. 车八平五　车8平3
25. 车五平八　将5平4
26. 车八平六　将4平5
27. 仕六进五　马7进6
28. 炮五进三（图2）炮3平8
29. 相七进五　车3平2
30. 帅五平六　车2进4
31. 帅六进一　炮8进1
32. 仕五进四　车2退1
33. 帅六进一

14. 兵七进一！炮2平3
16. 炮二进一　炮3进5？
18. 前车进三　车4平2
20. 车八退四　车8进5？

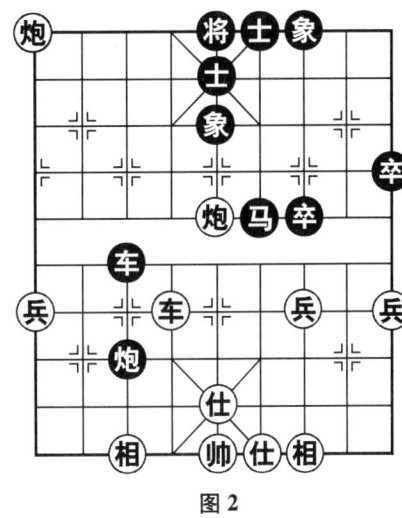

图2

第14局　朱肇康负王佩臣

（1964年5月5日弈于全国象棋个人赛）

中炮冲中兵过河炮分车压马对屏风马两头蛇飞右象

1. 炮二平五　马8进7
2. 马二进三　卒7进1
3. 车一平二　车9平8
4. 车二进六　马2进3
5. 兵五进一　士4进5
6. 马八进七　卒3进1
7. 炮八进四　象3进5
8. 车二平三（图1）马3进4
9. 兵五进一　卒5进1
10. 炮八退一　卒3进1
11. 炮八平五　炮8进2
12. 前炮平二　马4进6

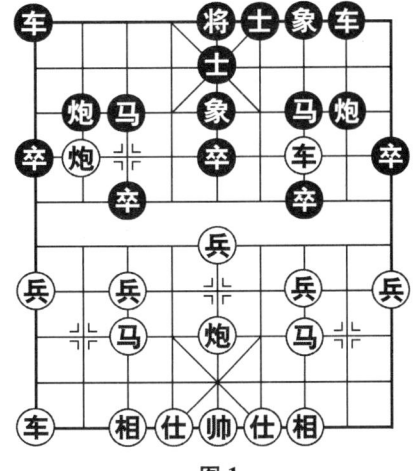

图1

13.	车三平八	马6进7		14.	兵七进一	后马进8!
15.	车八进一	马8进7		16.	炮五进三	车8进5!
17.	仕六进五	车8平3		18.	马七进八	前马进9!
19.	炮五退二	马7退6		20.	相七进五	马9退8!
21.	车九进二	马8进7?		22.	帅五平六	车3平4
23.	炮五平六	马6退4		24.	车八进一	马4进5
25.	仕五进六	车1平3		26.	车九平八	车3平6
27.	仕四进五	车3平1!		28.	相五退七	车1平3
29.	相三进五	卒1进1				
30.	前车平九	卒1进1!(图2)				

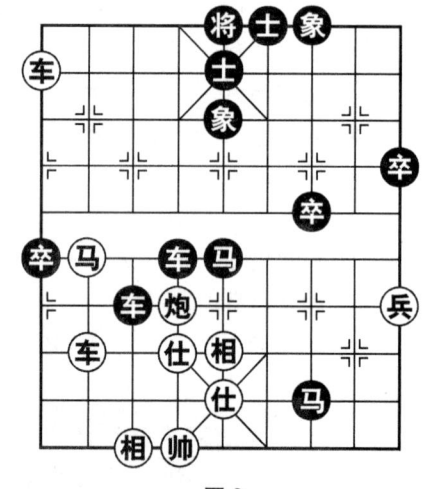

图2

31.	车九进一	士5退4				
32.	炮六进六	车4退5				
33.	车九平六	将5平4				
34.	马八进六	车3退2				
35.	车八进七	象5退3				
36.	马六退四	车3进4				
37.	马四进五	象7进5				
38.	马五退六	车3退4				
39.	马六进五	车3退1				
40.	马五进三	车3平8				
41.	相五退三	将4平5				
42.	车八退六	车8平7!				
43.	马三进一	卒7进1				
44.	相三进五	卒7平6				
45.	车八进二	马5退3				
46.	车八进三	士6进5				
47.	车八平六	象5退7				
48.	车六退三	象3进5				
49.	兵一进一	象7进9				
50.	兵一进一	卒9进1				
51.	车六平一	象5进7!				
52.	车一退四	马7退6				
53.	车一进三	马3退5				
54.	车一退三	车7退2				
55.	车一进五	马6退4				

第15局　陈孝堃胜言穆江

(1981年5月7日弈于全国象棋团体赛)
中炮冲中兵过河炮分车压马对屏风马两头蛇飞右象

1. 炮二平五　马8进7　　2. 马二进三　卒7进1

3. 车一平二　车9平8
4. 车二进六　马2进3
5. 兵五进一　士4进5
6. 马八进七　卒3进1
7. 炮八进四　象3进5
8. 车二平三　卒3进1（图1）
9. 兵七进一　马3进4
10. 兵五进一！马4退2
11. 马三进五　车1平4
12. 兵五进一　车4进6
13. 仕六进五！马2进3
14. 车九平八　炮2进4？
15. 马五进四　马3退5？
16. 车三进一　马5进6
17. 炮五平四　炮8进7？
18. 兵五进一　象7进5
19. 马七进六　马6退4
20. 马四退六　车4平7
21. 相七进五　车8进6
22. 马六进四　车7平4
23. 马四进五　车8平5
24. 炮四平二！车5平8
25. 车三退二　车4退4
26. 马五进三　将5平4
27. 车三平八（图2）

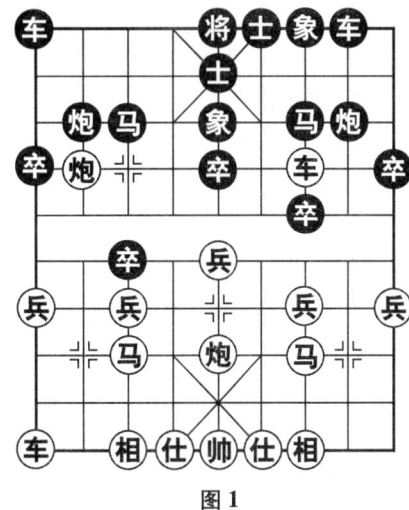

图1

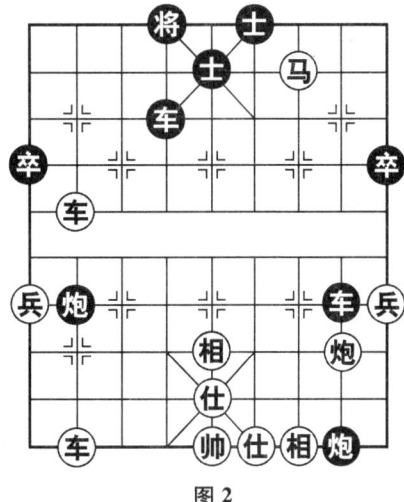

图2

第16局　王学东胜赵庆东

（2013年11月24日弈于苏浙皖三省第5届城市象棋比赛）

中炮冲中兵过河炮分车压马对屏风马两头蛇飞右象

1. 炮二平五　马8进7
2. 马二进三　车9平8
3. 车一平二　卒7进1
4. 车二进六　马2进3
5. 兵五进一　卒3进1
6. 炮八进四　士4进5

7. 马八进七　象3进5
8. 车二平三　马3进4
9. 兵五进一　卒5进1
10. 炮八退一　车1平4（图1）
11. 炮八平六！车4进4
12. 车九平八　炮2平4
13. 马七进五　卒5进1
14. 炮五进二　车4平5
15. 炮五平六　士5退4？
16. 炮六退三？炮8进4
17. 兵三进一　炮8平7
18. 相三进一　车8进8
19. 炮六进一？车5退1
20. 车三平五　马7进5
21. 车八进四　士6进5
22. 炮六平五　马5退7
23. 兵三进一　车8退5
24. 车八平六　车8平6？
25. 兵三平四　马7进6
26. 车六平四　炮4进5
27. 车四进一！车6进1
28. 马五进四　炮7平1
29. 马四进二　将5平6
30. 炮五平四（图2）

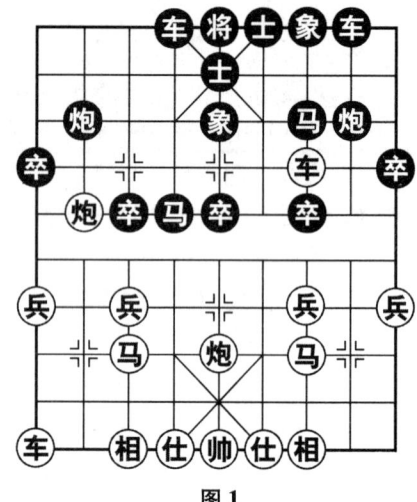

图1

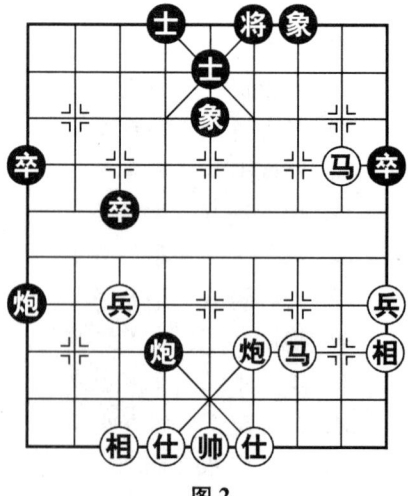

图2

第17局　陈建东负陈汉华

（2013年8月24日弈于东台市第2届群文杯象棋公开赛）

中炮冲中兵过河炮分车压马对屏风马两头蛇飞右象

1. 炮二平五　马8进7　　　2. 马二进三　车9平8
3. 车一平二　卒7进1　　　4. 车二进六　马2进3
5. 马八进七　士4进5　　　6. 兵五进一　卒3进1

第一章 中炮冲中兵过河炮对屏风马

7. 炮八进四　象3进5
8. 车二平三　马3进2（图1）
9. 兵五进一　卒5进1
10. 马七进五　车1平4
11. 炮五进三　马2进3
12. 炮八平七　马3进2
13. 仕六进五　车4进5?
14. 炮七进一　车4平5
15. 炮七平三　炮2平7
16. 炮五进一　炮8进4
17. 车九进二!　车8进5
18. 兵三进一　炮8平7
19. 相三进五　卒7进1
20. 车九平八!　将5平4
21. 车八进七　象5退3?
22. 车三平四　车5平1
23. 车八平七　将4进1
24. 炮五退二　车5平4
25. 炮五平二　后炮平5
26. 车四平五　炮7平1!（图2）
27. 炮二进四　士5进6
28. 车七退四　炮1进3
29. 仕五退六　车4进3
30. 帅五进一　车4退1

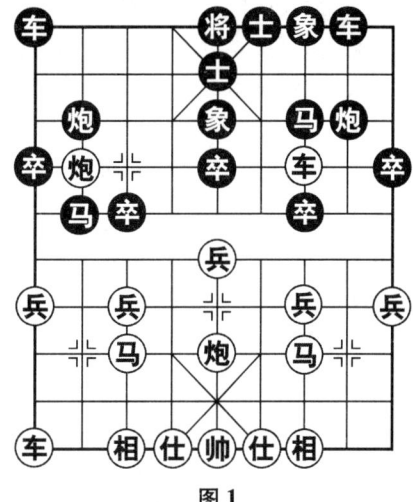

图1

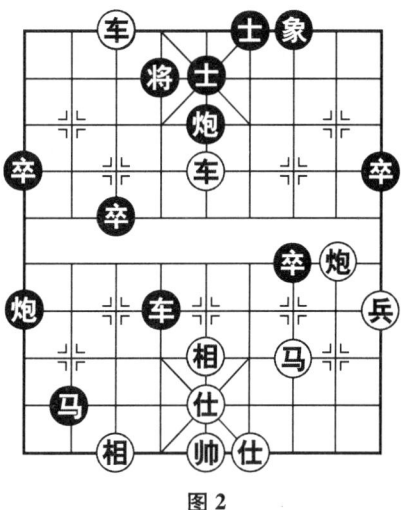

图2

第18局　李忠雨胜于红木

（1976年6月12日弈于全国象棋团体赛预赛）

中炮冲中兵过河炮再冲中兵对屏风马两头蛇飞右象

1. 炮二平五　马8进7
2. 马二进三　车9平8
3. 车一平二　卒7进1
4. 车二进六　马2进3
5. 兵五进一　士4进5
6. 马八进七　卒3进1

中炮冲中兵对屏风马

7. 炮八进四　象3进5
8. 兵五进一　车1平4（图1）
9. 车二平三　卒5进1
10. 炮八退五　车4进8?
11. 炮八平九　车4平7
12. 马七退五　炮2进6
13. 车九平八　炮2平3
14. 车三进一　炮8进7
15. 炮五进五　象7进5
16. 车三平五　炮8平6
17. 车五平七　炮6退1
18. 马五进四　车7进1
19. 帅五进一　炮6平9?
20. 车八进九　士5退4
22. 马四退五　士6进5
24. 马五退三　车8平5
26. 车八退三　卒5进1
28. 炮九进三　将6进1
29. 车八平二　车5进2
30. 马三进五（图2）炮3平9
31. 马五退三　炮9进1
32. 炮九退四　卒3进1
33. 炮九进三　士5进6
34. 兵七进一　车5进3
35. 车二进二　将6退1
36. 炮九进一　士4进5
37. 车二进一　将6进1
38. 马三退一　车5平3
39. 马一进二!　炮9平7
40. 车二退四　车3进1
41. 帅六进一　车3退3
43. 车二平三　车3平4
45. 帅五平四　士5进4
47. 车三平四　车5进1

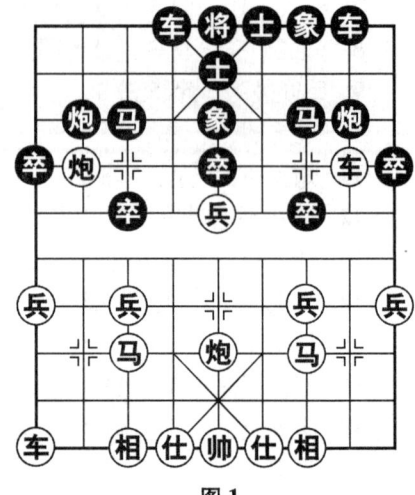

图1

21. 帅五平六　车8进8
23. 车七平五　车8退6
25. 后马进一　卒5进1
27. 炮九进五　将5平6

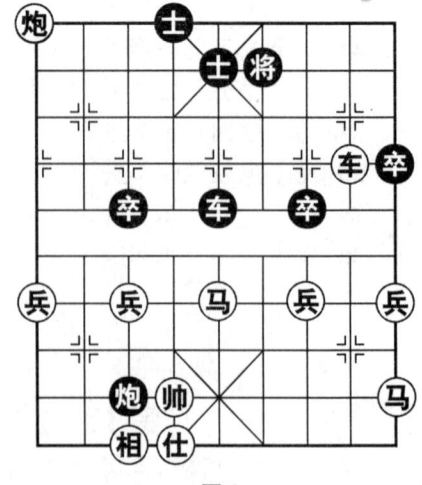

图2

42. 马二进三!　炮7退5
44. 帅六平五　车4平5
46. 帅四退一　将6平5
48. 兵九进一　车5平7

49. 车四进二	车7平9		50. 兵九进一	卒9进1
51. 兵九进一	车9平2		52. 兵九进一	卒9进1
53. 兵九进一	将5平4		54. 帅四平五	车2平5
55. 帅五平六	车5平4		56. 帅六平五	卒9平8
57. 车四进一	将4退1		58. 兵九平八	

第19局　朱贵友负唐方云

（1984年4月24日弈于全国象棋团体赛）

中炮冲中兵过河炮分炮压马对屏风马两头蛇飞右象

1. 炮二平五	马8进7		2. 马二进三	卒7进1
3. 车一平二	车9平8		4. 车二进六	马2进3
5. 兵五进一	士4进5		6. 马八进七	卒3进1
7. 炮八进四	象3进5			
8. 炮八平七	炮2进4（图1）			
9. 兵三进一？	卒7进1			
10. 车二平三	卒7进1			
11. 马三退五	炮8进7			
12. 车九平八	车8进8			
13. 车三平四	车1平2			
14. 兵五进一	马7进8？			
15. 车四进二	炮2退5			
16. 车四退三	炮2平5			
17. 车四进三	马8进9			
18. 兵五平六	士5进6			
19. 车四退一	卒7平6！			

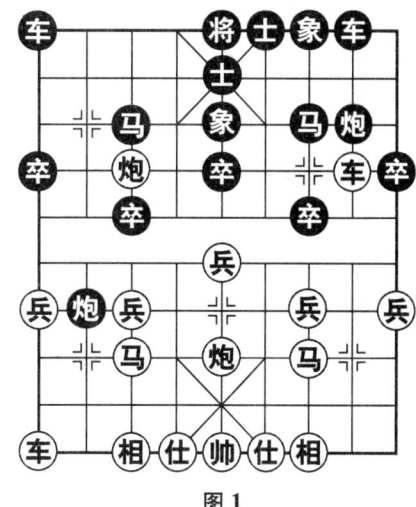

图 1

20. 炮五进二	车8平6		21. 炮五平四	卒6平5
22. 马五进四	车6退2		23. 仕六进五	士6进5？
24. 车四平二	车6退1		25. 车二退七	马9进7
26. 车二进五	卒9进1		27. 兵六平七	前卒平4
28. 相七进五	卒4进1		29. 马七退九	炮2进1？
30. 前兵平八	卒4进1		31. 车二平六	卒4平5
32. 仕四进五	车6进3		33. 帅五平六	炮2平1？
34. 车八进一	马7退6		35. 车六平四	车2平4

36. 帅六平五	车4进6!		
37. 车八平七	车4平7（图2）		
38. 仕五退四	车6平3		
39. 炮七退五	马3进4		
40. 马九进七	车7平4		
41. 兵七进一	车4进2		
42. 炮七平九	车4平3		
43. 兵七进一	象5进3		
44. 兵八平七	车3退1		
45. 兵七平六	马6进4		
46. 车四退二	马4进3		
47. 帅五进一	车3退5		
48. 车四平三	象7进9		

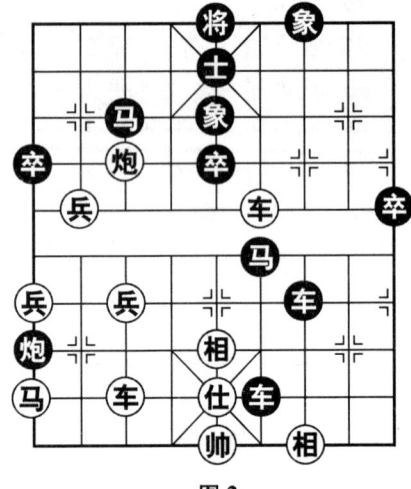

图2

49. 车三平五	车3平8	50. 帅五平六	车8平4!
51. 车五平七	车4进2	52. 帅六平五	马3退4
53. 帅五退一	马4进6	54. 炮九平四	马6退5
55. 车七退一	炮1进2	56. 车七进七	士5退4
57. 车七退二	车4平3!	58. 车七平五	士4进5
59. 车五退一	马5进4	60. 帅五进一	炮1退1
61. 相五进七	马4进2	62. 帅五退一	炮1平6
63. 车五进二	将5平4		

第20局　蔡佑广和柳大华

（2013年7月13日重庆首届学府杯象棋赛）

中炮冲中兵过河炮分炮压马对屏风马两头蛇飞右象

1. 炮二平五	马8进7	2. 马二进三	车9平8
3. 车一平二	卒7进1	4. 车二进六	马2进3
5. 兵五进一	卒3进1	6. 炮八进四	士4进5
7. 马八进七	象3进5	8. 炮八平七	炮2进4
9. 炮五进一（图1）	炮2进1	10. 炮五退一	炮2平5
11. 相七进五	马7进6	12. 马三进五	车1平2
13. 兵五进一	马6进5	14. 马七进五	卒5进1
15. 马五进六	马3退1	16. 仕六进五	车2平4

第一章 中炮冲中兵过河炮对屏风马

17. 车九平六	车8进1	18. 兵一进一！	车8平7
19. 炮七平一	炮8平6	20. 炮一退一	卒5进1
21. 车二平五	马1进3	22. 车五平七	马3退2
23. 兵九进一	车7平8	24. 车七平五	车8进4（图2）

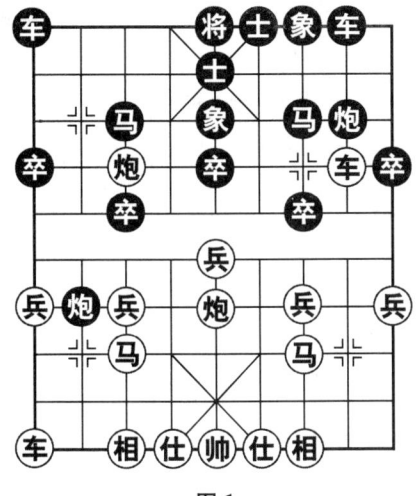

图1

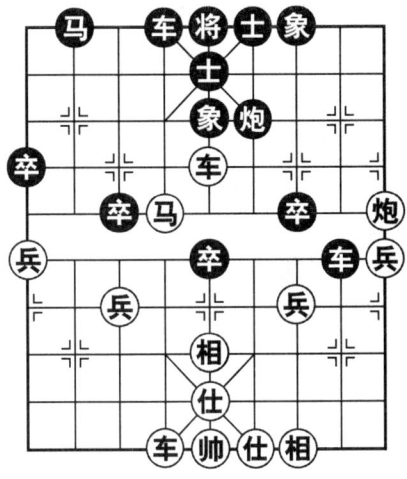

图2

25. 炮一进四！	车8平9	26. 炮一平二	车9平8
27. 炮二平一	车8平9	28. 炮一平二	车9平8
29. 炮二平一	车8退5	30. 炮一退三	车8进5
31. 炮一进三	车8退5	32. 炮一退三	车8进5
33. 炮一进三	车8退5	34. 炮一退七	车8进5
35. 炮一进七	车8退5	36. 炮一退七	车8进5
37. 炮一进七	车8退5	38. 炮一退三	车8进5

第21局　王嘉良负杨官璘

（1977年9月19日弈于全国象棋个人赛）

中炮过河车冲中兵左马盘头对屏风马两头蛇飞右象

1. 炮二平五	马8进7	2. 马二进三	车9平8
3. 车一平二	卒7进1	4. 车二进六	马2进3
5. 马八进七	卒3进1	6. 兵五进一	士4进5
7. 炮八进四	象3进5	8. 马七进五（图1）	车1平4
9. 兵三进一	卒7进1	10. 马五进三	车4进3

11. 炮八退四　炮8平9
12. 车二平三　车8进2
13. 仕四进五？炮9退1
14. 炮八平六　马3进2
15. 兵五进一　炮9平7
16. 车三平二　车8进1
17. 前马进二　炮2退1
18. 车九平八　马2进3
19. 兵五平四　车4进3
20. 马三进四　车4退1
21. 马四退三　车4进1
22. 马三进四　车4平7
23. 炮六进六　炮7平4
24. 车八进八　车7进3
26. 车八平六　马5进7
28. 帅五平六　马7退8
30. 兵四进一　车7退7
32. 车八进一　士5退4
34. 车八平四　车8平6
36. 车六进一　卒5进1
38. 马四退六　象3进1
40. 马六进五　车6平5
42. 车六进一　士5退4
44. 马二退四　将5平4
46. 马三进五　马8进9
48. 马五退六　士4退5
50. 帅六平五　马7进5
52. 马六进七　马4进3
54. 马七退九　马1进2
56. 帅五退一　马3进4（图2）
58. 马八退七　将4退1
60. 马八退七　将4进1
62. 仕四进五　马5进7
64. 马五退三　卒5进1

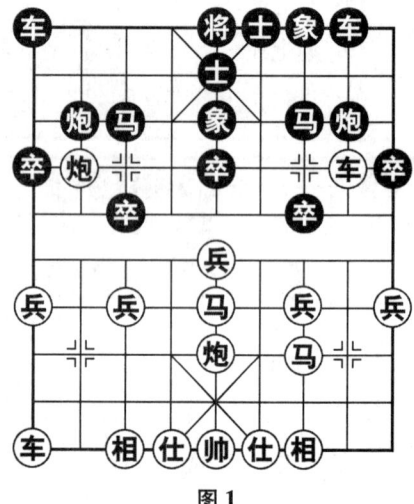

图 1

25. 仕五退四　马3进5
27. 帅五进一　前马退6
29. 车六平八？象5退3
31. 兵四进一？车7平8
33. 车八退六　车8进1
35. 车四平六　士4进5
37. 仕六进五　车6退1
39. 车六进二　卒5进1
41. 马五进三　车5平4！
43. 马三进二　卒9进1
45. 马四退三　卒5进1
47. 相七进九　卒1进1
49. 帅六退一　马9进7
51. 仕五退六　马5进4
53. 帅五进一　马3退1
55. 马九进七　马2退3
57. 马七进八　将4进1
59. 马七进八　将4进1
61. 马七退五　马4退5
63. 帅五平四　马7退6
65. 仕五退六　马6退8

第一章 中炮冲中兵过河炮对屏风马

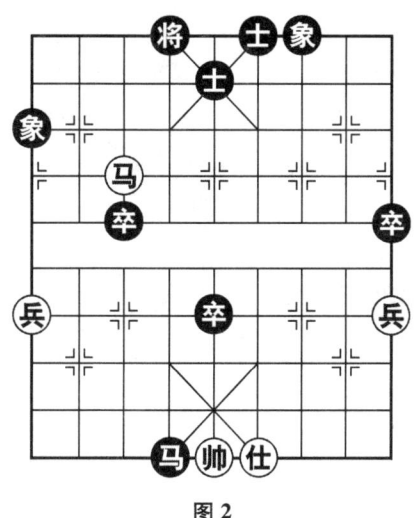

图 2

第 22 局 黎德志胜刘宗泽

(2006年2月1日弈于汕头市第7届西凤杯象棋公开赛)

中炮冲中兵过河炮对屏风马平炮兑车

1. 炮二平五　马8进7　　2. 马二进三　车9平8
3. 车一平二　卒7进1　　4. 车二进六　马2进3
5. 马八进七　士4进5　　6. 兵五进一　卒3进1
7. 炮八进四　炮8平9（图1）
8. 车二平三　炮9退1
9. 兵五进一　炮9平7
10. 车三平四　卒7进1？
11. 兵三进一　马7进8
12. 兵三进一　炮7进6
13. 马七进五！马8进9
14. 车九进一！炮7退1
15. 兵五进一　车8进6
16. 车九平四　象3进5
17. 兵五平六　炮7平3
18. 马五进六　炮3平5
19. 马六退五　车8平5

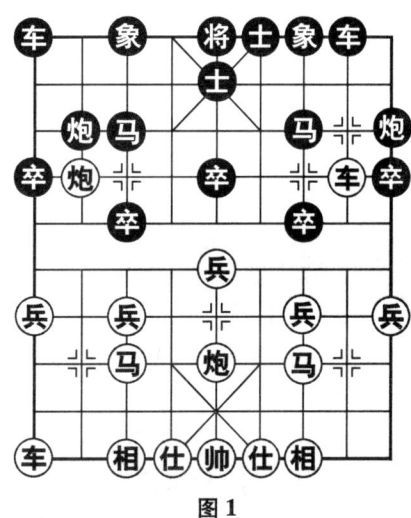

图 1

20. 兵六平七	车1平4？	21. 兵七进一	炮2退2
22. 兵七进一	车4进4	23. 兵七进一（图2）	车5进1
24. 相七进五	象5退3	25. 后车进四	

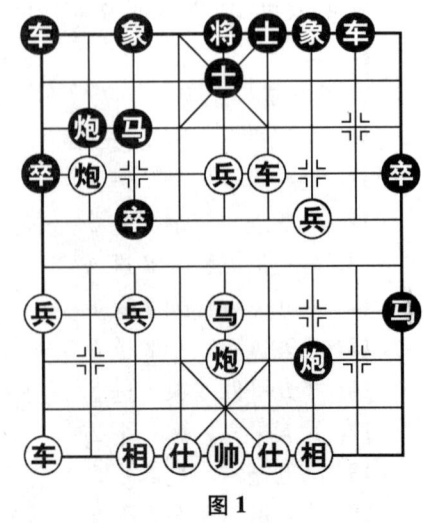

图2

第23局 陈耀胜梁华龙

（2013年12月21日弈于上海市第10届菜菜杯象棋交流赛）

中炮冲中兵过河炮对屏风马平炮兑车

1. 炮二平五　马8进7
2. 马二进三　车9平8
3. 车一平二　卒7进1
4. 车二进六　马2进3
5. 兵五进一　卒3进1
6. 炮八进四　炮8平9
7. 车二平三　炮9退1
8. 马八进七　士4进5
9. 兵五进一　炮9平7
10. 车三平四　卒7进1
11. 兵三进一　马7进8
12. 兵三进一　炮7进6
13. 马七进五　马8进9

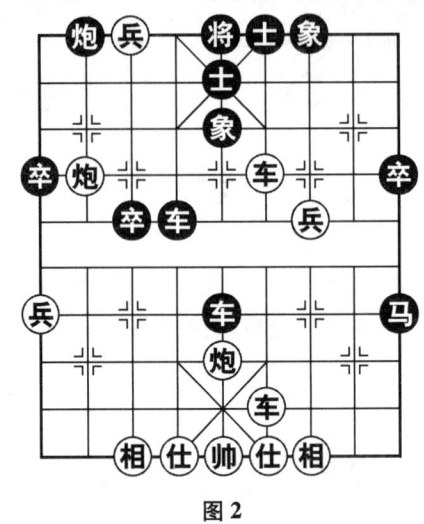

图1

第一章　中炮冲中兵过河炮对屏风马

14. 兵五进一（图1）　车8进8
15. 兵五平六　　　　象3进5
16. 兵六平七！　　　马3退4
17. 车四平一　　　　车8平7
18. 车一退三　　　　炮7进2
19. 仕四进五　　　　车7退4
20. 车一平四　　　　车1平3
21. 车四进三！　　　车3进1？
22. 帅五平四　　　　车7退2
23. 马五进三　　　　车7平6
24. 马三进二　　　　车6进1
25. 炮八平四　　　　马4进2！
26. 马二进三　　　　将5平4
27. 炮五平六（图2）

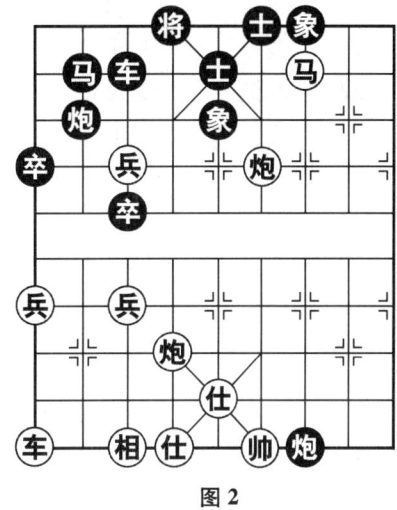

图2

第24局　葛晓征胜王建鸣

（2012年8月25日弈于江苏省东台市首届群文杯象棋公开赛）
中炮冲中兵过河炮对屏风马平炮兑车

1. 炮二平五　马8进7　　2. 马二进三　卒7进1
3. 车一平二　车9平8　　4. 车二进六　马2进3
5. 兵五进一　士4进5
6. 马八进七　卒3进1
7. 炮八进四　炮8平9
8. 车二平三　炮9退1
9. 兵五进一　炮9平7
10. 车三平四　象7进5（图1）
11. 马七进五　卒5进1
12. 炮五进三　车8进5
13. 兵三进一　车8平1
14. 兵三进一　炮7进3
15. 车九进二　炮7进5
16. 仕四进五　炮7平9
17. 帅五平四　车8进3

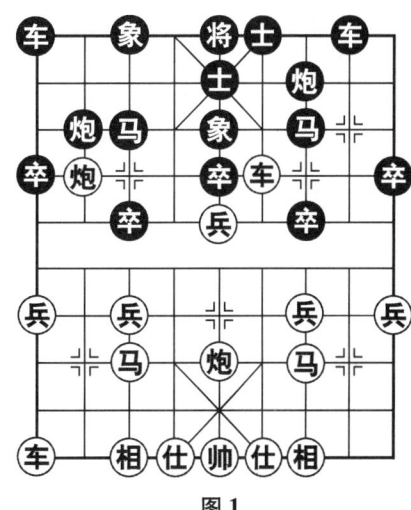

图1

18. 帅四进一	车8退5！	19. 马五进三	炮9平3
20. 车四平二	车8平7	21. 后马进五	炮3退1
22. 帅四退一	炮3进1	23. 帅四进一	马3进5？
24. 车九平六	炮3退1	25. 车六退一	炮3平2
26. 炮八退一	后炮进1	27. 车二退四	车7退1
28. 帅四退一	前炮进1	29. 帅四进一	马5进7
30. 车六进七	前炮退1	31. 仕五退四	车7平6
32. 帅四平五	前炮退3	33. 兵七进一？	前炮平7
34. 马五进三	车1进2	35. 车二平六！	车6平5
36. 兵七进一	车1平3		
37. 后车进三	后马退9		
38. 前车退二	炮2退2（图2）		

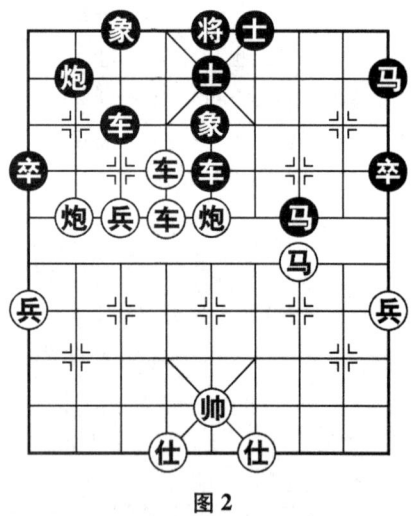

图 2

39. 兵七进一？	车3进1
40. 前车平五	车3平5
41. 炮八退三	马9进8？
42. 炮八平五！	车5平3
43. 帅五平六	车3退5
44. 帅六进一	马7进5
45. 后炮进一？	车3平4
46. 帅六退一	马5进3
47. 帅六平五	马3退4
48. 后炮平二！	马8退6
49. 马三进四	

第25局 牛志峰胜郭东文

（2007年3月11日弈于山西首届全国象棋擂台赛）

中炮冲中兵过河炮对屏风马平炮兑车

1. 炮二平五	马8进7	2. 马二进三	车9平8
3. 车一平二	卒7进1	4. 车二进六	马2进3
5. 兵五进一	士4进5	6. 马八进七	卒3进1
7. 炮八进四	炮8平9	8. 车二平三	炮9退1
9. 车九进一	炮9平7	10. 车三平四	卒3进1（图1）
11. 兵五进一！	卒3进1	12. 马七进五	卒3平4

13. 车九平七！	卒4平5	14. 马三进五！	马3进2？
15. 车七进六	炮2退1	16. 车七平三	卒5进1
17. 炮五进三	象3进5	18. 马五进六	车8进5
19. 仕四进五	车1进2	20. 车四平七	将5平4（图2）

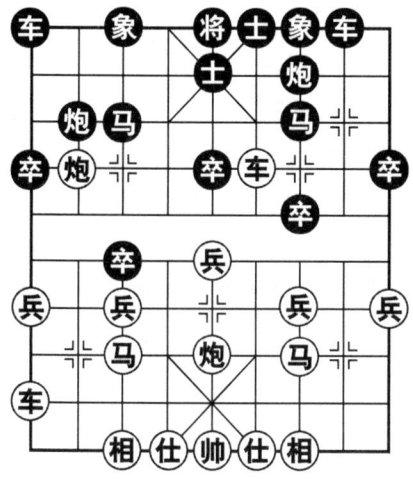
图1

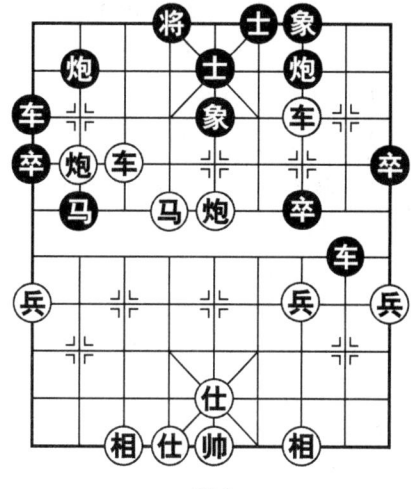
图2

21. 炮五平八	车1平4	22. 后炮进三	炮7平2
23. 马六进四	车4进6	24. 车三退二！	车8平4
25. 相三进五	后车进1	26. 兵九进一	士5进6
27. 车七进二	炮2进1	28. 车七平八	炮2平3
29. 车八进一	炮3退2	30. 炮八平一！	卒1进1
31. 兵九进一	将4平5	32. 车三平五	将5平4
33. 兵一进一			

第26局　王学东负陈汉华

（2014年9月6日弈于江苏省东台市第3届群文杯象棋公开赛）

中炮冲中兵过河炮对屏风马平炮兑车

1. 炮二平五	马8进7	2. 马二进三	车9平8
3. 车一平二	卒7进1	4. 车二进六	马2进3
5. 马八进七	士4进5	6. 兵五进一	卒3进1
7. 炮八进四	炮8平9	8. 车二平三	炮9退1
9. 马七进五	炮9平7	10. 车三平四	马7进8（图1）

11. 车四平三　马8退7
12. 车三平四　马7进8
13. 车四平三　马8退7
14. 车三平四　象3进5
15. 兵五进一？卒5进1
16. 车四平七　车1平3
17. 马五进六　马3进5
18. 车七进三　象5退3
19. 炮八平七　炮2进2
20. 马三进五　车8进5
21. 兵三进一　炮2平4!
22. 马五进六　车8平7
23. 炮七平六　车7平2
24. 车九进一　卒7进1
26. 炮六平一　卒7平6
28. 车六进二　炮7退5
30. 兵七进一　车2退1
32. 车六退二　车2平2
34. 炮九进二　车2平1
36. 炮五平九　马6进5
38. 车六进五　车1退6
40. 炮九平七　前卒平6
41. 兵一进一　卒5进1
42. 兵一进一　炮7进3
43. 兵一平二　炮7平5
44. 帅五平四　炮5平6
45. 帅四平五　马3进4
46. 仕五进六　卒5进1!（图2）
47. 仕六进五　卒5进1
48. 仕六退五　象5进3
49. 炮七平六　车1进9
50. 帅五平六　车1平3
51. 帅六进一　象3退5
52. 炮八平九　士5进4

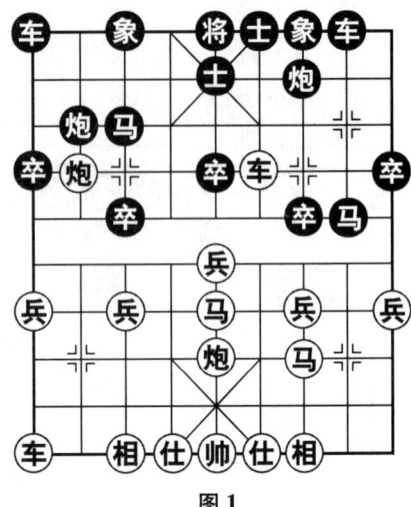

图 1

25. 车九平六　卒7进1
27. 仕四进五　炮7进8
29. 炮一平九　象3进5
31. 兵七进一　马5进3!
33. 炮九进一　马7进6
35. 炮九平八　炮7退2
37. 马六退五　卒6平5
39. 车六平八　后卒进1

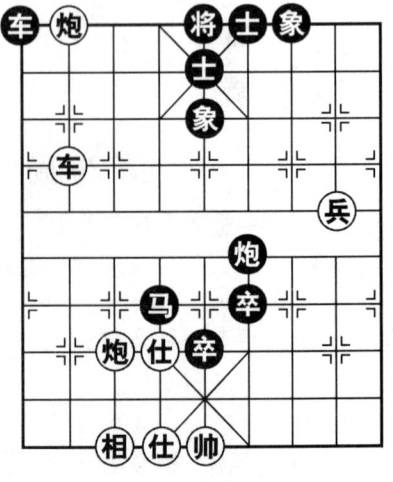

图 2

第一章 中炮冲中兵过河炮对屏风马

53. 车八退三　卒6平5！　　　54. 炮九退六　卒5进1

第27局　梁文伟胜罗忠财

（1984年4月12日弈于全国象棋团体赛）
中炮冲中兵过河炮对屏风马平炮兑车

1. 炮二平五　马8进7　　　2. 马二进三　卒7进1
3. 车一平二　车9平8　　　4. 车二进六　马2进3
5. 兵五进一　士4进5　　　6. 马八进七　卒3进1
7. 炮八进四　炮8平9
8. 马七进五　车8进3（图1）
9. 炮八平二　车1平2
10. 兵七进一　象7进5
11. 兵五进一　卒5进1
12. 兵七进一　炮2平1？
13. 兵七进一　马3进5
14. 兵七平六　卒5进1
15. 兵六平五！卒5进1
16. 马三进五　车2进5
17. 马五进六？车2平8
18. 炮二平三　马7进5
19. 马六进四　车8平6

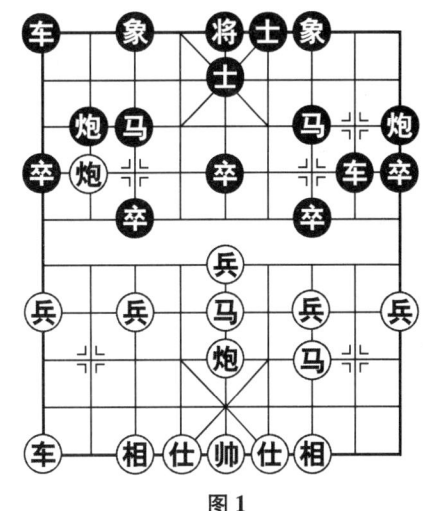

图1

20. 马四进三　将5平4　　　21. 车九进二　车6平4
22. 仕四进五　炮9进4　　　23. 车九平八　马5进6
24. 炮三平八　象5退7？　　25. 车八平七　象3进5
26. 炮五平六　炮1平4　　　27. 炮八退五！炮4进5
28. 炮八平六　马6进4　　　29. 车七平六　士5进4
30. 帅五平四　车4平4　　　31. 帅四平五　车6进1
32. 车六平八　车6平7　　　33. 相三进一　炮9退1
34. 车八进七　将4进1　　　35. 车八平四　将4平5？
36. 马三退四　将5平4　　　37. 车四退一　将4退1
38. 马四进六　车7平8　　　39. 帅五平四　车8进3
40. 帅四进一　车8退3　　　41. 炮六进四　炮9平5
42. 马六退八　马4退3　　　43. 马八进七　马3进2（图2）

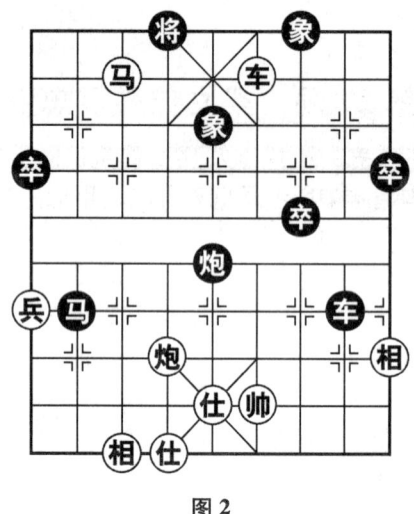

图2

44. 马七退五　将4平5　　　　45. 马五进七　将5平4
46. 炮六退一

第28局　陈万威胜陈自成

（2012年10月27日弈于第17届陈罗平杯亚洲象棋锦标赛）

中炮冲中兵过河炮对屏风马跳外马

1. 炮二平五　马8进7
2. 马二进三　卒7进1
3. 车一平二　车9平8
4. 车二进六　马2进3
5. 兵五进一　士4进5
6. 马八进七　卒3进1
7. 炮八进四　马3进2
8. 兵五进一　卒5进1
9. 马七进五　象3进5
10. 炮五进三　马2进3（图1）
11. 炮八平七！马3退5
12. 车九平八　炮2平3
13. 车八进七　炮3退1
14. 炮七进一　炮8平9
15. 车二平九！车1平4

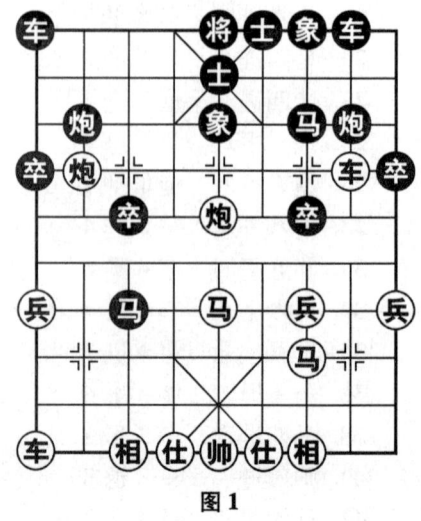

图1

16. 炮七平三　炮3进8　　17. 仕六进五　车8进7？
18. 车九平八　炮3退3　　19. 前车进二　车4平3
20. 帅五平六（图2）

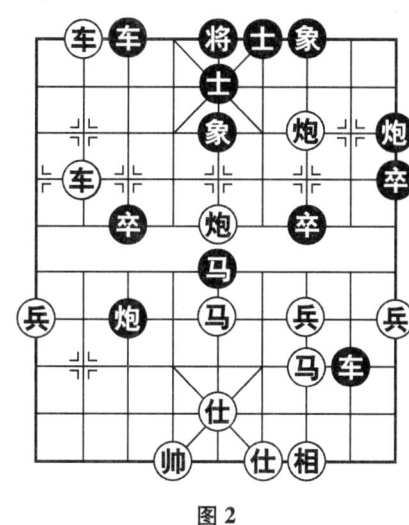

图2

第29局　顾胜胜芮立龙

（2012年11月3日弈于南京市第8届弈杰杯象棋公开赛）

中炮冲中兵过河炮对屏风马跳外马

1. 炮二平五　马8进7
2. 马二进三　车9平8
3. 车一平二　卒7进1
4. 车二进六　马2进3
5. 兵五进一　士4进5
6. 马八进七　卒3进1
7. 炮八进四　马3进2
8. 车二平三　象3进5
9. 兵五进一　卒5进1（图1）
10. 马七进五　马2进3？
11. 马五进四　卒3进1
12. 马四进三　炮2平7
13. 车三进一　车1平2？

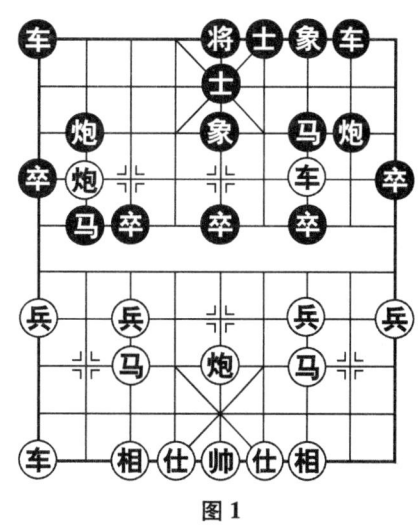

图1

14. 车三退一	炮8进5	15. 车九进一	炮8平5
16. 相三进五	卒3平4	17. 兵三进一	卒7进1？
18. 马三进五！	卒7平6	19. 马五进四	车8进2
20. 炮八平一	马3进2	21. 仕六进五	象7进9
22. 车三平七	卒4进1		
23. 车七平九	象9进7		
24. 前车平六	卒4平5		
25. 炮一平五	车8平6		
26. 车六平九	马2退3（图2）		
27. 后车平七	马3退4？		
28. 车九平六	车6进2		
29. 车六退一	车6退1		
30. 车七进五	后卒进1		
31. 帅五平六	卒6进1		
32. 车七平六！	车6平5		
33. 前车平五	车2平1		
34. 车五平八			

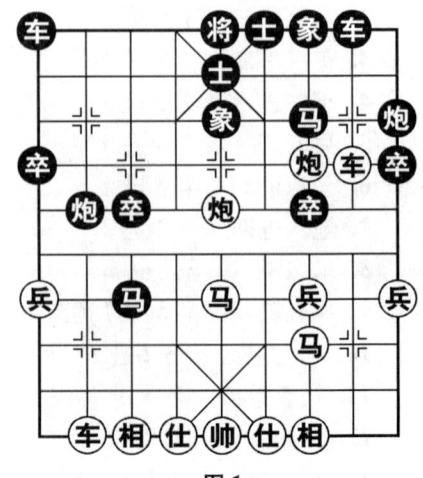

图2

第30局 蔡佑广胜李旭平

（2013年9月1日弈于广州市锦龙杯象棋个人公开赛）

中炮冲中兵过河炮对屏风马跳外马

1. 炮二平五　马8进7
2. 马二进三　卒7进1
3. 车一平二　车9平8
4. 车二进六　马2进3
5. 兵五进一　卒3进1
6. 炮八进四　士4进5
7. 马八进七　马3进2
8. 兵五进一　卒5进1
9. 马七进五　象3进5
10. 炮五进三　马2进3
11. 炮八平三　炮8平9？
12. 车九平八　炮2进2（图1）

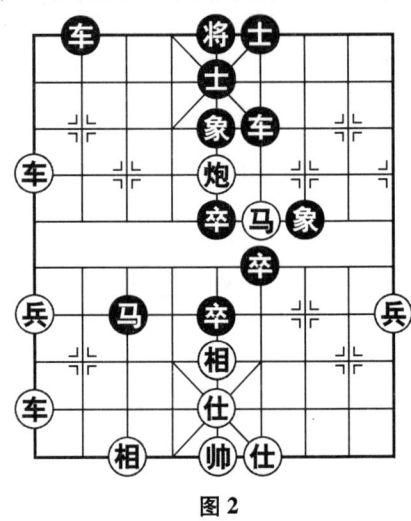

图1

13. 炮三进三！　车8平7
14. 炮五平八　马3退2
15. 车八进五　车1平4
16. 车八进一　车7平8？
17. 车二平三　车8进2
18. 马五进四　马7退8
19. 车三平一！　象5退7
20. 仕四进五　车8平4
21. 相三进五　炮9平5
22. 车一平五　卒3进1
23. 车八平七　卒3平4
24. 车五平三　炮5进2？（图2）
25. 车七平五　炮5平2
26. 车三进三！　马8进9　　27. 马四进三

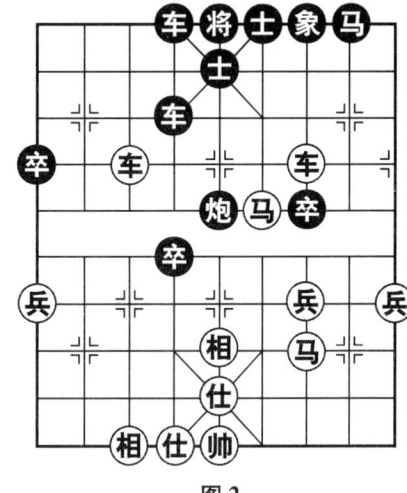

图2

第31局　宗永生胜郑新年

（2004年11月7日弈于全国象棋个人赛）

中炮冲中兵过河炮对屏风马跳里马

1. 炮二平五　马8进7
2. 马二进三　车9平8
3. 车一平二　卒7进1
4. 车二进六　马2进3
5. 兵五进一！　卒3进1
6. 炮八进四　士4进5
7. 马八进七　马3进4
8. 兵五进一　卒5进1（图1）
9. 炮八退一　马4进3
10. 炮八平五　象3进5
11. 车九平八　炮2平3
12. 马七进五　车1平4
13. 仕六进五！　炮8平9
14. 车二平七　炮3平1？
15. 车七平九　马3进5
16. 相七进五　马7进8
17. 马五进四！　车4进4？

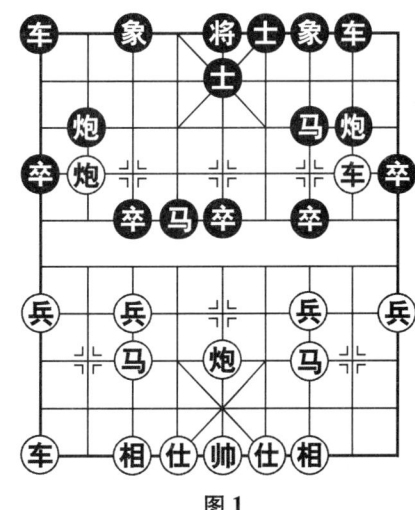

图1

18. 车八进九　车4退4
19. 车八平六　将5平4
20. 马三进五　马8进9
21. 炮五平六　车8进5（图2）
22. 马四进六　炮1平4
23. 车九进三　将4进1
24. 马六退四　炮4平2
25. 炮六退三　车8平2
26. 马四退六

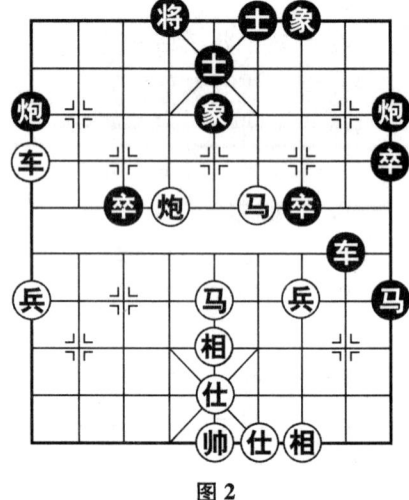

图 2

第二章　中炮牛头滚对屏风马

第32局　王晓华负徐健秒

（1997年5月11日弈于全国象棋团体赛）
中炮冲中兵牛头滚对屏风马右肋跳马

1. 炮二平五　马8进7
2. 马二进三　车9平8
3. 车一平二　卒7进1
4. 车二进六　马2进3
5. 兵五进一　士4进5
6. 兵五进一　卒3进1
7. 兵五进一（图1）马3进5
8. 马三进五　马5进4
9. 马八进七　象3进5
10. 兵七进一　马4进3
11. 马五退七　炮8平9
12. 车二平三　卒3进1？
13. 马七进五　车8进5
14. 马五进六　车1平4
15. 马六进四　车8平6
16. 马四进三？车6退4
17. 马三退一　象7进9
18. 炮八平九　车6进4
19. 车九平八　卒3平2
20. 车三平八　炮2平3
21. 炮九进四　马7进6
22. 炮九进一　车6平4
23. 仕四进五　象9退7
24. 炮五平九　卒2平1
25. 前车进三　卒1进1！
26. 后炮平五　前车平1！
27. 前车平六　将5平4
28. 车八进九　将4进1
29. 车八退一　将4退1

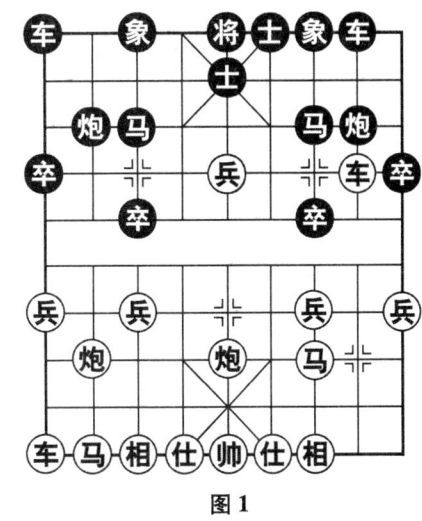

图1

30. 车八进一	将4进1	31. 车八退四	炮3进2
32. 炮九平七	马6进4	33. 车八进三	将4退1
34. 车八进一	将4进1		
35. 炮五平六	马4进2（图2）		
36. 炮六退一	炮3平5		
37. 仕五进六	士5进4		
38. 车八平四	卒7进1		
39. 车四退一	将4退1		
40. 车四进一	将4进1		
41. 车四退四	炮5退1		
42. 兵三进一	车1平7		
43. 炮七退四	车7进4		
44. 帅五进一	车7退3		
45. 炮七平九	车7平5		
46. 帅五平四	马2进4		
47. 帅四进一	将4平5	48. 炮九平六	马4进2
49. 前炮进二	马2退3	50. 后炮平五	炮5进5
51. 仕六进五	车5平9！	52. 车四进三	将5退1
53. 车四进一	将5进1	54. 车四退一	将5退1
55. 炮六平五	将5平4	56. 帅四退一	车9进2
57. 帅四退一	车9平5	58. 车四退五	车5平3
59. 车四平六	车3进1	60. 帅四进一	将4进1
61. 帅四平五	车3退1	62. 帅五退一	马3进2
63. 车六平八	车3退4		

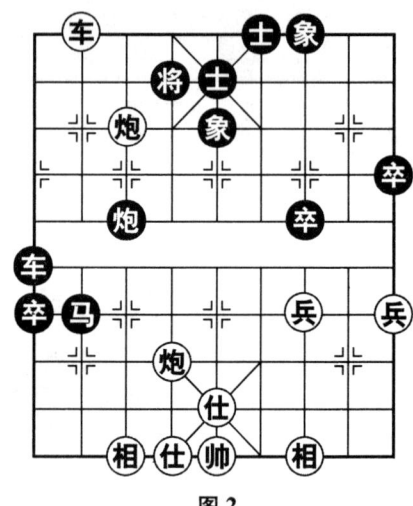

图2

第33局　刘沛罡负刘德钟

（2006年4月2日弈于全国象棋团体赛）
中炮冲中兵牛头滚对屏风马右肋跳马

1. 炮二平五	马8进7	2. 马二进三	卒7进1
3. 车一平二	车9平8	4. 车二进六	马2进3
5. 兵五进一	士4进5	6. 兵五进一	卒3进1
7. 兵五进一	马3进5	8. 马三进五	马5进4
9. 车二平六（图1）马4进5		10. 相七进五	炮8进7

11. 车六平三　马7退9　　　　12. 炮八进四　象3进5
13. 马八进七　卒1进1　　　　14. 仕六进五　车1进3
15. 车九平六　炮8退6!　　　16. 车六进八　炮2平4?
17. 车三平七　车1退3　　　　18. 马五进六?　炮8退2
19. 车六退一　士5进4　　　　20. 马七进四　炮8平4
21. 车七进二　车8进1!　　　22. 马四进六　车1平4
23. 马七进五　车8进2　　　　24. 炮八进三　车4平2
25. 车七平六　车2平4（图2）　26. 车六平一　车4进2

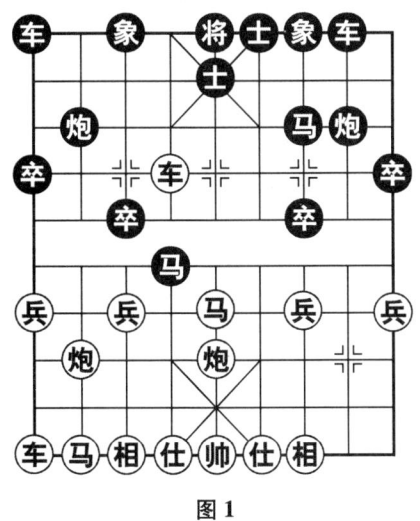

图1　　　　　　　　　　　　图2

27. 车一平四　车4进4　　　　28. 马五进四　车4平6

第34局　范思远胜李明超

（2008年12月20日弈于荥阳市楚河汉界杯象棋棋王争霸赛）

中炮冲中兵牛头滚对屏风马右肋跳马

1. 炮二平五　马8进7　　　　2. 马二进三　车9平8
3. 车一平二　卒7进1　　　　4. 车二进六　马2进3
5. 兵五进一　卒3进1　　　　6. 兵五进一　士4进5
7. 兵五进一　马3进5　　　　8. 马三进五　马5进4
9. 马八进七　马4进3（图1）　10. 马五退七　炮2平5
11. 仕六进五　车1平2　　　　12. 车九平八　炮8平9
13. 车二平三　炮9进4?　　　14. 炮八进五!　马7退9

15. 车三平一	车8进6	
16. 车一进二	车8平7	
17. 车一退二	车7平3	
18. 炮八平七！	车3平2	
19. 车一退三！	前车进3	
20. 马七退八	车2进9	
21. 车一平六	车2退6	
22. 帅五平六	车2平5	
23. 炮七平八	士5进4	
24. 炮八进二	象3进1	
25. 车六进四！	炮5进5	
26. 相三进五	车5进3	
27. 车六平九	车5平1	
28. 帅六平五	卒7平1	
29. 相五进三	卒3进1	
30. 车九平七	卒3进1	
31. 车七进二	将5进1	
32. 车七退三	卒1进1	
33. 炮八平三	卒3平4	
34. 车七平五	将5平4（图2）	
35. 炮三平二	车1平3	
36. 仕五退六	卒4平5	
37. 车五平六	将4平5	
38. 车六平九		

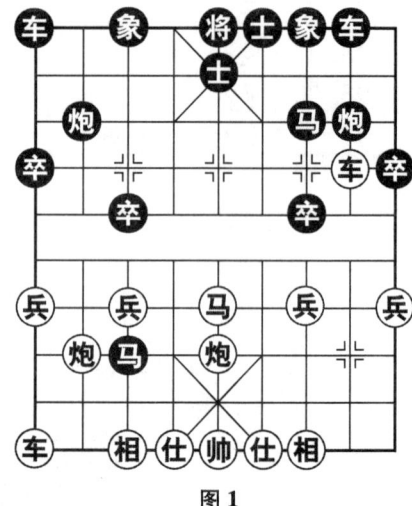

图1

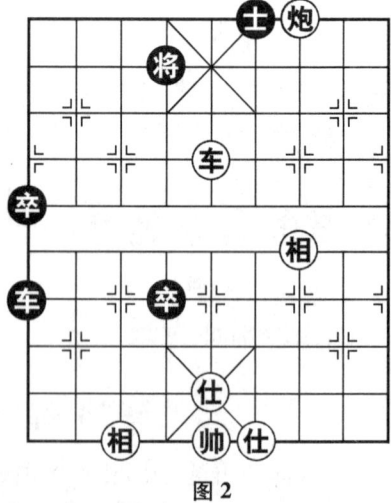

图2

第35局 李冠男胜桂意

(2012年8月26日弈于江苏省东台市首届群文杯象棋公开赛)

中炮冲中兵牛头滚对屏风马右肋跳马

1. 炮二平五	马8进7		2. 马二进三	车9平8
3. 车一平二	卒7进1		4. 车二进六	马2进3
5. 兵五进一	士4进5		6. 兵五进一	卒3进1

7. 兵五进一　马3进5　　　　　8. 马三进五　马5进4
9. 马八进七　炮2平5（图1）　10. 仕六进五　车1平2
11. 车九平八　马4进3?　　　　12. 马五退七　马7进6
13. 炮八进五！炮8退1　　　　 14. 炮八进一！炮8进1
15. 炮五进三！卒7进1　　　　 16. 车二平四　马6进7
17. 帅五平六（图2）炮5进1　　 18. 车四平五　象3进5

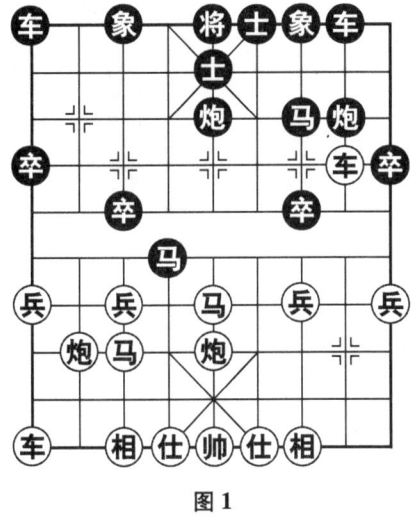

图1

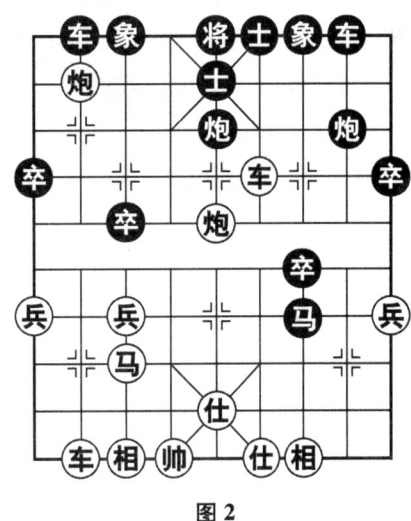

图2

19. 车五平六　炮8平7　　　　 20. 炮八退一！炮7退1
21. 车六进一

第36局　边小强胜李小龙

（2013年12月27日弈于西安市雁塔区象棋协会班迪杯年终总决赛）
中炮冲中兵牛头滚对屏风马右肋跳马

1. 炮二平五　马8进7　　　　　2. 马二进三　车9平8
3. 车一平二　卒7进1　　　　　4. 车二进六　马2进3
5. 兵五进一　士4进5　　　　　6. 兵五进一　卒3进1
7. 兵五进一　马3进5　　　　　8. 马三进五　马5进4
9. 马八进七　炮2平5　　　　　10. 仕六进五　车1平2
11. 车九平八　炮8平9（图1）　12. 车二平六　车8进5
13. 兵三进一　马4进3　　　　 14. 马五退七　车8平7
15. 炮八进三！马7进8?　　　　16. 炮五进三　象3进1

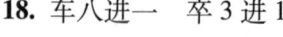

17. 帅五平六　马8进7　　　18. 车八进一　卒3进1
19. 炮八退一（图2）车7平4　20. 炮八平六　车2进8
21. 炮六平三

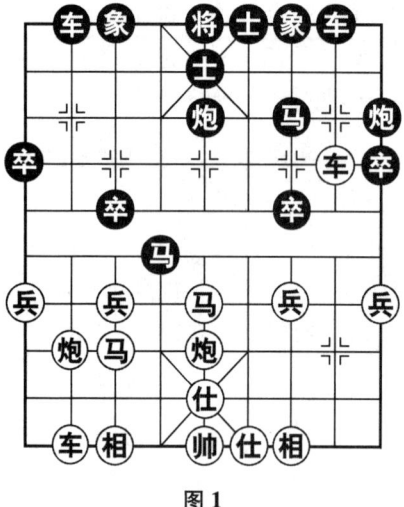

图1

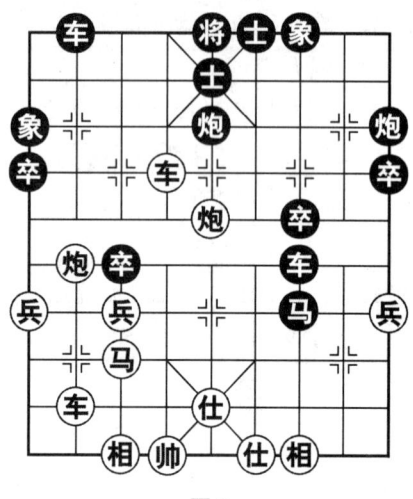

图2

第37局　徐向卓胜胡森

（2014年8月22日弈于河南省首届画虎村杯少儿象棋公开赛）

中炮冲中兵牛头滚对屏风马右肋跳马

1. 炮二平五　马8进7
2. 马二进三　卒7进1
3. 车一平二　车9平8
4. 车二进六　马2进3
5. 兵五进一　卒3进1
6. 兵五进一　士4进5
7. 兵五进一　马3进5
8. 马三进五　马5进4
9. 马八进七　炮2平5
10. 仕六进五　车1平2
11. 车九平八　炮8平9
12. 车二平三（图1）车8进2
13. 炮八进五　炮9进4！

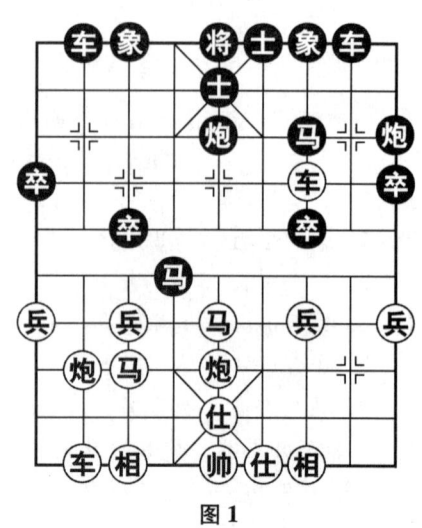

图1

第二章 中炮牛头滚对屏风马

14. 车八进四　炮9进3？
16. 车八平六　车2进2
18. 车三平九　士5退4？
20. 车九进三！士6进5
21. 马六进五！将5进1
22. 车六进五　马8进7
23. 车六平五　将5平6
24. 车九退三！马7进8
25. 车九平一　马8退9
26. 车一退六　车8平7
27. 车一进六　车7进1
28. 车一退二　卒7进1
29. 兵三进一　车2进6
30. 兵三进一　车7平6（图2）
31. 兵三进一　车6进3
32. 车一平六

15. 炮五进五　象3进5？
17. 马五进四　马7退8？
19. 马四进六！车2退1

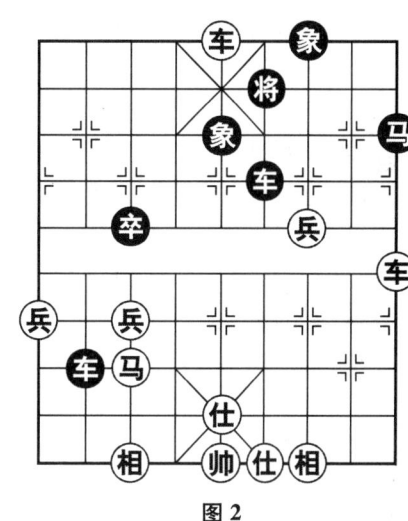

图2

第38局　王晓华胜潘振波

（1998年12月14日弈于全国象棋个人锦标赛）

中炮冲中兵牛头滚对屏风马左肋跳马

1. 炮二平五　马8进7
2. 马二进三　车9平8
3. 车一平二　卒7进1
4. 车二进六　马2进3
5. 兵五进一　士4进5
6. 兵五进一　卒3进1
7. 兵五进一　马3进5
8. 马三进五　马5进6（图1）
9. 马八进七　象3进5
10. 车九进一　车1平4
11. 车九平四　马6进4
12. 车四平六　卒3进1？
13. 兵七进一　炮2进4

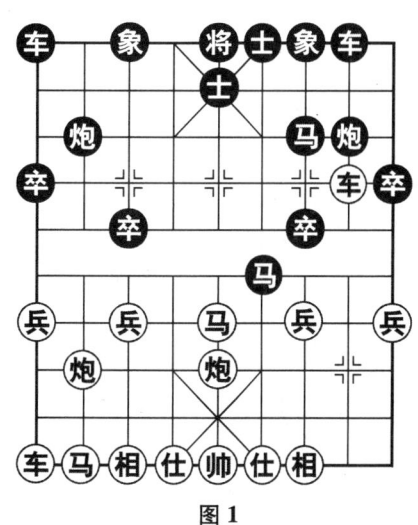

图1

14. 仕六进五？ 炮8平9
15. 车二平八　炮2平5
16. 马七进五　车8进5
17. 马五进六！车4进4
18. 车八进三　车4退4
19. 车八平六　将5平4
20. 车六进二　将4平5
21. 炮八进七！车8平5
22. 帅五平六　士5进4
23. 车六进四　车5进1
24. 车六进二　将5进1
25. 车六退六　马7进6
26. 炮八平三（图2）将5平6
27. 炮五平四

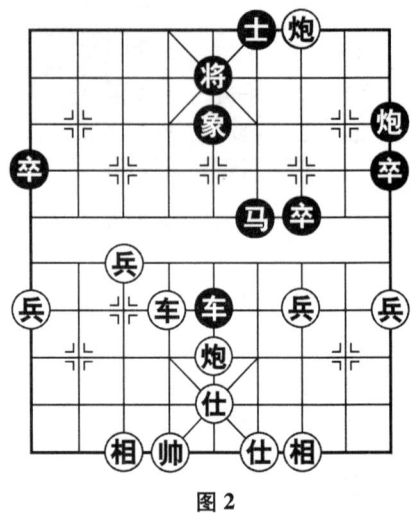

图2

第39局　邝伟德胜黎金福

（2001年12月12日弈于第7届世界象棋锦标赛）

中炮冲中兵牛头滚对屏风马左肋跳马

1. 炮二平五　马8进7
2. 马二进三　卒7进1
3. 车一平二　车9平8
4. 车二进六　马2进3
5. 兵五进一　士4进5
6. 兵五进一　卒3进1
7. 兵五进一　马3进5
8. 马三进五　马5进6
9. 马八进七　象3进5
10. 车九进一　炮8平9（图1）
11. 车二进三　马7退8
12. 车九平四　马6进4？
13. 马五进六　车1平4
14. 马七进五　炮2进2？
15. 炮八平六　炮2平4
16. 马五进六　车4平2
17. 马六进四　炮9平6

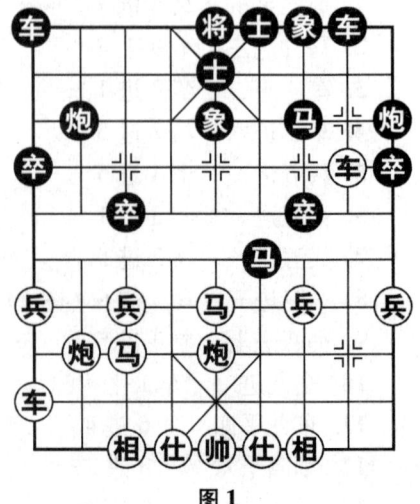

图1

18. 马四退五（图2）

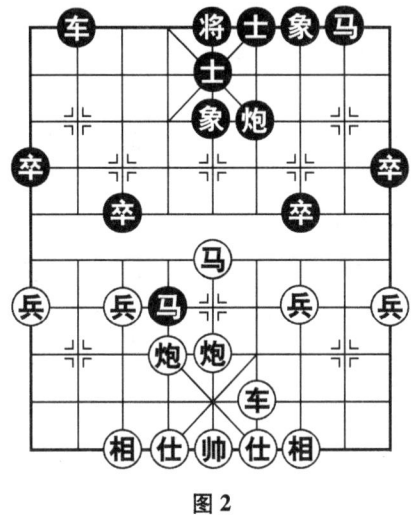

图2

第40局　齐辉负左文静

（2007年10月14日弈于山东省曲阜市孔子棋艺文化周象棋联谊赛）
中炮冲中兵牛头滚对屏风马左肋跳马

1. 炮二平五　马8进7
2. 马二进三　车9平8
3. 车一平二　卒7进1
4. 车二进六　马2进3
5. 兵五进一　士4进5
6. 兵五进一　卒3进1
7. 兵五进一　马3进5
8. 马三进五　马5进6
9. 马八进七　炮2平5
10. 车九平八　车1平2
11. 仕六进五　炮8平9
12. 车二平四　车8进5（图1）
13. 兵三进一　卒7进1
14. 炮八进二　马7进8
15. 车四平六　车8进1
16. 帅五平六　车2进2？
17. 炮八平五　车2平4

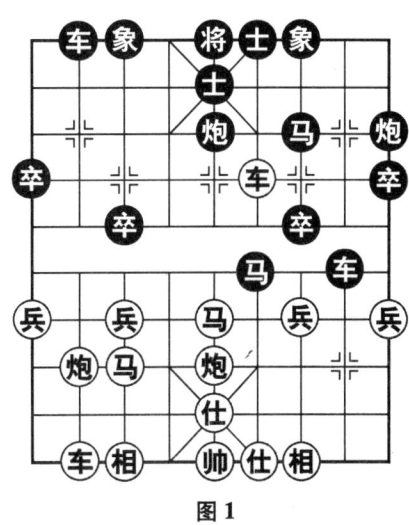

图1

18. 车六进一　炮9平4
19. 车八进九　将5平4
20. 车八平七　将4进1
21. 前炮平三　炮5进5
22. 相七进五　马8退6
23. 帅六平五　后马进7
24. 马五进三　车8平3
25. 马七退八　炮4平5（图2）

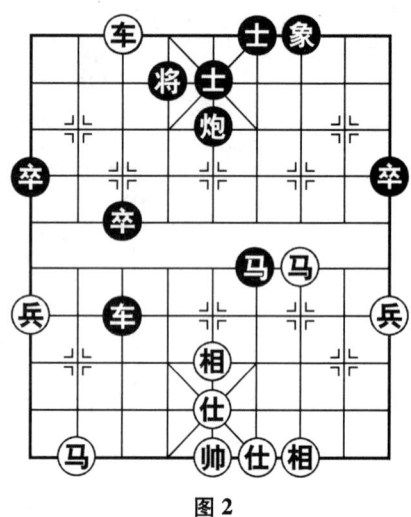

图2

第41局　林琴思负赵寅

（2008年11月6日弈于全国象棋个人赛）

中炮冲中兵牛头滚对屏风马左肋跳马

1. 炮二平五　马8进7
2. 马二进三　车9平8
3. 车一平二　卒7进1
4. 车二进六　马2进3
5. 兵五进一　士4进5
6. 兵五进一　卒3进1
7. 兵五进一　马3进5
8. 马三进五　马5进6
9. 马八进七　象3进5
10. 车九进一　炮8平9
11. 车二进三　马7退8
12. 车九平四　马6进5（图1）
13. 炮八平五　马8进7
14. 车四进五　车1平4
15. 兵三进一　卒7进1
16. 马五进三　马7进8
17. 车四平九!　马8进6
18. 炮五进二　车4进5
19. 车九进三　车4退5

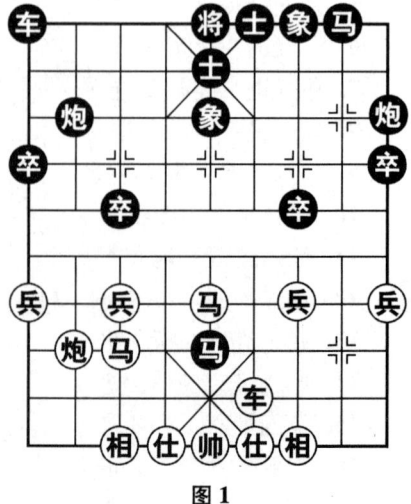

图1

第二章 中炮牛头滚对屏风马

20. 车九退三	车4进5	21. 车九进三	车4退5
22. 车九退三	车4进5	23. 车九进三	车4退5
24. 车九平六	将5平4	25. 马七进五	炮2进4
26. 兵七进一	炮2平9	27. 兵七进一	象5进3
28. 马五进七	后炮平5	29. 仕六进五	炮9进3
30. 马七退六	马6进7	31. 马三进五	炮5平7?
32. 相七进五	马7退6	33. 仕五进四	马6进5?
34. 炮五退一	炮7平5	35. 帅五进一!	炮5进4
36. 帅五进一	炮9平6!	37. 帅五退一	炮6平2
38. 马六进七	炮5退1	39. 马五退三	炮2退7
40. 马七进五	炮2平5	41. 兵九进一	后炮进1
42. 兵九进一	后炮平4		
43. 马五进三	炮4平5		
44. 帅五平四	后炮平4		
45. 兵九平八	象3退1		
46. 相三进一	炮5退2		
47. 前马退四	炮5退1		
48. 马四进三	炮5进1		
49. 前马退四	炮5退1		
50. 马四进六	炮5平6		
51. 帅四平五	象7进5		
52. 兵八进一	象5进7		
53. 马六退四	炮6进2		
54. 马四进六	卒9进1（图2）		

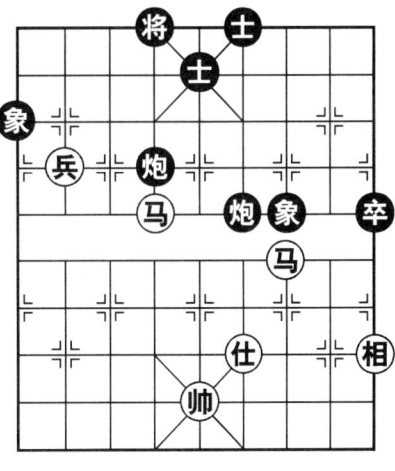

图2

余略，第127回合黑胜。

第42局 赵殿宇和聂铁文

（2011年10月3日弈于首届辛集国际皮革城杯象棋公开赛）
中炮冲中兵牛头滚对屏风马左肋跳马

1. 炮二平五	马8进7	2. 马二进三	车9平8
3. 车一平二	卒7进1	4. 车二进六	马2进3
5. 兵五进一	卒3进1	6. 兵五进一	士4进5
7. 兵五进一	马3进5	8. 马三进五	马5进6

9. 马八进七	炮8平9	10. 车二平四	车8进5
11. 兵三进一	卒7进1	12. 炮八进二	马7进8
13. 车四平二（图1）	马6进5	14. 相七进五	马8进6
15. 炮八平五	炮2平5	16. 车二平一	车8退1
17. 马五进三	车8平5	18. 炮五进三	车5退2
19. 仕六进五	车1平2	20. 车九平六	车2进7
21. 车六进二	车5进1（图2）		

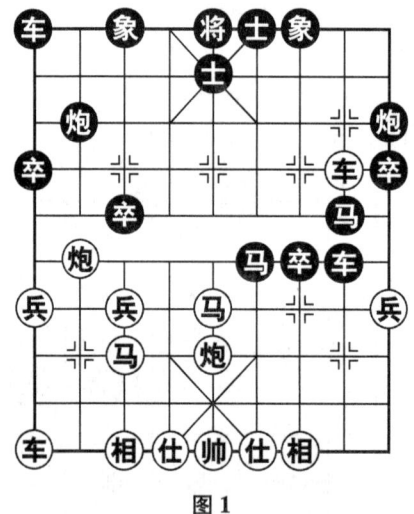

图1

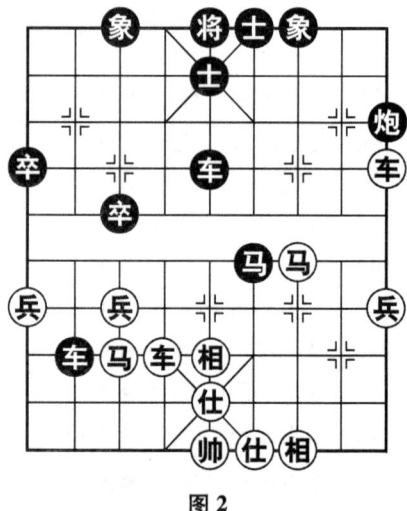

图2

第43局　许波胜张志刚

（2011年12月2日弈于常州市棋协杯象棋公开赛）
中炮冲中兵牛头滚对屏风马左肋跳马

1. 炮二平五	马8进7	2. 马二进三	车9平8
3. 车一平二	卒7进1	4. 车二进六	马2进3
5. 兵五进一	士4进5	6. 兵五进一	卒3进1
7. 兵五进一	马3进5	8. 马三进五	马5进6
9. 马八进七	炮8平9	10. 车二平四	马6进5（图1）
11. 炮八平五	炮2平5	12. 车四平三	炮5进5
13. 相七进五	车1平2	14. 车九平八	车1平6
15. 车八进九	象7进5	16. 兵七进一！	炮9进4
17. 马五进六	炮9退2	18. 兵七进一	车8进8

19. 仕六进五　车 8 平 6　　20. 马七进八　前车退 2
21. 马八进七！士 5 退 4　　22. 马七进五！象 3 进 5？
23. 马六进七　前车平 4　　24. 兵七平六　士 6 进 5
25. 车三平六　象 5 退 3　　26. 车八平七（图 2）车 6 平 3

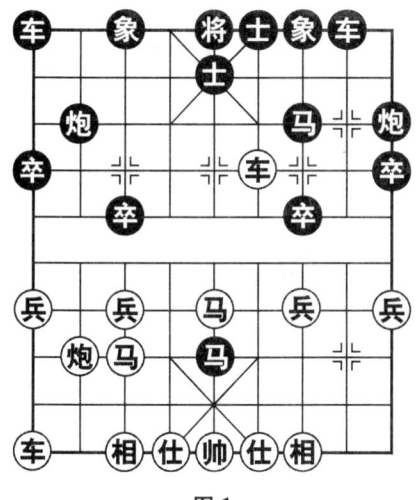

图 1

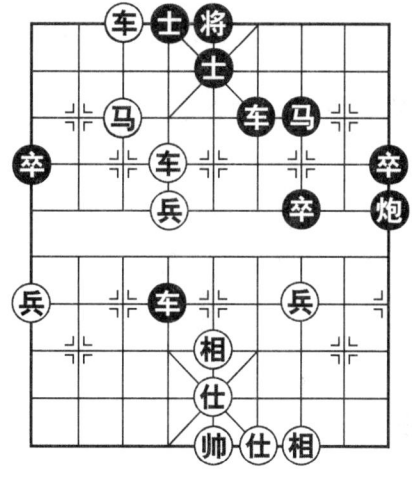

图 2

27. 车七退二　马 7 退 6　　28. 车七退二　卒 1 进 1
29. 车六平一　炮 9 平 4　　30. 车一平六　马 6 进 5
31. 车六平五　炮 4 退 3　　32. 车五进一

第 44 局　许波胜周群

（2012 年 1 月 7 日弈于扬中市荣诚杯业余象棋公开赛）
中炮冲中兵牛头滚对屏风马左肋跳马

1. 炮二平五　马 8 进 7　　2. 马二进三　车 9 平 8
3. 车一平二　卒 7 进 1　　4. 车二进六　马 2 进 3
5. 兵五进一　士 4 进 5　　6. 兵五进一　卒 3 进 1
7. 兵五进一　马 3 进 5　　8. 马三进五　马 5 进 6
9. 马八进七　象 3 进 5　　10. 车九进一　炮 8 平 9
11. 车二平四（图 1）车 8 进 5　　12. 车九平四　马 6 进 5
13. 炮八平五　车 1 平 4　　14. 前车平三！炮 9 进 4？
15. 马五进四　炮 9 平 3　　16. 车四平八　炮 2 平 3
17. 马四进三！后炮平 7　　18. 车三进一　炮 3 平 3

19. 仕六进五	车8平3	20. 车八进七！	车3平5
21. 车八退八	炮3退1	22. 车八进三	卒3进1
23. 马七进五	车5平6	24. 车八进二	炮3进1
25. 马五进六	车6平4	26. 车八进三（图2）	

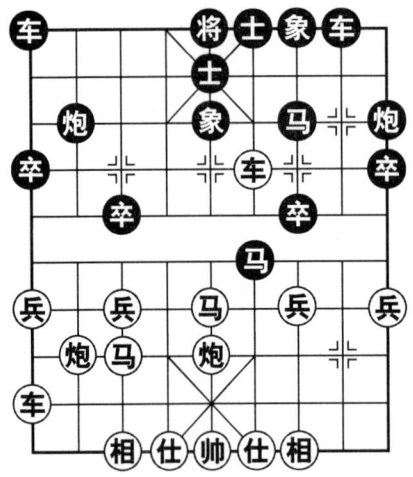

图1

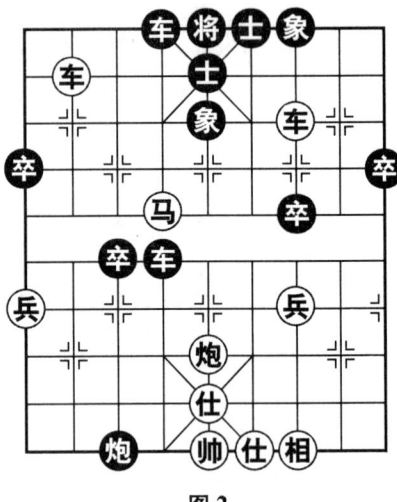

图2

第45局　许波负桂意

（2012年7月25日弈于江阴市第1届紫薇杯象棋公开赛）

中炮冲中兵牛头滚对屏风马左肋跳马

1. 炮二平五	马8进7
2. 马二进三	卒7进1
3. 车一平二	车9平8
4. 车二进六	马2进3
5. 兵五进一	卒3进1
6. 兵五进一	士4进5
7. 兵五进一	马3进5
8. 马三进五	马5进6
9. 马八进七	炮2平5
10. 车九平八	炮8平9？（图1）
11. 车二进三	马7退8
12. 炮八进七	象3进1

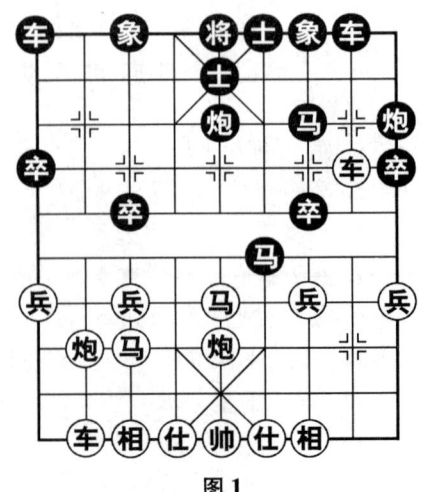

图1

13. 炮五进五　象7进5　　　14. 马五进四　马8进6
15. 马四进五?　士5进6　　16. 炮八平四　象1退3!
17. 车八进八　前马退7　　18. 车八退二　炮9平5
19. 炮四退二　马7进5
20. 车八平五　马5进6
21. 马七进五　前马进7
22. 帅五进一　车1进2!
23. 帅五平四　炮5退1
24. 车五平四　马6进8?
25. 炮四平三　炮5进4
26. 车四进三　将5进1
27. 车四退一　将5退1
28. 车四退四　车1平7
29. 车四平五　车7平5!
30. 车五进三　象3进5（图2）

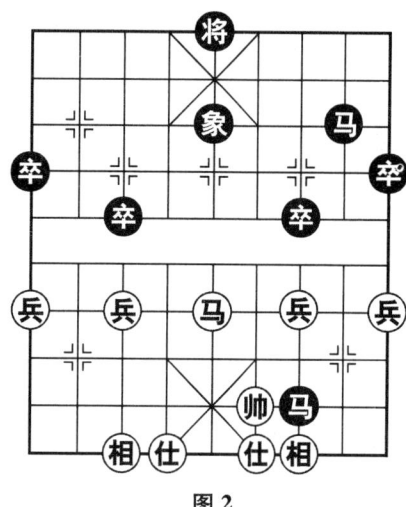

图2

余略，终局黑胜。

第46局　吴健民负李成蹊

（2012年8月2日弈于全国象棋少年锦标赛）

中炮冲中兵牛头滚对屏风马左肋跳马

1. 炮二平五　马8进7
2. 马二进三　车9平8
3. 车一平二　卒7进1
4. 车二进六　马2进3
5. 兵五进一　卒3进1
6. 兵五进一　士4进5
7. 兵五进一　马3进5
8. 马三进五　马5进6
9. 马八进七　象3进5
10. 车九进一　炮8平9
11. 车二平四　马6进5（图1）
12. 炮八平五　车1平4
13. 车九平八　炮2平3

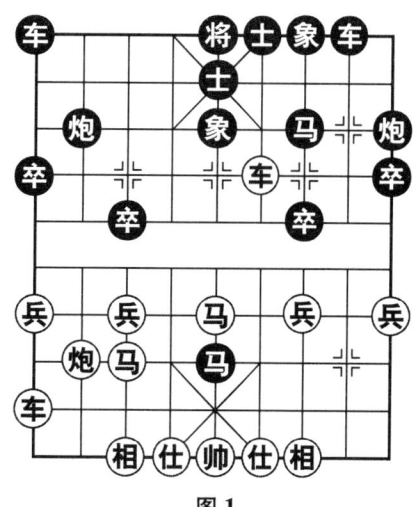

图1

14. 马五进四？	马7进6	15. 车四退一	车8进3！
16. 马七进五	车8平4	17. 仕四进五	前车进3
18. 车四平五	炮9进4	19. 马五进四	炮9退2
20. 车八进六	炮3进4	21. 车八退一	炮9进5！
22. 相三进一	炮3平7		
23. 马四退三	前车平7		
24. 帅五平四	车7平6		
25. 帅四平五	卒3进1		
26. 车八平九	卒3平4		
27. 车五平三	卒4平5！		
28. 车三进一	车6平8		
29. 帅五平四	卒5进1		
30. 炮五平八	车8进3		
31. 帅四进一	炮9平4（图2）		
32. 仕五退六	车8退1		
33. 帅四进一	车4进7		
34. 相七进五	车4平5		

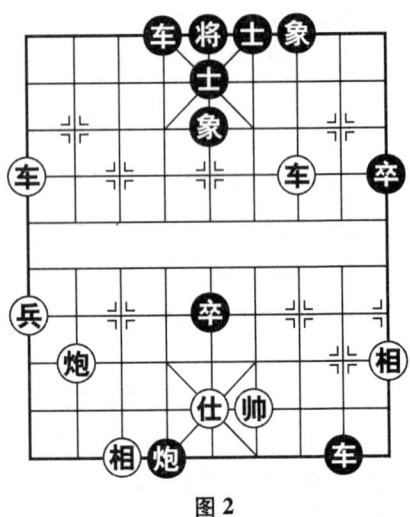

图2

第47局　何海东胜王广书

（2013年3月17日弈于江苏省第22届金箔杯象棋公开赛）
中炮冲中兵牛头滚对屏风马左肋跳马

1. 炮二平五	马8进7
2. 马二进三	车9平8
3. 车一平二	卒7进1
4. 车二进六	马2进3
5. 兵五进一	卒3进1
6. 兵五进一	士4进5
7. 兵五进一	马3进5
8. 马三进五	马5进6
9. 马八进七	炮8平9
10. 车二平四	车8进5
11. 兵三进一	卒7进1
12. 炮八进二	马7进8（图1）

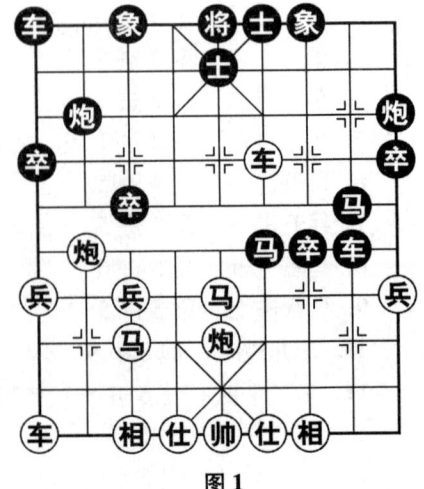

图1

13. 车四平六	炮2平5
14. 炮五进五	象3进5
15. 马五进四！	象5进7？
16. 炮八平五	炮9平5
17. 相七进五	车8进1
18. 车九平八	车8平3
19. 车六平九！	车1平3
20. 车九平七	后车平1
21. 马四进六！	将5平4
22. 马六进七	车1平3
23. 仕六进五	前车平4
24. 炮五平六	将4进1
25. 车八进八（图2）	

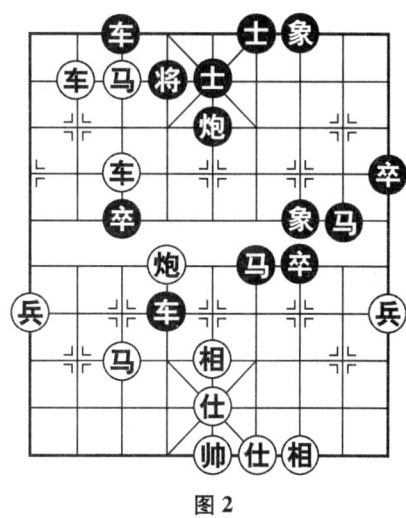

图2

第48局　何海东胜王家瑞

（2013年6月22日弈于江苏省无锡市大全杯象棋精英赛）

中炮冲中兵牛头滚对屏风马左肋跳马

1. 炮二平五	马8进7	2. 马二进三	车9平8
3. 车一平二	卒7进1	4. 车二进六	马2进3
5. 兵五进一	士4进5	6. 兵五进一	卒3进1
7. 兵五进一	马3进5		
8. 马三进五	马5进6		
9. 马八进七	炮8平9		
10. 车二平四	车8进5		
11. 兵三进一	卒7进1		
12. 炮八进二	马7进8		
13. 车四平六	马6进5（图1）		
14. 相七进五	卒7进1		
15. 兵七进一	车8进3		
16. 仕六进五	车8平6？		
17. 炮八退三	炮2平7		
18. 马五进三	车6退		
19. 兵七进一	炮7平5？		

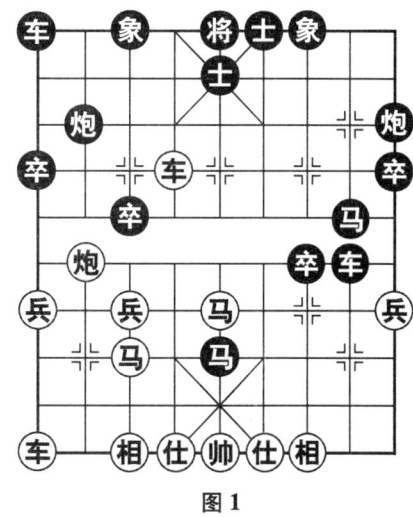

图1

20. 炮八进四	马8进9		
21. 马三进二	炮9平8		
22. 兵七进一	车6平5		
23. 车九平八	马9进8		
24. 炮八进四	象3进1		
25. 兵七进一！	车1进1		
26. 帅五平六	士5进4		
27. 兵七平六	炮5平7		
28. 兵六进一	车5平6		
29. 炮八平四（图2）			

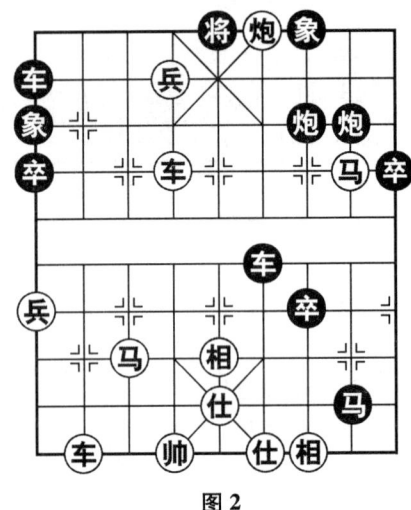

图2

第49局　何海东胜许统才

（2013年11月23日弈于苏浙皖三省第5届城市象棋比赛）

中炮冲中兵牛头滚对屏风马左肋跳马

1. 炮二平五	马8进7	2. 马二进三	车9平8
3. 车一平二	卒7进1	4. 车二进六	马2进3
5. 兵五进一	士4进5	6. 兵五进一	卒3进1
7. 兵五进一	马3进5		
8. 马三进五	马5进6		
9. 马八进七	炮2平5		
10. 车九平八	马6进5（图1）		
11. 炮八平五	炮5进5?		
12. 相七进五	炮8平9		
13. 车二平三	车8进2		
14. 马五进六	士5进6		
15. 马七进五	象3进5		
16. 车八进六	士6进5		
17. 兵三进一	卒7进1		
18. 马五进三	车1平4		
19. 马六进七	车4进2?		

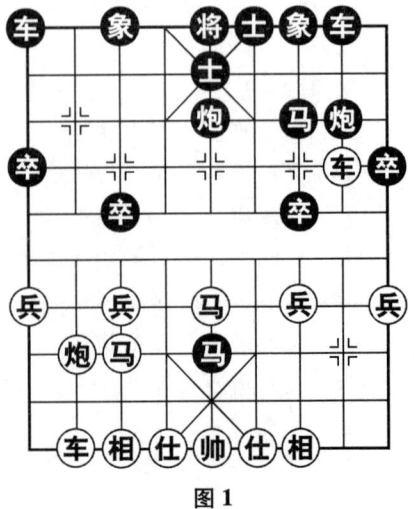

图1

20. 车八进三　士5退4
21. 马三进五！车4平3
22. 马五进四　将5平6
23. 车八平六　将6进1
24. 车六退一　将6退1
25. 车三平四　车8进1
26. 车四平二（图2）

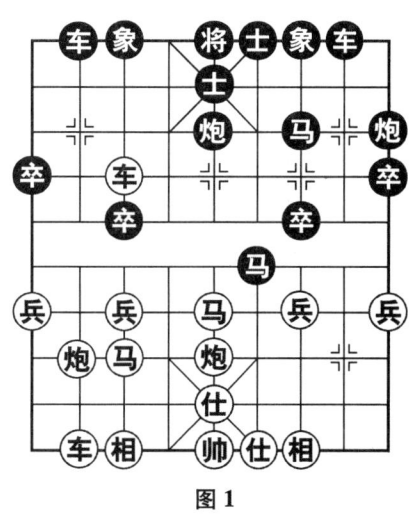
图2

第50局　唐丹负陈幸琳

（2014年9月23日弈于第6届杨官璘杯全国象棋公开赛）
中炮冲中兵牛头滚对屏风马左肋跳马

1. 炮二平五　马8进7
2. 马二进三　车9平8
3. 车一平二　卒7进1
4. 车二进六　卒3进1
5. 兵五进一　马2进3
6. 兵五进一　士4进5
7. 兵五进一　马3进5
8. 马三进五　马5进6
9. 马八进七　炮2平5
10. 车九平八　车1平2
11. 仕六进五　炮8平9
12. 车二平七（图1）炮9进4

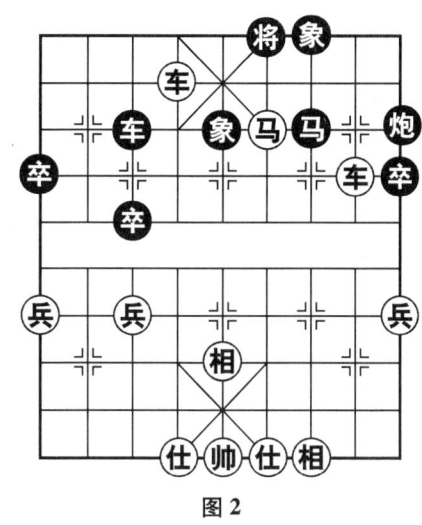
图1

13. 炮八进五　炮5进5
15. 车七平四　马6进4
17. 车六退一　车8平5
19. 炮八平三？马4进3
21. 帅六进一　炮9进2
22. 仕五进六　前车进1
23. 马五进六　车4进4
24. 车八进九　士5退4
25. 车八退三　卒9进1
26. 炮三退一　车4平6
27. 炮三平五　士6进5
28. 兵三进一　车6进5！
29. 帅六平五　将5平6
30. 炮五平四　车6退3
31. 炮四退一　象5进7
32. 车八平四　士5进6
33. 车四进一　将6平5
34. 车四退一　车6平3（图2）

14. 相七进五　象3进5！
16. 车四平六　车8进3
18. 兵三进一？车2平4
20. 帅五平六　车5平4！

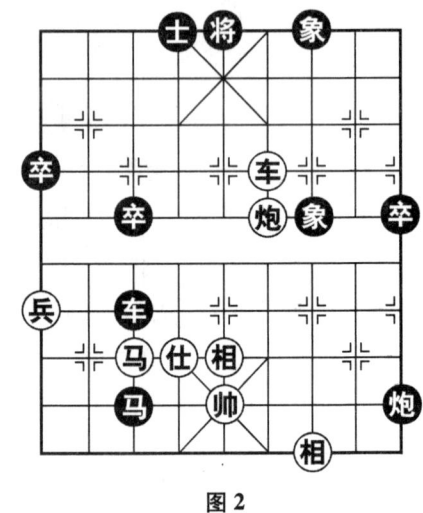

图2

第51局　郝继超负赵国荣

（2014年12月24日弈于苏湖杯·决战名山全国象棋冠军挑战赛）
中炮冲中兵牛头滚对屏风马左肋跳马

1. 炮二平五　马8进7
3. 车一平二　车9平8
5. 兵五进一　马2进3
7. 兵五进一　马3进5
9. 马八进七　炮8平9
11. 炮八进三（图1）马6进5
13. 炮八平三　马7进8
15. 车九平六　炮9平7
17. 兵七进一！象9进7
19. 兵三进一？炮7退2
21. 马五进三　车5进2

2. 马二进三　卒7进1
4. 车二进六　卒3进1
6. 兵五进一　士4进5
8. 马三进五　马5进6
10. 车二平四　车8进5
12. 相七进五　车8平5！
14. 仕六进五　象3进5
16. 兵三进一　象7进9
18. 兵三进一　马8进7
20. 车六进四　马7进6
22. 马七退六　车5平1

· 56 ·

第二章 中炮牛头滚对屏风马

23. 车四退五　炮2进3？
25. 车四进一　前车退1

24. 兵七进一　炮2平7
26. 兵三进一　前车平7（图2）

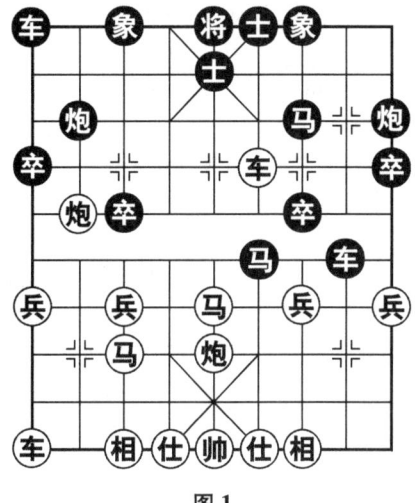

图1

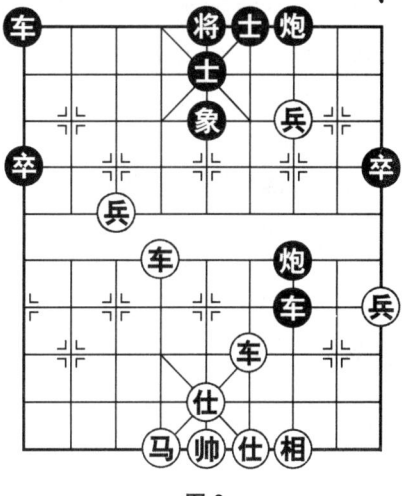

图2

27. 相三进五　车7平4!
29. 相五进三　象5进3

28. 车六平三　炮7进5

第52局　许波负刘宗泽

（2006年5月31日弈于全国象棋区县级锦标赛）

中炮冲中兵牛头滚对屏风马左马兑红马

1. 炮二平五　马8进7
2. 马二进三　车9平8
3. 车一平二　卒7进1
4. 车二进六　马2进3
5. 兵五进一　士4进5
6. 兵五进一　卒3进1
7. 兵五进一　马7进5
8. 马三进五　马5进4
9. 仕六进五　象3进5（图1）
10. 马八进七　车1平4
11. 兵七进一　马4进3
12. 马五退七？车4进6

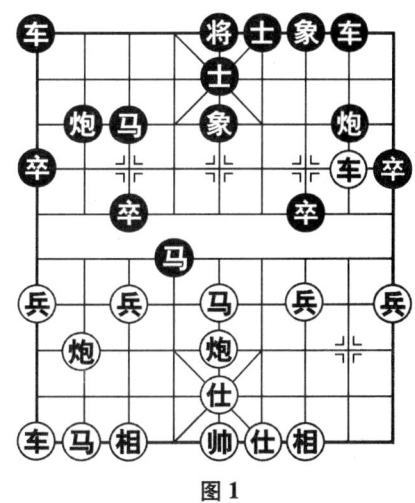

图1

13. 兵七进一	车4平3	14. 兵七进一	马3退4
15. 仕五进六	车8进1	16. 炮八退一	车8平6
17. 炮八平七?	车3平2	18. 兵七进一	炮8平3
19. 炮七进六	马4进3	20. 车二平七	马3退4
21. 仕六退五	车6进4!	22. 相七进九	车6平5
23. 车九平六	炮2平4		
24. 车六进四	车5退1		
25. 炮五进一	卒1进1		
26. 相九退七	马4进2		
27. 车七退二	炮4退2		
28. 车六进四?	马2进4		
29. 炮五退一	车5平3!		
30. 车七进一	马4进3		
31. 马七进六	车2进3		
32. 马六进七	马3进5		
33. 马七进五	车2平3		
34. 车六退八	马5进4（图2）		
35. 仕五进六	车3平4		

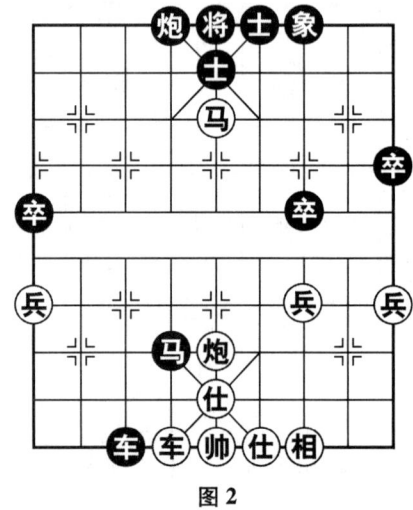

图 2

第53局　郭宪滨胜阮武军

（2006年11月5日弈于第14届亚洲象棋锦标赛）
中炮冲中兵牛头滚对屏风马左马兑红马

1. 炮二平五	马8进7	2. 马二进三	卒7进1
3. 车一平二	车9平8	4. 车二进六	马2进3
5. 兵五进一	卒3进1	6. 兵五进一	士4进5
7. 兵五进一	马7进5?	8. 马三进五	马5进4
9. 仕六进五	象3进5	10. 马八进七	车1平4
11. 相七进九（图1）	马4进3	12. 马五退七	车4进6
13. 车九平六	车4平7	14. 车六进二	车7退1?
15. 帅五平六	炮2退2	16. 相三进一	车7平5
17. 车六进一	炮2平4	18. 帅六平五	车5退2?
19. 炮八进七	炮4进5	20. 车六进一	车5平4
21. 炮八平九	车5退4	22. 帅五平六!	士5进6

23. 车六进五　将5进1
25. 车二退二　车5进1

24. 车六退一！将5退1
26. 马七进五（图2）

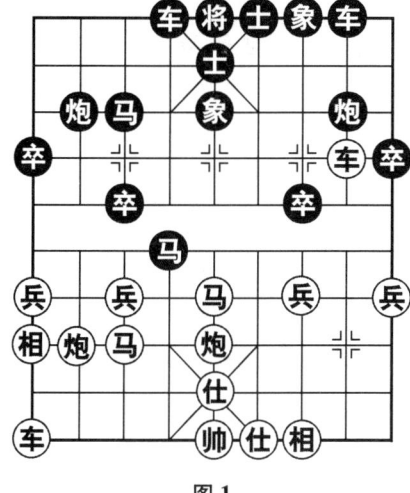

图1

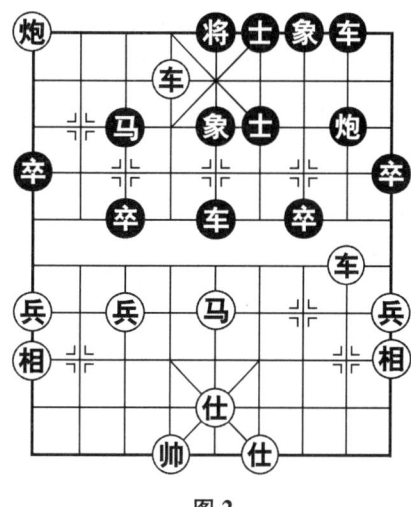

图2

第54局　梁辅聪胜谢业枧

（2009年4月7日弈于全国象棋团体赛）
中炮冲中兵牛头滚对屏风马左马兑红马

1. 炮二平五　马8进7
2. 马二进三　车9平8
3. 车一平二　卒7进1
4. 车二进六　马2进3
5. 兵五进一　卒3进1
6. 兵五进一　士4进5
7. 兵五进一　马7进5
8. 马三进五　马5进4
9. 仕六进五　炮2平1（图1）
10. 马八进七　马4进3
11. 马五退七　象3进5
12. 马七进五　车1平2
13. 炮八平六　车8进1
14. 炮五平二！马3退1
15. 马五进六　卒7进1？

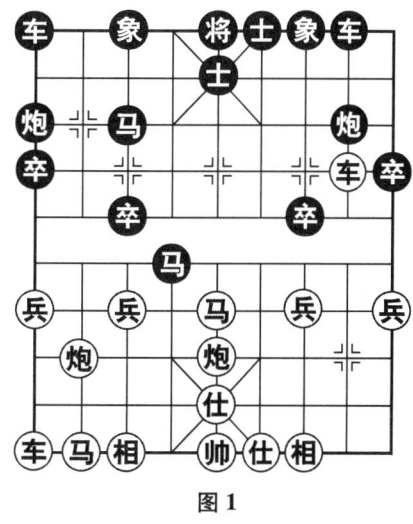

图1

16. 马六进四　卒7进1
17. 炮二进五！炮1平8
18. 车二进一　车8进1
19. 马四进二　车2进3
20. 炮六平五！将5平4
21. 车九进二　马1退3
22. 车九平六　士5进4
23. 车六进一　卒7进1
24. 马二进四　将4进1
25. 帅五平六！车2退1
26. 车六进三　车2平3
27. 车六平八（图2）

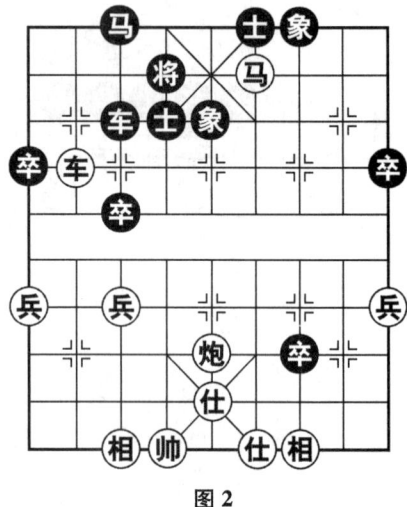

第55局　薛忠胜田中笃

（2009年8月29日弈于第11届世界象棋锦标赛）
中炮冲中兵牛头滚对屏风马左马兑红马

1. 炮二平五　马8进7
2. 马二进三　车9平8
3. 车一平二　卒7进1
4. 车二进六　马2进3
5. 兵五进一　士4进5
6. 兵五进一　卒3进1
7. 兵五进一　马7进5
8. 马三进五　马5进6？（图1）
9. 马八进七　马6退4
10. 仕六进五　马4进5
11. 马七进五　象3进5
12. 马五进四　马3进4
13. 炮八平六　卒7进1
14. 车九平八　炮2平3
15. 马四进六　车1平3
16. 马六进七（图2）

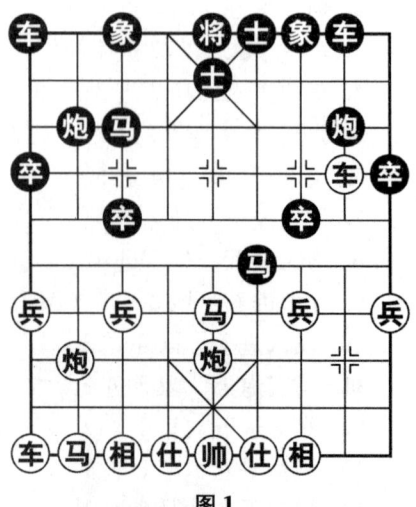

第二章 中炮牛头滚对屏风马

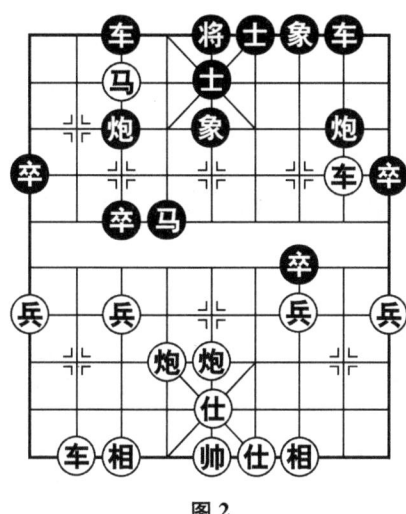

图 2

第三章　中炮冲中兵对屏风马两头蛇

第56局　周德裕胜罗天扬

(1928年3月22日弈于上海青年会象棋名手表演赛)

中炮冲中兵对屏风马两头蛇高炮打车巡河炮

1. 炮二平五　马8进7
2. 马二进三　马2进3
3. 车一平二　车9平8
4. 车二进六　卒7进1
5. 兵五进一　卒3进1
6. 兵五进一　士4进5（图1）
7. 马八进七　炮2进1！
8. 车二退二　炮8进2?
9. 兵五进一　马3进5
10. 马七进五　象3进5
11. 炮五进四！马7进5
12. 炮八平五　马5退7
13. 车九平八　炮2平5
14. 炮五进四　马7进5
15. 车八进六　马5退3
16. 车八平七！车1平3
17. 马五进六　卒3进1?
18. 马六进四！卒3进1
19. 车二进一　车8进4
20. 马四退二　卒3进1
21. 马三进五　士5退4（图2）

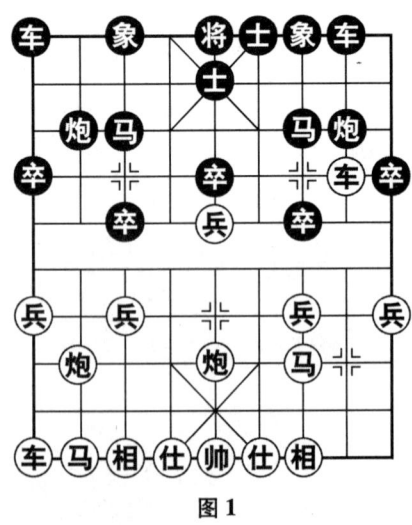

图1

第三章 中炮冲中兵对屏风马两头蛇

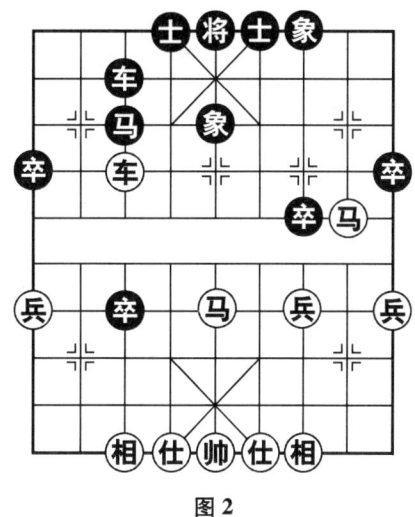

图2

第57局 蔡福如胜朱剑秋

（1960年12月26日弈于第1届沪穗象棋名手友谊赛）
中炮冲中兵对屏风马两头蛇高炮打车巡河炮

1. 炮二平五　马8进7
2. 马二进三　车9平8
3. 车一平二　卒7进1
4. 车二进六　马2进3
5. 兵五进一　士4进5
6. 马八进七　卒3进1
7. 兵五进一　炮2进1（图1）
8. 车二退二　炮8进2
9. 兵五进一　马3进5
10. 车九进一　象3进5
11. 车九平六　炮2平3
12. 马七进五　车1平2？
13. 炮八平九　马5退3
14. 车六进五　马3进3
15. 兵三进一　卒7进1
16. 车二平三　炮8平7
17. 车六平三　车8进2
18. 前车平四　车8进2
19. 马三进四　车2进5？

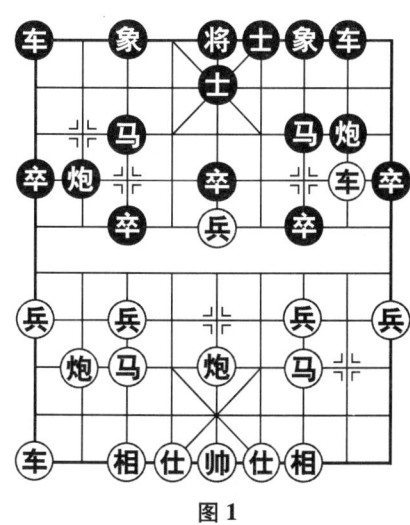

图1

20. 车三退三！	车8平9	
22. 车三进四	车9平6	
24. 车三进二	车6进1	
26. 车三进二	车6平5	
28. 前炮退二	炮3退1	
29. 仕六进五	炮3平2	
30. 车三退三	卒3进1	
31. 后炮平二	车5平8	
32. 炮二平五	车8平5	
33. 后炮平二	车5平8	
34. 车三平五	将5平4	
35. 车五平六	将4平5	
36. 车六平五	将5平4	
37. 炮二平六	马4进3	
38. 炮五退二（图2）	士6进5	
39. 车五平六	士5平4	
40. 车六平二		

21. 兵一进一！	车9进1
23. 车四退二	车2平6
25. 炮五进五！	士5进6？
27. 炮九平五	马3进4

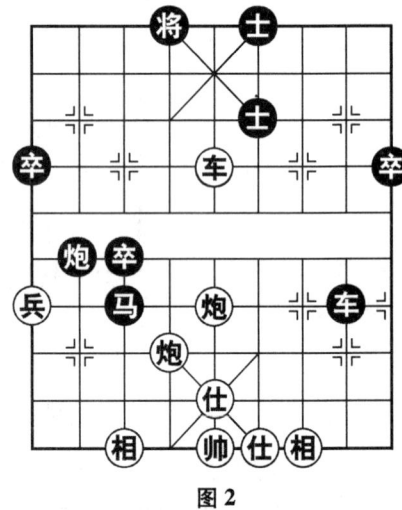

图2

第58局　阮清洁胜胡伟长

（2010年9月16日弈于第4届杨官璘杯全国象棋公开赛）

中炮冲中兵对屏风马两头蛇高炮打车巡河炮

1. 炮二平五	马8进7
2. 马二进三	车9平8
3. 车一平二	卒7进1
4. 车二进六	马2进3
5. 兵五进一	士4进5
6. 马八进七	卒3进1
7. 兵五进一	炮2进1
8. 车二退二	炮8进2
9. 兵五进一	马7进5！（图1）
10. 马七进五	象3进5
11. 炮五进四！	马3进5
12. 炮八平五	马5退7

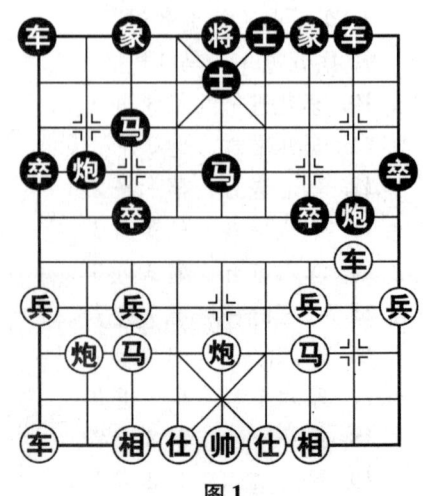

图1

第三章 中炮冲中兵对屏风马两头蛇

13. 车九平八	炮2平5	14. 炮五进四	马7进5
15. 车八进六！	卒7进1	16. 兵三进一	马5退7
17. 车八平三	炮8平5	18. 相三进五	炮5进1
19. 兵三进一	车8进5	20. 马三进二	马7退8
21. 车三平五	炮5平2	22. 兵三进一	车1平4
23. 马二进四	车4进6	24. 兵三平二	炮2退3？
25. 兵二进一！	炮2平8	26. 车五平二	炮8平9
27. 车二进三	车4平3	28. 车二退三	车3平1
29. 车二平一	卒1进1	30. 马五进三	象5进7
31. 车一平八	炮9平4	32. 马四进六	象7进5
33. 仕四进五	士5退4	34. 兵一进一	士6进5
35. 马六退五！	车1平6	36. 兵一进一	车6退1
37. 马五进四	炮4进4		
38. 车八平五	炮4平6		
39. 马四进三	将5平6		
40. 兵一进一	卒1进1		
41. 后马进一	炮6平7		
42. 马一退三	卒1平2		
43. 车五退三	炮7进2		
44. 车五平二！	车6退3		
45. 车二进六	将6进1		
46. 前马进一	车6平7		
47. 兵一平二	炮7退2		
48. 马三进五	士5进4		
49. 兵二平三	车7平9（图2）		
50. 马一退二	将6平5		

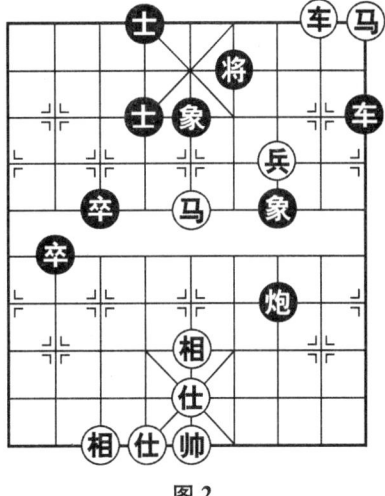

图 2

第59局 王嘉良胜宋景岱

（1957年7月1日弈于北京市象棋友谊赛）

中炮急冲中兵分车压马对屏风马两头蛇退8路炮

1. 炮二平五	马8进7	2. 马二进三	车9平8
3. 车一平二	卒7进1	4. 车二进六	马2进3
5. 兵五进一	士4进5	6. 马八进七	卒3进1

7. 车二平三（图1）炮8退1！

8. 车三退一　象3进1

9. 炮八进四　炮8平7

10. 车三平七　车1平3

11. 马七进五　象7进5

12. 车七退一　马3进4

13. 炮八退四　炮7平5

14. 相三进一　车8进8！

15. 车七平六　马4进6

16. 兵五进一　马6进8

17. 仕六进五　马8进7？

18. 帅五平六　炮2平4？

19. 炮五平六　车8退3

20. 相一进三！炮4进5

21. 车六退二　卒5进1

22. 车九平八　车3平2

23. 马五进六　象1进3？

24. 炮八进五！后马进5

25. 兵七进一　车8平7！

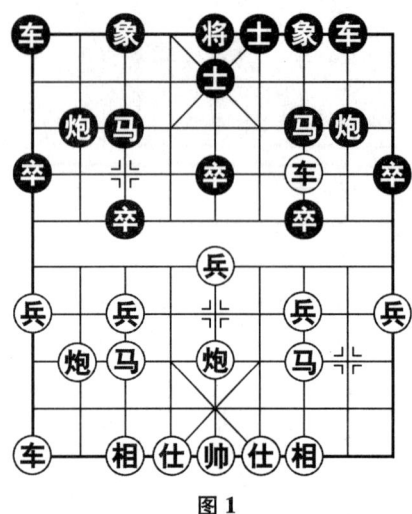

图1

26. 兵七进一　马5进3

27. 马三进五　车7退1？

28. 马六进五　士5进4

29. 炮八退一　士6进5

30. 车六平二　炮7平8！

31. 车八进二　卒5进1

32. 后马退三　炮8平6

33. 马三进四　马3退5？

34. 车二进七　士5退6

35. 车八平六（图2）卒5平6？

36. 车六进五　车7退2

37. 炮八平一　马5进3

38. 车二退二　马3退4

39. 炮一平五

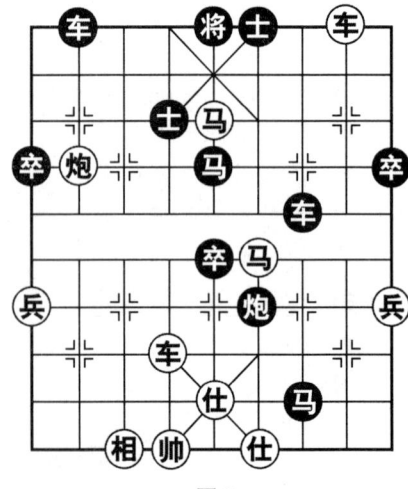

图2

第三章 中炮冲中兵对屏风马两头蛇

第60局　郭长顺负刘殿中

（1976年6月16日弈于全国象棋个人赛）

中炮急冲中兵分车压马对屏风马两头蛇退8路炮

1. 炮二平五	马8进7	2. 马二进三	车9平8
3. 车一平二	卒7进1	4. 车二进六	马2进3
5. 兵五进一	士4进5	6. 马八进七	卒3进1
7. 车二平三	炮8退1		
8. 兵五进一	炮8平7（图1）		

9. 车三平四　炮2进1
10. 车四退二　卒7进1！
11. 兵三进一！卒5进1
12. 马七进五　象7进5
13. 兵七进一　炮2平5！
14. 兵七进一　炮5进3
15. 马三进五　马7进8
16. 车四退一　炮7进8
17. 仕四进五　车1平2
18. 马五进七　车2进5！
19. 马七进五？车2平5
20. 兵七平六　马8进9！
21. 车九平八？车8进9
22. 炮八进七　马3退2
23. 车八进九　炮7平4
24. 仕五退四　马9进7
25. 马五进四　士5进6
26. 车八平七　将5进1
27. 车七退二　炮4平6（图2）
28. 车七平五　将5平4
29. 车五平六　将4进1
30. 兵六进一　将4退1
31. 兵六进一　将4进1
32. 车四平六　车5平4

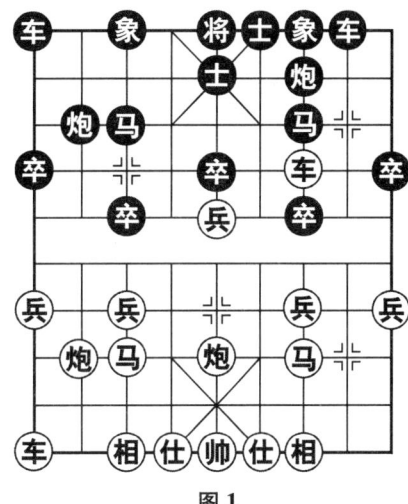

图1

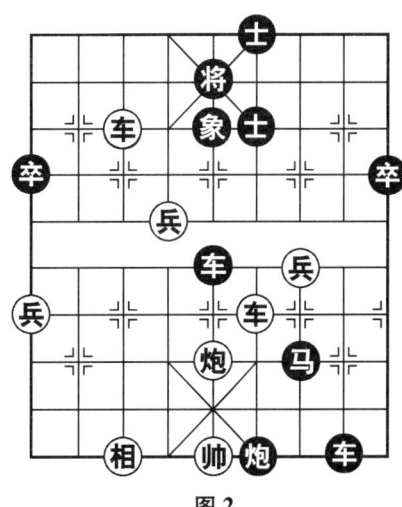

图2

33. 车六进一　将4平5
35. 炮五平四　炮6平3!
37. 帅五退一　车8平4
34. 车六平五　将5平4
36. 帅五进一　车8退1

第61局　李义庭胜胡荣华

（1961年8月2日弈于六省市象棋友谊赛）
中炮急冲中兵横车对屏风马两头蛇高炮打车飞右象

1. 炮二平五　马8进7
2. 马二进三　车9平8
3. 车一平二　卒7进1
4. 车二进六　马2进3
5. 兵五进一　士4进5
6. 马八进七　卒3进1
7. 车九进一（图1）炮2进1
8. 车二退二　象3进5
9. 车九平六　炮2进1!
10. 马七进五　马7进6
11. 兵五进一　卒7进1!
12. 车二平三　马6进5
13. 马三进五　炮8进4
14. 马五进六　炮2平4
15. 兵五平六　车1平2
16. 炮八平九　炮8进3
17. 车三平四　炮8平9
18. 车四进四　车8进9!
19. 炮五进五　士5进6!
20. 炮九平四　炮9平7
21. 仕四进五　车2进7
22. 车四进一　将5进1
23. 车四退一（图2）将5退1?
24. 车四退一　象7进5
25. 帅五平四　炮7平4
26. 帅四进一　炮4平6

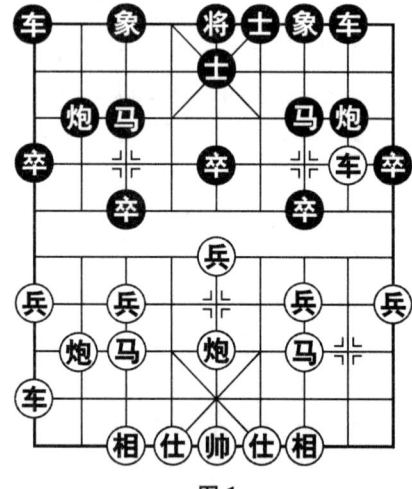

图1

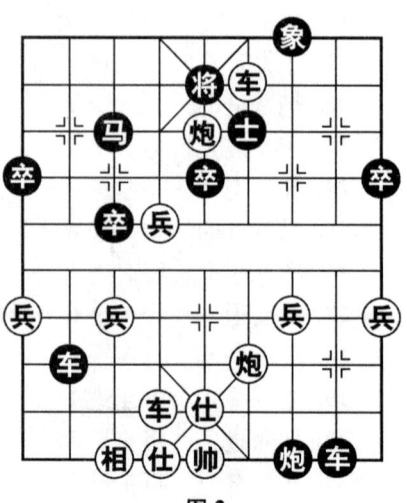

图2

27. 车四平五　马3退5　　　　28. 炮四平五！车2平5
29. 车六平八　车5进1　　　　30. 车八平五　车8退1
31. 帅四退一　车8平5　　　　32. 兵六进一！车5平4
33. 兵六进一！卒5进1　　　　34. 车五平四　马5进6
35. 车四退一　车4退6　　　　36. 车四平五　将5平4
37. 车五退一

第62局　孟立国胜王有盛

（1964年5月2日弈于全国象棋个人赛）

中炮急冲中兵横车对屏风马两头蛇高炮打车巡河炮

1. 炮二平五　马8进7　　　　2. 马二进三　卒7进1
3. 车一平二　车9平8　　　　4. 车二进六　马2进3
5. 兵五进一　士4进5　　　　6. 马八进七　卒3进1
7. 车九进一　炮2进1
8. 车二退二　炮8进2（图1）

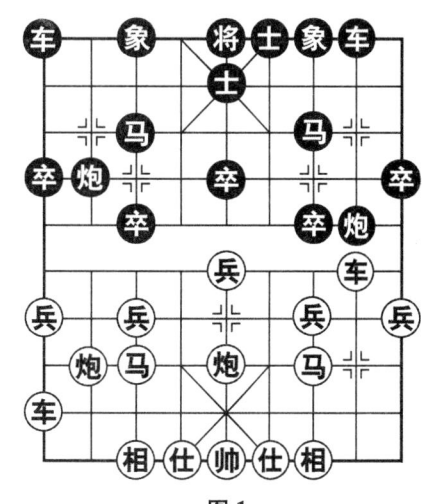

图1

9. 车九平六　象3进5
10. 兵三进一！卒7进1
11. 车二平三　炮8平7
12. 马三进五　炮2进3
13. 兵五进一　炮2平5
14. 马七进五　卒5进1
15. 炮五进三　马7进5
16. 炮五进二？象7进5
17. 马五进四　车1平4！
18. 车六进八　将5平4
19. 炮八平六　车8进2
20. 马四进六　士5进4　　　　21. 车三平五　车8进1
22. 车五进一　士6进5　　　　23. 马六退五　将4平5
24. 炮六平五　炮7退2？　　　25. 车五进一　车8平5
26. 炮五进四　马3进4　　　　27. 马五进七　马4进3
28. 马七进九　马3进2　　　　29. 兵九进一　马2退4
30. 帅五进一　马4退6　　　　31. 帅五平六　炮7平9
32. 炮五退三　马6退8　　　　33. 仕六进五　马8退6

34. 炮五退一	炮9进4
35. 马九进八	将5平6
36. 马八退七	马6进7
37. 炮五平七	象5进3
38. 马七退五	卒9进1
39. 兵九进一	卒9进1
40. 炮七平四	马7退5
41. 炮四进一	将6平5
42. 帅六退一	卒9平8
43. 相七进五	马5退7
44. 炮四进二	象3退5
45. 兵九平八	炮9退5（图2）

余略，第74回合红胜。

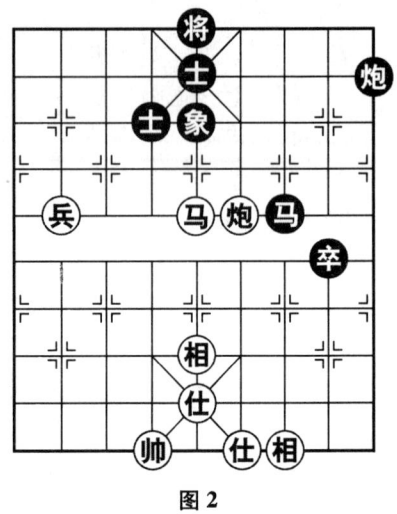

图2

第63局　汪伟胜刘幼稚

（1991年5月13日弈于全国象棋团体赛）

中炮冲中兵对屏风马两头蛇高炮打车平炮兑车

1. 炮二平五	马8进7	2. 马二进三	卒7进1
3. 车一平二	车9平8	4. 车二进六	马2进3
5. 兵五进一	士4进5	6. 兵五进一	卒3进1
7. 马八进七	炮2进1		
8. 车二退二	炮8平9		
9. 炮五进四（图1）	马3进5		
10. 车二进五	马7退8		
11. 兵五进一	马8进7		
12. 兵五平四	马7进6		
13. 马七进五	马6进7		
14. 炮八平五！	炮2平3		
15. 车九平八	炮3进3？		
16. 炮五退一！	炮9平5		
17. 兵四平五	炮5进4？		
18. 马三进五	马7进8		
19. 车八进二	马8退9		

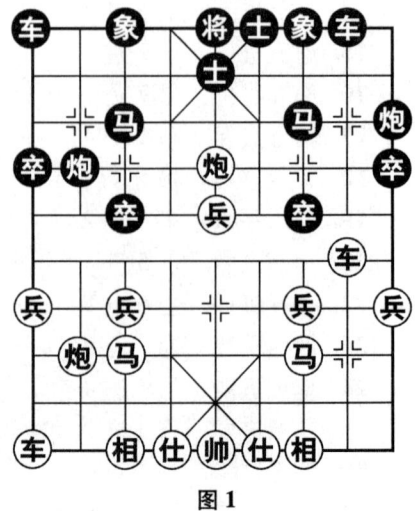

图1

第三章 中炮冲中兵对屏风马两头蛇

20. 马五进六 炮3平7	21. 车八进一 卒7进1
22. 兵五平六 象7进5	23. 马六进四 车1进1
24. 兵六进一! 马9进8	25. 车八平四 车1平3
26. 马四退三 车3进2	27. 车四退二! 马8退9
28. 马三退一 车3平4	29. 车四进二 炮7退2
30. 兵六平七 炮7平5
31. 相三进五 炮5进4
32. 仕四进五 车4平3
33. 兵七平八 卒3进1
34. 相五进七! 车3进2
35. 马一进二 象5进7
36. 马二进三 车3退2
37. 车四平八 车3平7
38. 马三退五 象7退5
39. 相七进五 车7进4
40. 兵八进一 士5进4
41. 兵八平七 士6进5
42. 兵七平六 象5退7
43. 马五进七 (图2)

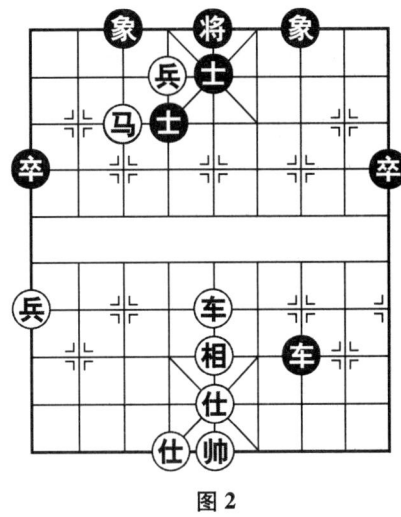

图2

第64局 宇兵负黎德志

(2003年11月26日弈于全国象棋甲级联赛)
中炮冲中兵对屏风马两头蛇高炮打车平炮兑车

1. 炮二平五 马8进7
2. 马二进三 卒7进1
3. 车一平二 车9平8
4. 车二进六 马2进3
5. 兵五进一 卒3进1
6. 兵五进一 士4进5
7. 马八进七 炮2进1
8. 车二退二 炮8平9 (图1)
9. 炮五进四 象3进5
10. 车二进五 马7退8
11. 马七进五 炮2进1
12. 炮八平五 炮2平5
13. 后炮进三 马3进5
14. 车九平八 车1平4
15. 兵三进一 马8进7?
16. 相七进五 炮9平8
17. 马三进四 卒7进1
18. 马五进三 马5进7
19. 车八进六 车4进5
20. 车八进三 车4退5

21. 车八退三　车4进5
22. 车八进三　车4退5
23. 车八退三　车4进5
24. 仕六进五　炮8进2
25. 炮五退二　车4平5
26. 马四进三　卒1进1
27. 车八平九　士5退4
28. 车九退一！士6进5
29. 车九退一　车5退2
30. 前马退五　车5平6
31. 车九平六　炮8平5
32. 马三进五　车6进1
33. 马五进六　将5平6
34. 马六退八　车6进2
36. 车六进二　马7进8
38. 兵九进一　车6退2
40. 车六退二　马5退7
42. 马八进七　车6平3
44. 车六进一　将6平5
45. 炮六平五　士5进4
46. 仕五进六　车3平2
47. 帅五平六　士4进5
48. 仕四进五　将5平4
49. 炮五进二　马8退6
50. 车六退一　马6退7
51. 车六进一？马7进5
52. 车六平五　车2平4
53. 车五平七　车4平2
54. 车七平五　车2进6
55. 帅六进一　马5进3
56. 兵一进一（图2）

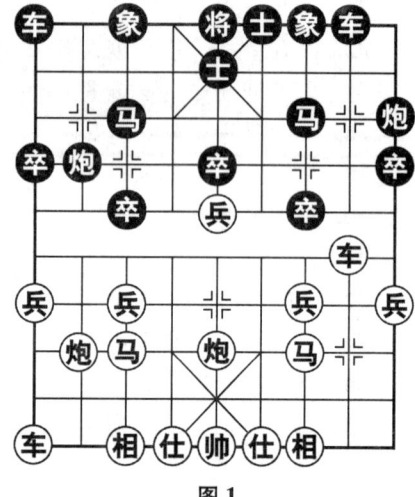

图1

35. 炮五进二　前马进8
37. 兵一进一　后马进7
39. 炮五退二　马7退5
41. 炮五平六　车6退1
43. 马七退六　马7退5

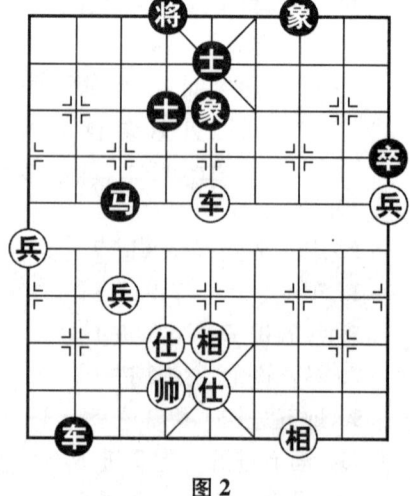

图2

第三章　中炮冲中兵对屏风马两头蛇

第65局　王晴胜赵寅

（2009年11月27日弈于全国象棋个人赛）

中炮冲中兵对屏风马两头蛇高炮打车平炮兑车

1. 炮二平五　马8进7
2. 马二进三　卒7进1
3. 车一平二　车9平8
4. 车二进六　马2进3
5. 马八进七　士4进5
6. 兵五进一　卒3进1
7. 兵五进一　炮2进1
8. 车二退二　炮8平9
9. 车二进五　马7退8
10. 车九进一　炮9平5（图1）

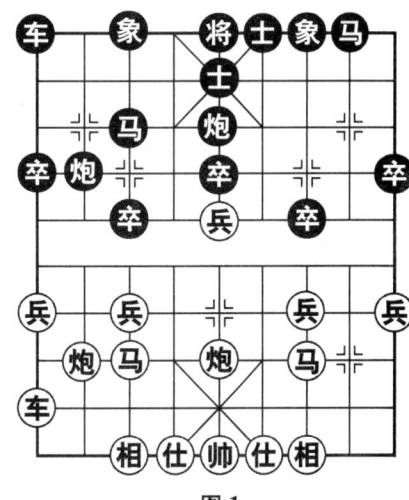

图1

11. 车九平六　炮5进2
12. 马七进五　炮5进3
13. 相三进五　象3进5
14. 车六进五　炮2退2
15. 车六平七　车1进2
16. 马五进六！马3退4
17. 车七平五　卒9进1
18. 炮八进二　马8进9
19. 马三进五　卒1进1
20. 兵三进一　卒7进1
21. 马五进三　车1平4
22. 马六进四　卒3进1？
23. 炮八进一　炮2平3？
24. 车五平七　车4平2
25. 炮八平五　马4进3
26. 车七平六　马3进2
27. 车六进二　炮3进5
28. 马三进二　炮3平6（图2）

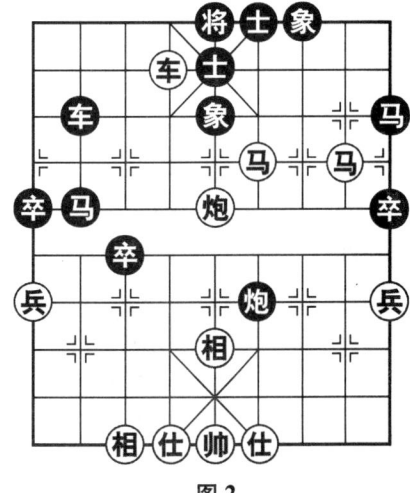

图2

29. 马四进六　炮6退5
30. 车六平五　将5平4
31. 炮五平六　马2退4
32. 车五平四

第66局　赵鑫鑫负徐超

（2012年8月29日弈于全国象棋甲级联赛）
中炮冲中兵对屏风马两头蛇高炮打车平炮兑车

1. 炮二平五　马8进7
2. 马二进三　车9平8
3. 车一平二　卒7进1
4. 车二进六　卒3进1
5. 马八进七　马2进3
6. 兵五进一　士4进5
7. 兵五进一　炮2进1
8. 车二退二　炮8平9
9. 车二平六（图1）炮2进1
10. 兵七进一　象3进5
11. 兵七进一　炮2平5
12. 马七进五　象5进3
13. 炮八平七　车1平2
14. 车九进一　炮5进3
15. 相七进五　卒5进1！
16. 车九平四　车8进3
17. 车四进三　车2平4
18. 车六进五　士5退4
19. 马五进七　马7进5！
20. 马七进五　炮9平5
21. 车四进一　马5退7
22. 车四进二　马3进5
23. 马五进七　士4进5
24. 车四进一　炮5进5（图2）
25. 车四退五　炮5退2
26. 马七退五　象3退5
27. 车四平八　马7进6
28. 车八进一　马6进7
29. 马五进七　象5进3？
30. 炮七平九　马5退3
31. 马七退五　车8平5

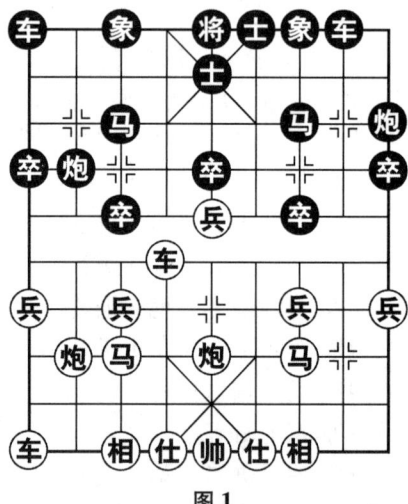

图1

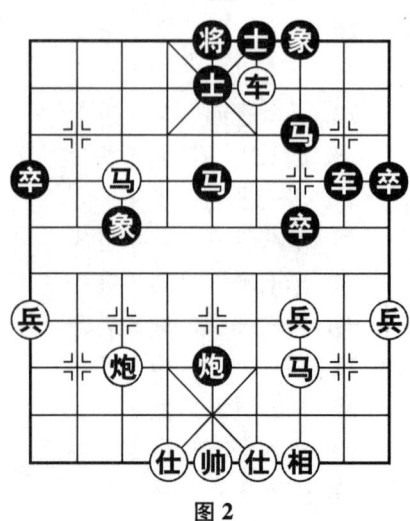

图2

第三章 中炮冲中兵对屏风马两头蛇

第67局　黎德志胜孙浩宇

（2011年3月20日弈于重庆市第3届茨竹杯象棋公开赛）

中炮冲中兵对屏风马两头蛇高炮打车飞中象

1. 炮二平五　马8进7
2. 马二进三　车9平8
3. 车一平二　卒7进1
4. 车二进六　卒3进1
5. 兵五进一　马2进3
6. 兵五进一　士4进5
7. 马八进七　炮2进1
8. 车二退二　象3进5（图1）
9. 马七进五　卒5进1
10. 兵七进一　马3进5
11. 炮八平九　卒5进1
12. 车二平五　卒3进1
13. 车五平七　马5进3
14. 马五进六　炮2平5？
15. 仕六进五　车1平4
16. 马三进五　炮8进1？
17. 炮五进四！　马7进5
18. 车九平八　炮8进3
19. 兵三进一　炮8退1
20. 兵三进一　马5进7
21. 炮九平六　车4平3
22. 马六进四　马7退6？
23. 炮六平五　炮8平5？
24. 马四退五　马3进5
25. 炮五进二（图2）车3平4
26. 马五进三　马6进7
27. 炮五退二　车8进3
28. 车八进五　车8平5
29. 车八平四　车4进6
30. 车七平八　车4平3
31. 相七进九　车3退3
32. 马三进五　车3平2

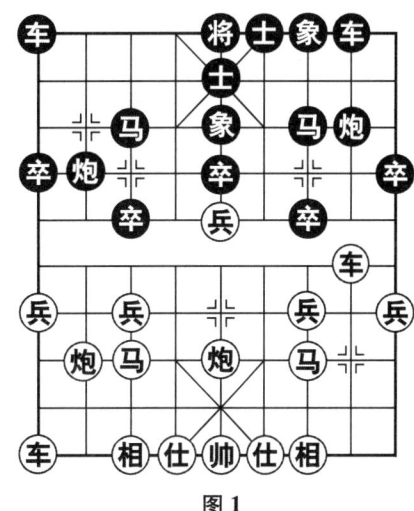

图1

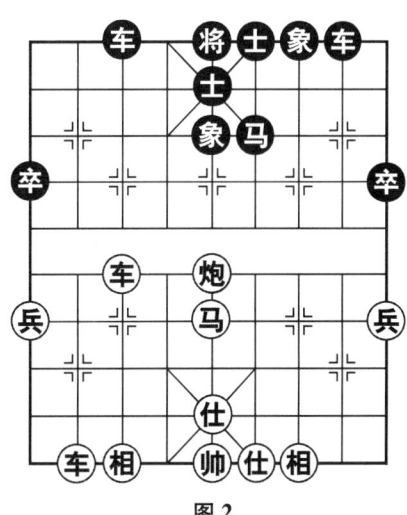

图2

33. 车八进二　车5平2　　34. 马五进六

第68局　张旒十负何文哲

(2014年11月23日弈于义乌市第18届象棋季度赛)
中炮冲中兵对屏风马两头蛇高炮打车飞中象

1. 炮二平五　马8进7
2. 马二进三　车9平8
3. 车一平二　马2进3
4. 马八进七　卒3进1
5. 车二进六　卒7进1
6. 兵五进一　士4进5
7. 兵五进一　象3进5
8. 马七进五　炮2进1
9. 车二退二　卒5进1
10. 炮五进三　车1平4（图1）
11. 车九进一　炮2平5
12. 仕四进五　车4进6
13. 马五退六　车4平7
14. 炮五退三　卒7进1
15. 车二进二　马7进6
16. 车二退一（图2）车7平6?
17. 炮八进一　车6进2
18. 马六进五　炮5进4
19. 相七进五　马6退7
20. 车二退二　卒7进1
21. 车二平三　炮8进5
22. 相五退七　车6平7!
23. 车三进四　炮8进2!
24. 仕五退四　车7平1

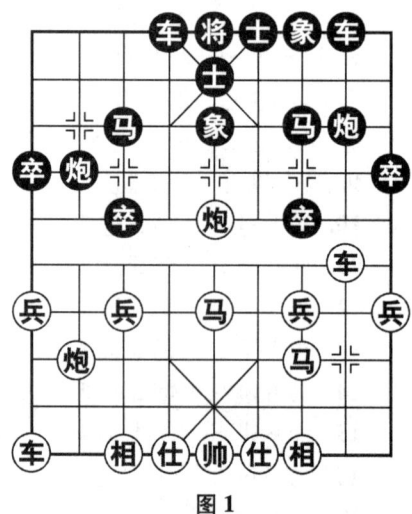

图1

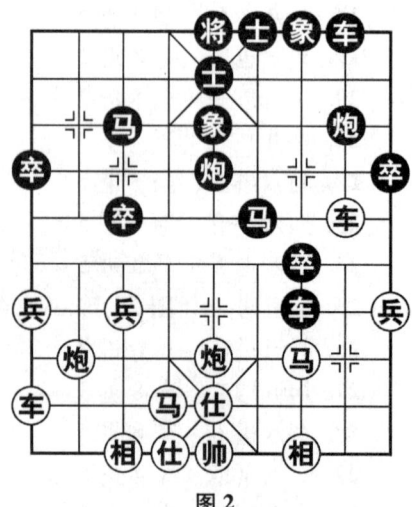

图2

第69局　蔡佑广和陈富杰

（2013年8月31日弈于广州市锦龙杯象棋个人公开赛）
中炮冲中兵对屏风马两头蛇高炮打车飞中象

1. 炮二平五　马8进7　　　2. 马二进三　车9平8
3. 车一平二　卒7进1　　　4. 车二进六　卒3进1
5. 兵五进一！马2进3　　　6. 兵五进一　士4进5
7. 马八进七　炮2进1　　　8. 车二退二　象3进5
9. 兵五进一　马3进5　　 10. 马七进五　车1平4（图1）
11. 炮五进四！马7进5　　 12. 炮八平五　车4进5！
13. 兵三进一　卒7进1　　 14. 车二平三　车4平7
15. 马五进三　马5进7　　 16. 后马进五　炮8平7
17. 车九平八　车8进3　　 18. 仕六进五　炮2平5！
19. 帅五平六　士5退4　　 20. 车八进六　士6进5（图2）

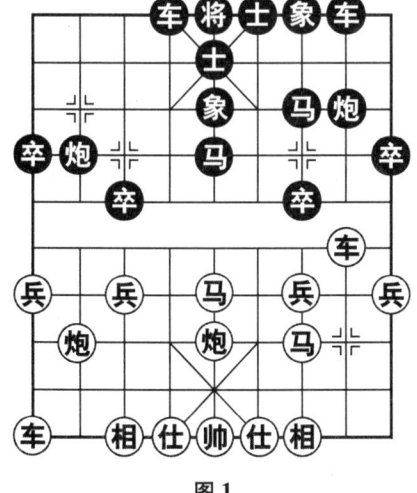

图1

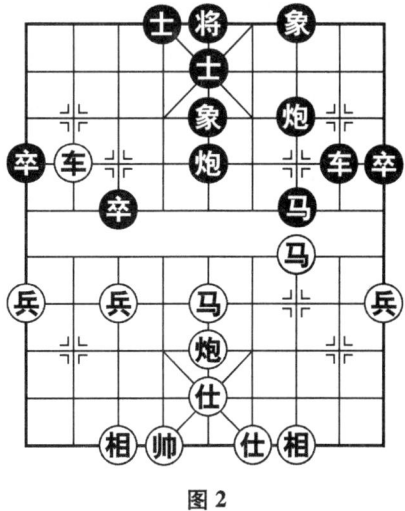

图2

第70局　蔡世和胜所司和晴

（2010年11月18日弈于广州市第16届亚运会象棋赛）
中炮冲中兵对屏风马两头蛇高炮打车中卒吃兵

1. 炮二平五　马8进7　　　2. 马二进三　车9平8

3. 车一平二　卒7进1
4. 车二进六　马2进3
5. 兵五进一　士4进5
6. 兵五进一　卒3进1
7. 马八进七　炮2进1
8. 车二退二　卒5进1（图1）
9. 车二进二！炮2进3
10. 马七进五　象3进5
11. 炮八平七　车1平4
12. 车九平八　炮2平5
13. 马三进五　卒5进1！
14. 炮五进二　车4进5
15. 炮七平五　将5平4
16. 仕六进五　马7进6
17. 前炮平二？炮8进3？
18. 车二进三　马6进5
19. 车八进二　将4平5
20. 车八平六　车4平2
21. 车六进一　马5退4
22. 车二退三　卒7进1？（图2）
23. 车二平七！马4进6
24. 车七进一　马6进5
25. 相七进五　卒7进1
26. 车七退一　卒1进1
27. 车七平九　士5退4
28. 车六平三　炮8退1
29. 车九平二　炮8平5
30. 车三平五　炮5平7
31. 车二平一　车2进1
32. 车一平四　车2平1？
33. 车四进二　士4进5
34. 车五进四　车1平3
35. 车五退二　炮7进2
36. 车四退二　炮7平5
37. 车四平六！车3平3
38. 车六退六　车3退3
39. 车六平八　炮5平4
40. 车五平六　士5退4
41. 车八平六　炮4平5
42. 前车进四　将5进1
43. 前车退六　车3平4
44. 车六进三

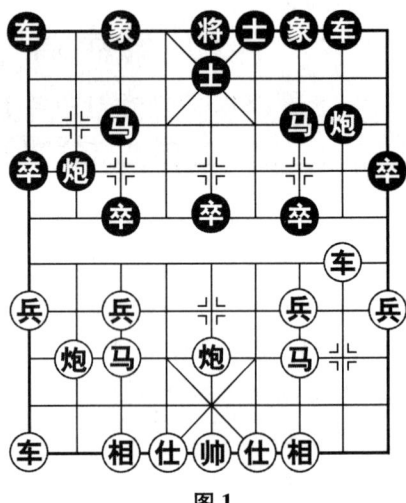

图1

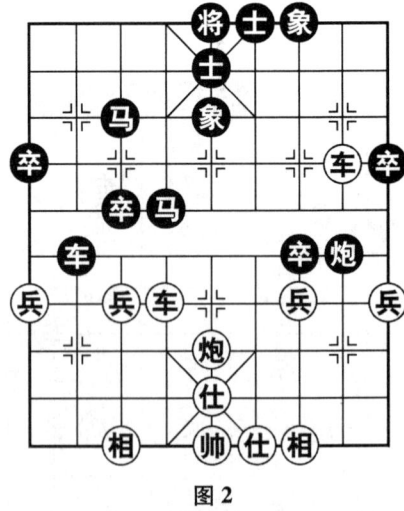

图2

第三章 中炮冲中兵对屏风马两头蛇

第71局 李忠雨负杨官璘

（1978年9月8日弈于全国象棋个人赛）

中炮冲中兵分车压马对屏风马两头蛇中卒吃兵

1. 炮二平五　马8进7
2. 马二进三　车9平8
3. 车一平二　卒7进1
4. 车二进六　马2进3
5. 兵五进一　士4进5
6. 兵五进一　卒3进1
7. 车二平三　卒5进1
8. 炮八退一（图1）炮8进5
9. 马三进五　卒5进1
10. 炮八平二！炮8平6
11. 炮五进二　象3进5
12. 炮二平五　马7进5？
13. 车三平四　炮6平2
14. 前炮平四　马5进6？
15. 车四退二　前炮平8
16. 马五进四？马3进4
17. 车四平六　车1平4
18. 马八进七　车8进3
19. 车九平八　卒3进1！
20. 兵七进一　马4退2
21. 车六进五　将5平4
22. 车八平九？炮8退3
23. 马四退五　车8平4
24. 兵三进一？卒7进1
25. 兵七进一　车4进3
26. 兵七进一　马2进3
27. 相七进五　炮8平5
28. 车九平八　炮2进5！（图2）
29. 兵七平六　卒7平6
30. 马七进八　卒6进1
31. 车八进二　马3进2
32. 马八退六　马2退4

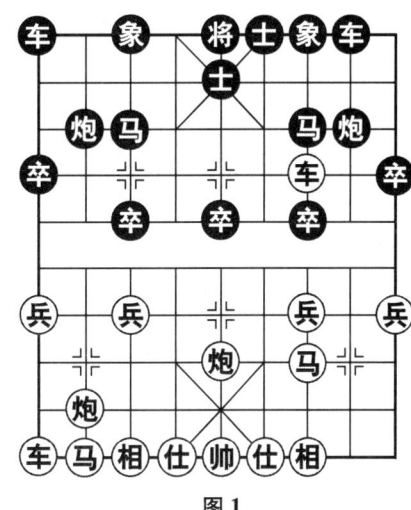

图1

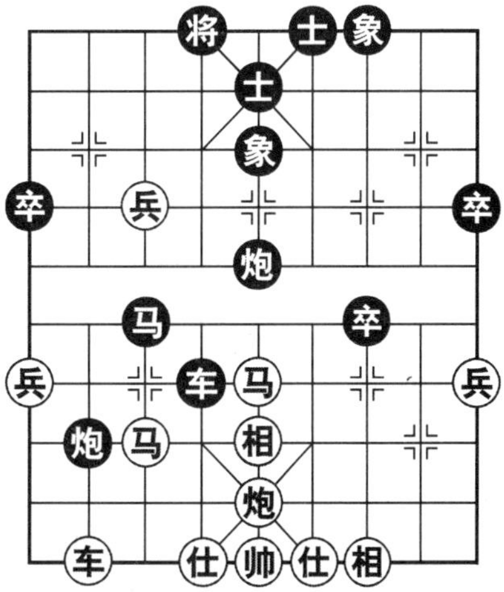

图2

第72局　张晓平负郑新年

（2003年11月4日弈于全国象棋个人赛）

中炮冲中兵分车压马对屏风马两头蛇巡河炮

1. 炮二平五　马8进7
2. 马二进三　车9平8
3. 车一平二　卒7进1
4. 车二进六　马2进3
5. 兵五进一　卒3进1
6. 兵五进一　士4进5
7. 车二平三　炮8进2（图1）
8. 兵七进一　炮8平5
9. 马三进五　马3进4
10. 炮五进三　马4进5
11. 车三进一　马5退3！
12. 车三平八？马3进4
13. 帅五进一　车8进8
14. 帅五进一　马4退5！
15. 炮五平六　马5进7
16. 帅五平六　马7退5
17. 帅六平五　车8平2！
18. 车八退四　象3进5
19. 车八平五　车2退1
20. 帅五退一　卒5进1
21. 马八进九　车1平4
22. 炮六退四　车2平6？
23. 马九退七　车6平3
24. 车九进一　卒3进1
25. 马七进九　车3进2
26. 帅五退一　车3退2
27. 仕六进五　车3平2
28. 车五进一　车4平2
29. 炮六退一　马5进3
30. 车五平八　车2进7！（图2）
31. 炮六平九　卒1进1！
32. 仕五退六　卒5进1

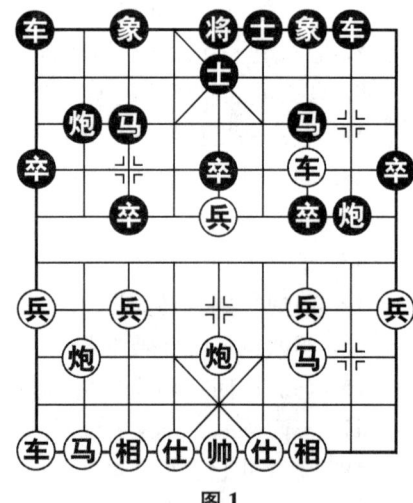

图1

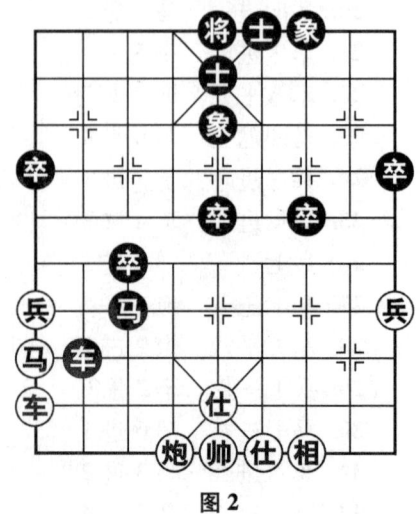

图2

第三章 中炮冲中兵对屏风马两头蛇

33. 仕六进五　卒7进1
34. 炮九平七　车2平1
35. 车九平七　车1退1
36. 车七进一　车1进1

第73局　苗利明负汪洋

（2005年8月21日弈于第12届亚洲象棋个人赛中国选拔赛）

中炮冲中兵分车压马对屏风马两头蛇巡河炮

1. 炮二平五　马8进7
2. 马二进三　车9平8
3. 车一平二　卒7进1
4. 车二进六　马2进3
5. 兵五进一　卒3进1
6. 兵五进一　士4进5
7. 车二平三　炮8进2
8. 马八进七　炮8平5（图1）
9. 马七进五　炮5进3
10. 相七进五　卒5进1
11. 车三平七　马3退4!
12. 马五进六　马4进5!
13. 马六进五?　象3进5
14. 车七平三　车8进6
15. 兵七进一　卒3进1
16. 马三进五　卒3平4
17. 马五进六　车1平3!
18. 炮八平九　车8平7
19. 车九平八　炮2进4!（图2）
20. 马六进八　炮2平5
21. 仕六进五　炮5退1
22. 炮九进四　车7平2
23. 车八平六　马7进5!
24. 炮九平五　车2退3
25. 炮五平六　卒4进1

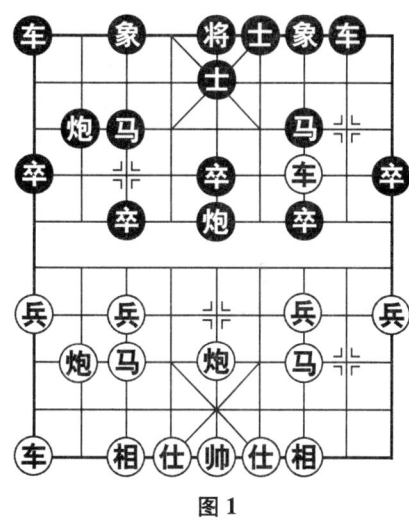

图1

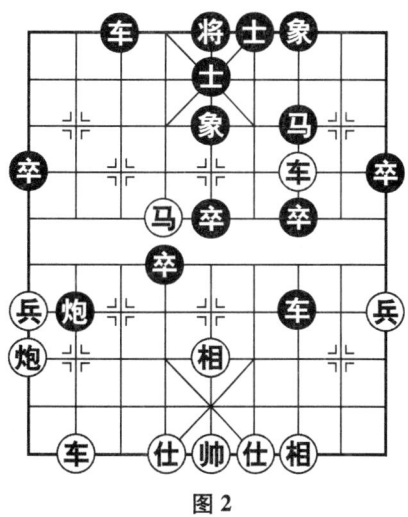

图2

第74局　柳大华和赵国荣

(2007年3月24日弈于第6届嘉周杯象棋特级大师冠军赛)
中炮冲中兵分车压马对屏风马两头蛇巡河炮

1. 炮二平五　马8进7
2. 马二进三　车9平8
3. 车一平二　卒7进1
4. 车二进六　马2进3
5. 兵五进一　卒3进1
6. 兵五进一　士4进5
7. 车二平三　炮8进2
8. 兵五进一　马7进5（图1）
9. 马三进五　马5进6
10. 车三平七？马3退4
11. 马八进七　炮2平5
12. 车七平四　马6进5
13. 炮八平五　车1平2
14. 仕六进五　车2进6
15. 兵七进一　车2平3
16. 兵七进一　炮8平3
17. 车四平七　炮5进5
18. 相七进五　车8进2？
19. 车九平六　象3进1
20. 车六进二！车3平5
21. 车六进七　将5平4
22. 马七进五　车8平2
23. 车七平六　车2平4
24. 车六平五　车4进4！
25. 兵九进一　炮3进2
26. 马五进四　炮3平7
27. 兵一进一　象1退3（图2）

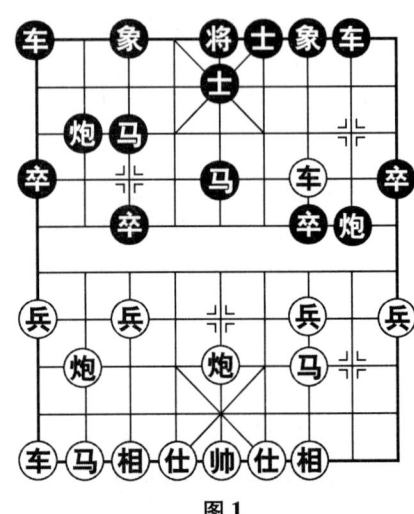

图1

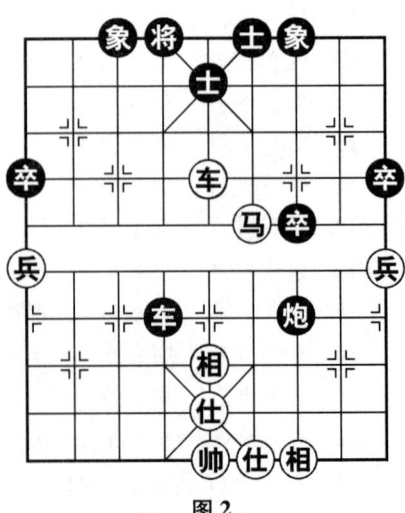

图2

第三章 中炮冲中兵对屏风马两头蛇

第 75 局 励娴胜梁妍婷

（2008 年 12 月 14 日弈于全国象棋大师冠军赛）
中炮冲中兵分车压马对屏风马两头蛇退 8 路炮

1. 炮二平五　马 8 进 7
2. 马二进三　车 9 平 8
3. 车一平二　卒 7 进 1
4. 车二进六　马 2 进 3
5. 兵五进一　卒 3 进 1
6. 兵五进一　士 4 进 5
7. 车二平三　炮 8 退 1（图 1）
8. 兵五进一　马 7 进 5
9. 马三进五　马 5 进 4
10. 马五进四！马 4 进 5
11. 相七进五　炮 8 进 2？
12. 炮八进二　车 8 进 2
13. 马八进七　炮 2 进 2
14. 炮八平二？车 8 平 6
15. 马四退六　炮 8 退 1
16. 炮二平五　象 3 进 5
17. 车三平七　车 6 进 3
18. 马六进八　车 6 平 5
19. 马八进七　炮 8 平 5
20. 车九平七　车 1 平 3
21. 前车平五！车 5 退 2
22. 前马退五　车 3 进 3
23. 马五退四　车 3 平 6
24. 马四进六　车 6 平 4
25. 马七进五　车 4 平 5
26. 兵三进一　车 5 进 1
27. 兵三进一　象 5 进 7
28. 马五进三！车 5 平 4
29. 马三退二　车 4 平 2
30. 马二进三　卒 1 进 1
31. 车七平八　车 4 平 3
32. 马三进五！车 3 平 9
33. 车八进九　士 5 退 4
34. 马五进四　将 5 进 1
35. 马四退三　车 9 平 4
36. 车八退一　将 5 进 1
37. 马三进二　士 4 进 5
38. 车八退一　士 5 退 4
39. 马二进三！车 4 平 1
40. 车八退一　车 1 平 4
41. 车八平七　将 5 退 1
42. 车一进二　将 5 退 1
43. 车一退一　将 5 退 1（图 2）
44. 车一平六　卒 3 进 1
45. 车六平四　将 5 退 1

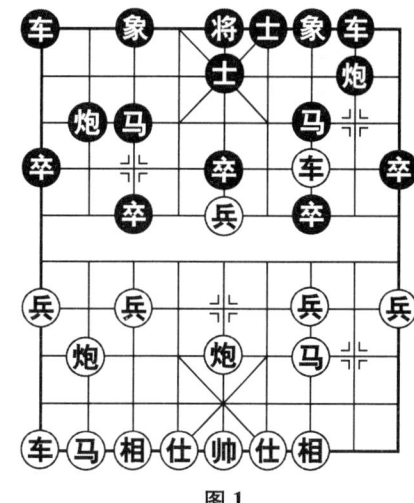

图 1

46. 车四平七　卒3进1
47. 车七进二　将5进1
48. 车七平四　将5平4
49. 车四退四　将4退1
50. 车四平六　将4平5
51. 车六平九　将5平6
52. 车九平四　将6平5
53. 车四平七　将5平6
54. 马三退一　将6平5
55. 马一退三　将5平4
56. 马三进五　将4平5
57. 马五退四

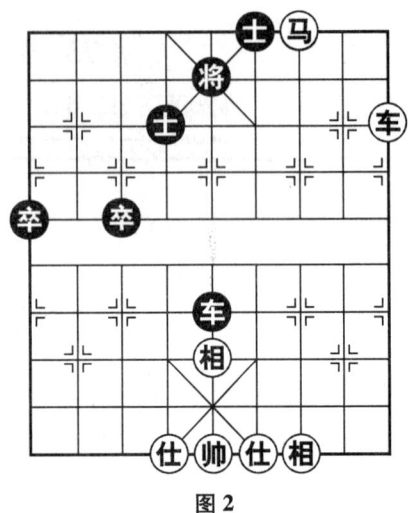

图2

第76局　励娴胜尹晖

（2013年10月2日弈于浙江省一级棋士象棋公开赛）

中炮冲中兵分车压马对屏风马两头蛇退8路炮

1. 炮二平五　马8进7
2. 马二进三　车9平8
3. 车一平二　卒7进1
4. 车二进六　马2进3
5. 兵五进一　卒3进1
6. 兵五进一　士4进5
7. 车二平三　炮8退1
8. 兵五进一　马7进5
9. 马三进五　马5进6（图1）
10. 马五进四　象3进5
11. 车三平七？车1平3
12. 炮八平六　炮8进2
13. 马八进七　炮2进2！
14. 马四进三　车8进2
15. 车九平八　车8平7
16. 车七平二　车3平4
17. 仕六进五　马6退5？
18. 炮六进五！车4进2
19. 车二平五　炮2退4

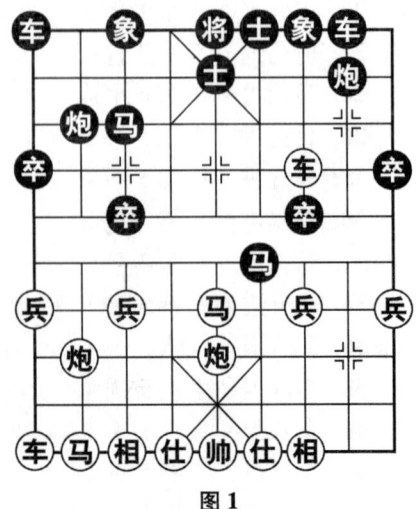

图1

20. 车八进七　炮2平3
21. 车五平四　马3进4（图2）
22. 车四平七　车4退2
23. 车八进二

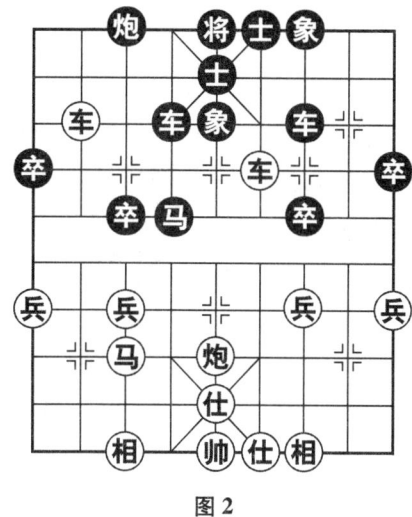

图2

第77局　励娴负洪天霖

（2013年10月3日弈于浙江省一级棋士象棋公开赛）

中炮冲中兵分车压马对屏风马两头蛇左炮过河

1. 炮二平五　马8进7
2. 马二进三　卒7进1
3. 车一平二　车9平8
4. 车二进六　马2进3
5. 兵五进一　卒3进1
6. 兵五进一　士4进5
7. 车二平三　炮8进4（图1）
8. 兵五平六　车8进2
9. 兵六平七　象3进5
10. 后兵进一　车1平4
11. 马八进七　炮2进4
12. 前兵进一　车4进6
13. 车三平四　马3退4
14. 炮八退一！车8进3！
15. 炮八平七　炮2平3

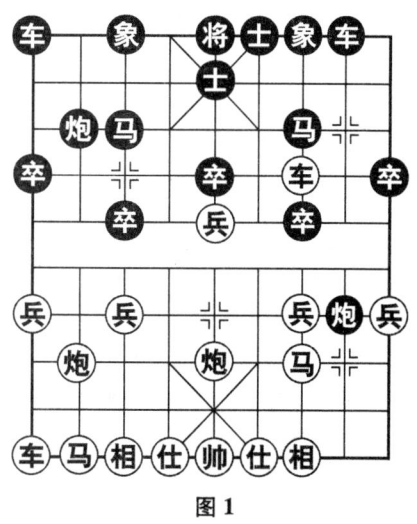

图1

16. 炮七进二	车4平3	17. 兵三进一?	车8平7
18. 马七进五	车7进1	19. 马五进六	车3退1
20. 车四退四	卒5进1!		
21. 马六进八	车3退2		
22. 车九平八	马4进2		
23. 车八进四	卒5进1		
24. 车四进四（图2）	车7平3?		
25. 车四进二	炮8退3		
26. 炮五进五	将5平4		
27. 马八退九	炮8平5		
28. 仕四进五	前车平4		
29. 相三进五	卒5平6		
30. 马三进五	卒1进1		
31. 车八进四	卒1进1		
32. 车八退三?	车3退1		
33. 车四退四?	象7进5		

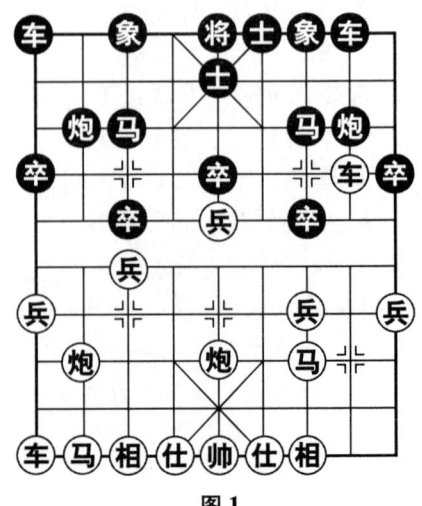

图2

第78局　赵冬负陈幸琳

（2006年4月5日弈于全国象棋团体赛）
中炮冲中兵弃七兵对屏风马两头蛇

1. 炮二平五　马8进7
2. 马二进三　车9平8
3. 车一平二　卒7进1
4. 车二进六　马2进3
5. 兵五进一　卒3进1
6. 兵五进一　士4进5
7. 兵七进一（图1）卒3进1
8. 兵五进一　马7进6
9. 仕六进五　马3进4
10. 兵五平六　象3进5
11. 炮八进三　马4进6
12. 炮五进三　前马4
13. 马八进九　马6进7

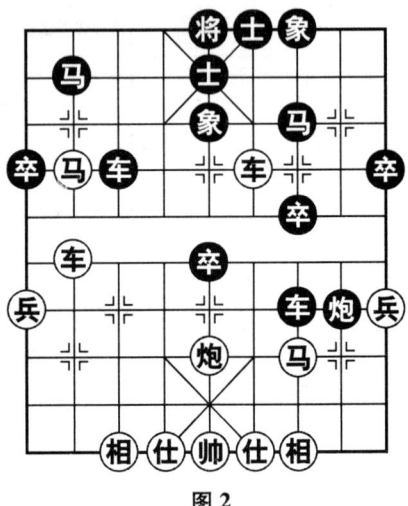

图1

14. 炮五退三？ 车1平3
16. 马三进五 马4进2
18. 炮八进一 马7进5
20. 车二进一 卒3进1
22. 仕五退六 马2退4
24. 马五退三 炮8退5
26. 仕四进五 车8进7
28. 车四进二 车3平4
30. 马三进五 车4平3
31. 马九退八 车3退1！
32. 炮八退一 卒2进1
33. 车三平六 马4进3
34. 马八进六 炮2平4
35. 帅五平四 车8退4
36. 车六进一 炮5平2
37. 车六平八 车8平4（图2）
38. 车八进四 象5退3
39. 马五进七 车4进5
40. 马七进五 车3平5
41. 车八平七 炮4退2
42. 马五退七 车4退2

15. 车二退三 卒7进1
17. 车九进一 车3进4
19. 相七进五 卒7平6
21. 车二平四 炮8进6！
23. 车四平六 炮8进1
25. 车九平四 炮8平5
27. 车六平三？ 卒3进1
29. 兵六平七 卒3平2

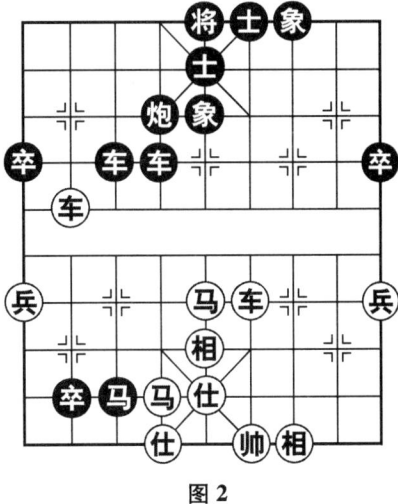

图 2

第79局　黄志强负阎文清

（2006年11月18日弈于全国象棋个人赛）
中炮冲中兵弃七兵对屏风马两头蛇

1. 炮二平五 马8进7
3. 车一平二 车9平8
5. 兵五进一 卒3进1
7. 兵七进一 卒3进1
9. 兵五平六 象3进5
11. 马三进五 车1平3！
13. 炮八平五？炮2进1
15. 马八进七 卒4平5

2. 马二进三 卒7进1
4. 车二进六 马2进3
6. 兵五进一 士4进5
8. 兵五进一 卒3进1（图1）
10. 兵六平七？马3进5
12. 炮五进四 车3进3
14. 车九进一 卒3平4！
16. 马七进六 车3平4

17. 车九平七　车4进2
18. 前炮平九　炮2进6
19. 炮九进三！车4进4
20. 帅五进一　卒5进1
21. 相七进五　炮2平1（图2）
22. 车七进八　车4退9
23. 车七平六　将5平4
24. 炮九退九　炮8平9
25. 车二平三　车8进8
26. 帅五退一　马7退8
27. 车三平一　车8退2
28. 兵一进一　车8平7
29. 车一平二　马8进7
30. 车二平三　马7退8
31. 兵一进一　炮9平6
32. 兵一进一　车7平1
33. 炮九平六　炮6进4
34. 仕四进五　炮6平5？
35. 车三平五　马8进7
36. 车五平八　车1进2
37. 帅五平四　车1平5
38. 车八进三　将4进1
39. 相五退七　马7进9
40. 车八退三　马9进8！
41. 车八平六　士5进4
42. 车六退四　将4平5
43. 车六平二　车5平4
45. 车二平四　马6退8

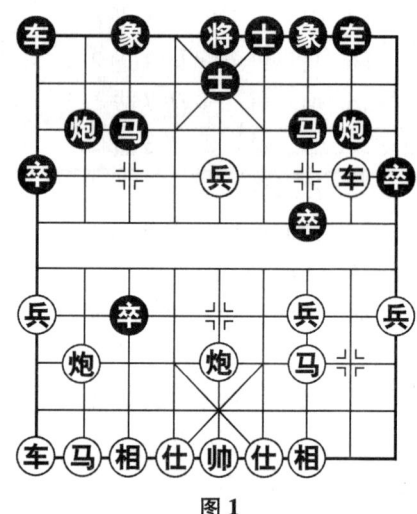

图1

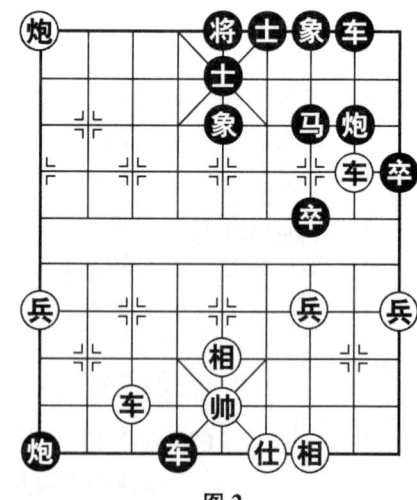

图2

44. 帅四平五　马8进6

第四章　中炮冲中兵对屏风马退8路炮

第80局　何兆雄胜丁如意

（1998年4月2日弈于全国象棋团体赛）

中炮冲中兵横车对屏风马退8路炮高车保马

1. 炮二平五　马8进7
2. 马二进三　车9平8
3. 车一平二　卒7进1
4. 车二进六　马2进3
5. 兵五进一　炮8退1
6. 马八进七　炮8平5
7. 车二平三　车8进2（图1）
8. 车九进一　卒3进1
9. 车九平六　卒1进1
10. 马七进五　车1进3
11. 兵五进一　象3进5?
12. 马五进四　马7退8
13. 车三平四　象5退3
14. 车六平四！马8进7
15. 马三进五　象7进5
16. 前车进二　炮2退1
17. 前车退一　炮5平7
18. 兵五进一　马3进5
19. 前车进二！将5平6
20. 马四进五　将6平5
21. 前马进三　将5进1
22. 马五进六　马5进4?
23. 马六进七　将5平4
24. 马七退九　炮2平7
25. 车四进七　马7退5
26. 炮五平六　马4退5
27. 炮八退一（图2）

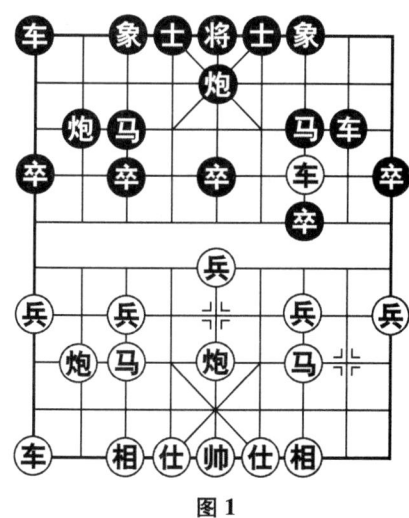

图1

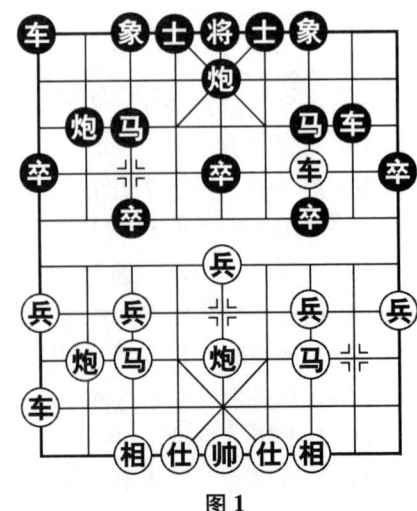

图2

第81局 黄勇负靳玉砚

（2009年11月15日弈于第1届全国智力运动会）
中炮冲中兵横车对屏风马退8路炮高车保马

1. 炮二平五　马8进7　　2. 马二进三　车9平8
3. 车一平二　卒7进1　　4. 车二进六　马2进3
5. 兵五进一　炮8退1　　6. 马八进七　炮8平5
7. 车二平三　车8进2
8. 车九进一　卒3进1（图1）
9. 车九平六　象3进5
10. 马七进五　炮2进1！
11. 车六进五　马3退1
12. 车三平四　卒5进1
13. 车四进二　卒5进1
14. 马五退七　马7进5
15. 仕四进五　炮2退2
16. 车六进二　炮2进2？
17. 炮五进四　炮5进2
18. 车六平九　车1进1
19. 车四平九　车8进1

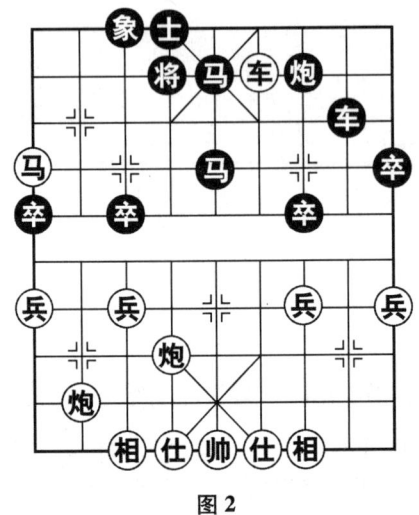

图1

第四章 中炮冲中兵对屏风马退8路炮

20. 车九平六　炮5进1
21. 相三进五　士4进5
22. 车六退三　炮2进1
23. 车六退二　炮2退2
24. 车六进二　炮5退1
25. 车六平五　卒5平4
26. 车五平六　卒4平5
27. 炮八进二　炮5平3！
28. 车六平五　卒5平4
29. 车五平六　卒4平5
30. 马七退九　炮3进3
31. 车六平五　卒5平4
32. 车五平六　卒4平5
33. 兵三进一　炮2平3
34. 兵三进一　车8平2
35. 炮八退一　前炮平1
36. 炮八平二　炮1退2
37. 车六退二　炮1平7
38. 车六平八　车2平8
39. 炮二进一　炮7退2？
40. 车八进六　士5退4
41. 车八退五　车8平7
42. 马三退四　车7平5
43. 马九进八　卒5进1
44. 炮二平五　士6进5
45. 马四进三　炮7进4
46. 马八退六　卒5平4
47. 马六退八　炮7退4？
48. 马三进四　车5进1
49. 马四退三　卒1进1
50. 炮五平二　车5平8
51. 炮二平五　车8平7
52. 马三进四　车7平6
53. 炮五进二　车6退1
54. 炮五退一　卒4平5
55. 炮五平九　车6平1
56. 炮九退一　炮3退2
57. 马四进六　卒5平4
58. 车八平三　炮7进2
59. 炮九平五　炮7平5
60. 车三退一　车1平8
61. 马六进七　车8进2（图2）
62. 车三平六？车8平5
63. 马八进六　车5平8
64. 车六平五　车8退1
65. 仕五退四　卒3进1
66. 仕六进五　卒3进1
67. 马七进九　卒3进1
68. 马九进七　卒3平4
69. 马七退八　卒4进1
70. 马八退六　卒5平1
71. 马六进七　将5平6
72. 车五平四　炮1平6
73. 马七退六　炮6退3
74. 车四进三　卒9进1

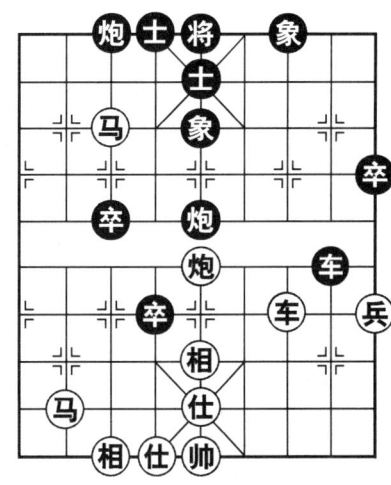

图2

75.	车四退一	车8进3		76.	相五进七	车8平3
77.	相七退九	车3退4		78.	马六退七	车3平5
79.	马七退八	卒4平3		80.	马八进六	卒3平4
81.	马六退四	卒4平3		82.	车四平一	炮6平7
83.	车一退一	炮7进3		84.	车一平三	车5进3
85.	兵一进一	车5平6		86.	相七进五	卒3平4
87.	车三平六	炮7平5		88.	车六平五	炮5平6
89.	马四退三	炮6平2		90.	车五平六	炮2平5
91.	车六平五	炮5平2		92.	马三进四?	车6平2

第82局　阎超慧负左文静

（2002年11月2日弈于全国象棋个人赛）

中炮冲中兵横车对屏风马退8路炮高车保马

1. 炮二平五　马8进7
2. 马二进三　车9平8
3. 车一平二　卒7进1
4. 车二进六　马2进3
5. 兵五进一　炮8退1
6. 马八进七　炮8平5
7. 车二平三　车8进2
8. 车九进一　卒3进1
9. 车九平六　炮2平1（图1）
10. 马七进五　车1平2
11. 炮八平九　车2进6!
12. 车六进五　炮5平7
13. 车三平一　马7进6
14. 兵五进一　马6进5
15. 马三进五　炮7平5
16. 车六平七　车2平3
17. 马五进六?　炮5平3
18. 仕四进五?　车3平7
19. 车一平四（图2）车8平6?
20. 车四退六　士6进5!
21. 马六进七　将5平6!
22. 车四进七　炮1平6
23. 相三进一　车7平8

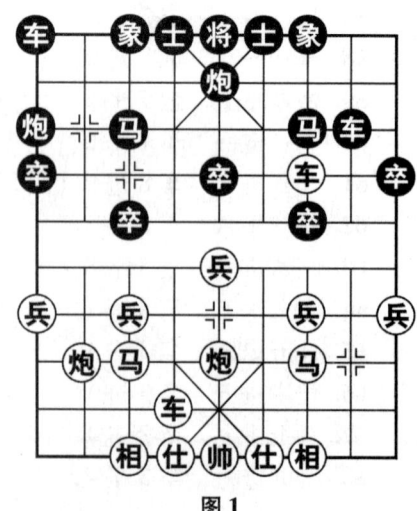

图1

第四章 中炮冲中兵对屏风马退8路炮

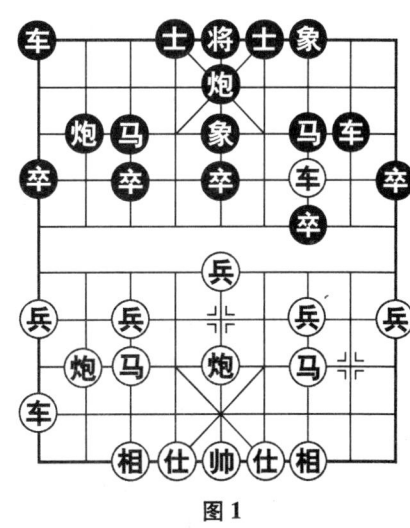

图2

第83局 励娴负李贵勇

（2013年4月30日弈于江苏省江都象棋公开赛）

中炮冲中兵横车对屏风马退8路炮高车保马

1. 炮二平五　马8进7
2. 马二进三　卒7进1
3. 车一平二　车9平8
4. 车二进六　马2进3
5. 兵五进一　炮8退1
6. 马八进七　炮8平5
7. 车二平三　车8进2
8. 车九进一　象3进5（图1）
9. 车九平六　卒3进1
10. 车六进五　炮5平7
11. 车三平四　士4进5
12. 马七进五　马7进8
13. 车四平三　炮2退1
14. 兵五进一　卒5进1
15. 车六平七　车1进2
16. 马五进六？马3退4
17. 马三进五　车8平6
18. 炮五进三　马8退7
19. 车三平六　炮2平3

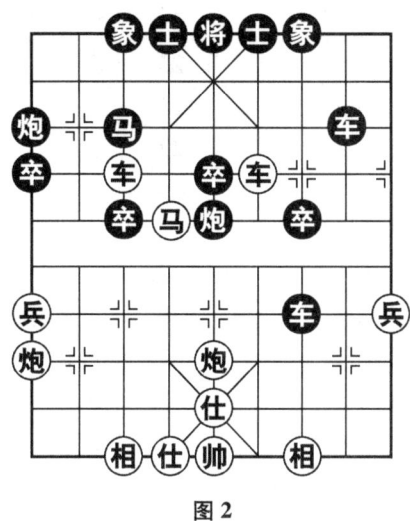

图1

· 93 ·

20. 炮八进七？ 马4进3
22. 车七进一 车1平2
24. 车六平五 车6平5
26. 车五平三 车2进5！
28. 马五进六 卒3进1
30. 车三退二 炮3进8
32. 炮五平七 卒3进1
34. 马七退五 将4退1
36. 马七进八 将4退1
38. 帅五进一 车4退1
40. 车三退二 车1进1
42. 车三进三 卒3进1
44. 帅五退一 车1进2
45. 帅五进一 炮3平2
46. 帅五平四 炮2退2
47. 相三进五 车1退2
48. 帅四退一 车1平9
49. 马八退九 炮2退5！
50. 仕四进五 炮2进6
51. 仕五进四 卒3进1
52. 仕六进五 炮2退6
53. 仕五进六 卒3平4！（图2）
54. 仕四退五 车9平6
55. 仕五进四 车6平3
56. 车六平一 炮2平6
57. 车一平四

21. 车六进一？ 车1退2
23. 马六进五？ 象7进5
25. 车七平五 将5平4
27. 兵七进一 车2进1
29. 炮五退三？ 车2平4
31. 帅五进一！ 炮7进5
33. 马六进七 将4进1
35. 马五进七 将4进1
37. 炮七平九！ 车4进2
39. 帅五退一 车4平1！
41. 帅五进一 车1退2
43. 车三平六 将4平5

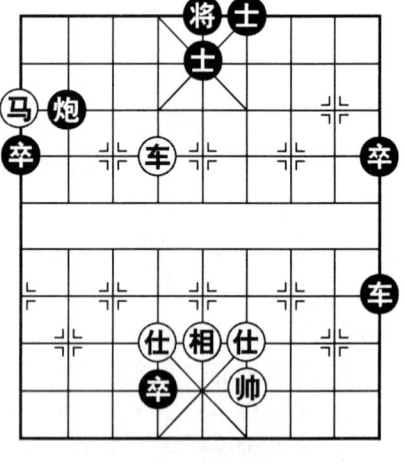

图 2

第 84 局　李承鹏胜李晓成

（2013 年 9 月 12 日弈于四川省第 6 届象棋棋王赛暨排位赛）
中炮冲中兵横车对屏风马退 8 路炮高车保马

1. 炮二平五 马8进7
3. 车一平二 卒7进1
5. 兵五进一 炮8退1
2. 马二进三 车9平8
4. 车二进六 马2进3
6. 马八进七 炮8平5

第四章　中炮冲中兵对屏风马退8路炮

7. 车二平三　车8进2
8. 车九进一　炮2平1（图1）
9. 车九平六　车1平2
10. 炮八平九　车2进6
11. 马七进五　车2平3
12. 兵五进一　卒3进1
13. 马五进六　马3进4
14. 车六进四　炮1进4
15. 兵三进一　炮1退2!
16. 车六进二　炮5进3?
17. 仕四进五　象7进5
18. 兵三进一　车3平7
19. 车三平四　车7退2?
20. 车六退三　车8进4
22. 炮五平四　车3退1
24. 炮四平五　车3平7!
26. 车五进一　士6进5
28. 炮九平八　炮2退1
30. 相七进九　前车平2
32. 车四平三　炮5进3!
34. 车五进三　炮3平8
36. 马三进五　炮8进6
37. 帅五平四　车7进3
38. 帅四进一　车7退5
39. 车五退一　炮8退6
40. 帅四退一　马7进6
41. 车五进二　马6进5
42. 车五平二　车7进3
43. 车二平一　车7平9
44. 车一进三　士5退6
45. 车一平四　将5进1
46. 帅四平五?　车9进2
47. 仕五退四　车9退4
48. 炮六平五（图2）将5平4?

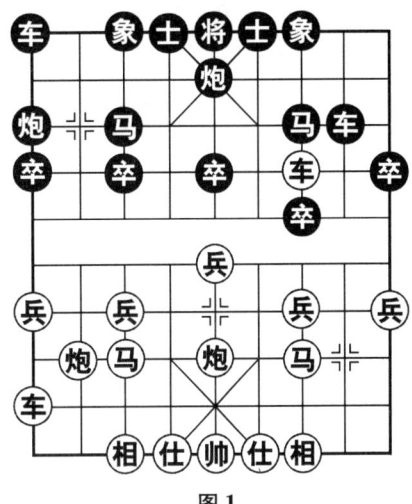

图1

21. 车六平五　车8平3
23. 车五退一　车7进2
25. 相三进一　后车退1
27. 兵一进一　炮1平2
29. 车四退二　炮2平3
31. 炮八平六　车7进2
33. 车五退二　卒5进1?
35. 车三退一　车2平7

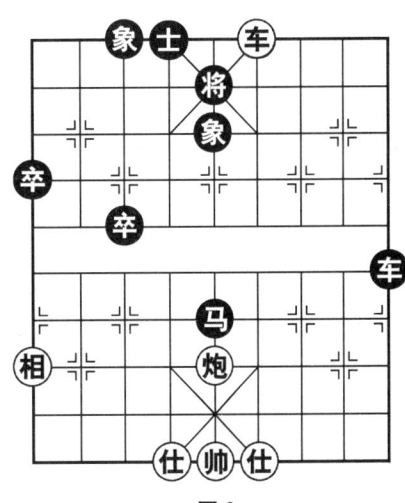

图2

95

49. 车四退六！	车9平4	50. 车四平五	车4进4
51. 帅五进一	士4进5	52. 车五进四	车4平6
53. 车五退二	象3进1	54. 车五平六	士5进4
55. 炮五平六	车6平4	56. 炮六退一	卒1进1
57. 车六进一	象1退3	58. 车六平五	士4退5
59. 车五进二	将4退1	60. 炮六进七	卒1进1
61. 炮六平八	车4退7	62. 车五进一	将4进1
63. 炮八进一	象3进1	64. 炮八平六	车4平8
65. 车五退三			

第85局　谢业枧胜廖二平

（2007年12月22日弈于全国象棋大师冠军赛）
中炮冲中兵边炮对屏风马退8路炮高车保马

1. 炮二平五	马8进7	2. 马二进三	车9平8
3. 车一平二	卒7进1	4. 车二进六	马2进3
5. 兵五进一	炮8退1	6. 马八进七	炮8平5
7. 车二平三	车8进2		
8. 炮八平九	车1平2（图1）		
9. 车九平八	炮2进4		
10. 兵七进一	象7进5		
11. 车三平四	马7进8		
12. 车四进二	卒3进1		
13. 兵七进一	象5进3		
14. 车四退三	象3退5		
15. 仕六进五	卒7进1？		
16. 兵三进一	炮5平7		
17. 马七进五	马8进9		
18. 兵五进一	马9进7		
19. 炮九平三	炮7进6		
20. 兵五进一！	士4进5	21. 兵五进一	象3进5
22. 马五退三	车2进3	23. 马三进五	车8进4
24. 车四平五	马3退4	25. 兵三进一	车8平6
26. 兵三进一	卒9进1	27. 马五进六	车2平4

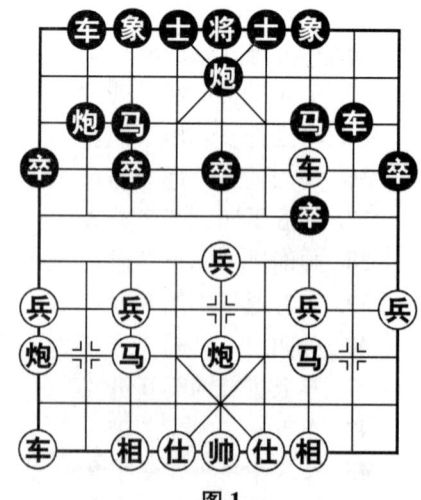

图1

第四章 中炮冲中兵对屏风马退8路炮

28. 炮五进一（图2）车4进1？
29. 车五平六　车6平5
30. 车六平八　炮2平4
31. 后车进三！卒9进1
32. 前车进一　卒1进1
33. 前车退一　卒9平8
34. 相七进五　车5平9
35. 前车平九！炮4平8
36. 车九平八　车9退3

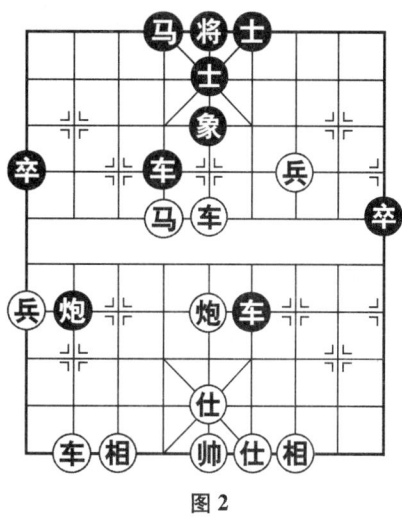

图2

第86局　邝伟德负赵鑫鑫

（2012年5月22日弈于第4届淮阴·韩信杯象棋国际名人赛）

中炮冲中兵盘头马对屏风马退8路炮高车保马

1. 炮二平五　马8进7
2. 马二进三　车9平8
3. 车一平二　卒7进1
4. 车二进六　马2进3
5. 兵五进一　炮8退1
6. 马八进七　炮8平5
7. 车二平三　卒3进1
8. 马七进五　车8进2（图1）
9. 炮八进四？马3进4！
10. 兵五进一　马4退5！
11. 车三退一？炮5平7
12. 车三进二　炮2平7
13. 兵五进一　马5退3
14. 马五进三　士6进5（图2）

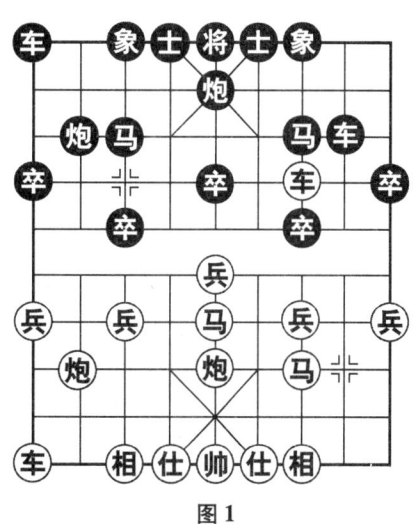

图1

· 97 ·

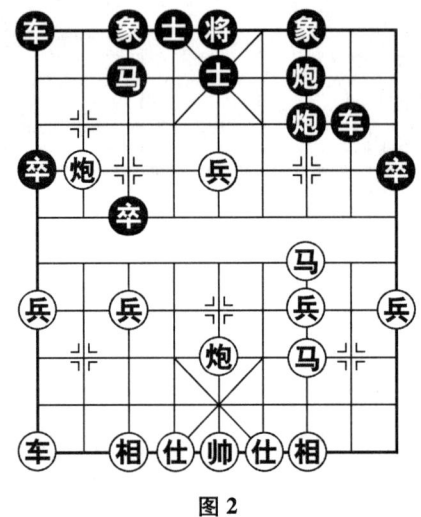

图2

第87局 柯善林胜郦智威

（2000年2月14日弈于第12届棋友杯全国象棋东南赛区大奖赛）

中炮冲中兵对屏风马退8路炮分炮打车

1. 炮二平五　马8进7　　2. 马二进三　车9平8
3. 车一平二　卒7进1　　4. 车二进六　马2进3
5. 兵五进一　炮8退1　　6. 马八进七　炮8平5
7. 车二平三　炮5平7
8. 车三平四　士4进5（图1）
9. 兵五进一　象3进5
10. 马七进五　炮2进1
11. 炮八平六　卒3进1
12. 车四进二　炮2退2
13. 炮六进六　炮7平9
14. 车九平八　炮2平1
15. 兵五进一　马3进5
16. 炮五进四　车8进3
17. 车八进六！马7进5
18. 车四平一　车1平4
19. 车一平二?　车8退2

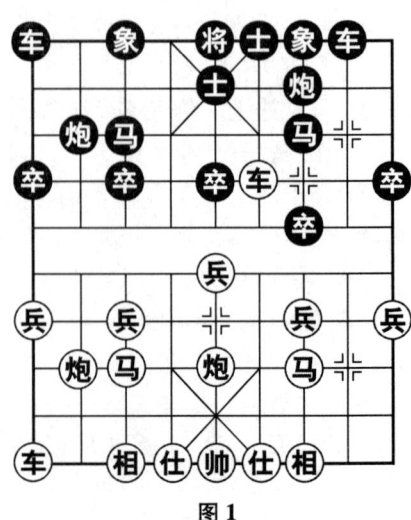

图1

第四章 中炮冲中兵对屏风马退8路炮

20. 炮六平二 炮1平8	21. 车八平五 车4进6
22. 兵三进一？ 士5退4	23. 兵三进一？ 炮8平5
24. 车五平四 车4平3	25. 车四退三 象5进7
26. 相三进五 炮5平1	27. 车四进三 炮1平5
28. 马五进三 卒1进1	29. 车四平一 士4进5
30. 车一平八 士5退4	31. 兵一进一 士6进5
32. 兵一进一 卒1进1	33. 兵一平二 象7退5
34. 车八平四 卒1平2	35. 兵二进一 卒3进1
36. 兵二平三 卒3平4	37. 前马进二 炮1退5
38. 马三进二 卒4进1	
39. 后马进四 卒4进1	
40. 兵三进一 卒4进1	
41. 马二进三！炮1平7	
42. 马四进二 炮7平6	
43. 车四进二 车3进3	
44. 仕四进五 士5进4	
45. 车四平六（图2）卒4平5	
46. 帅五进一 车3退1	
47. 帅五退一 车3平6	
48. 马二进四 将5平6	
49. 车六进一 将6进1	
50. 车六退二	

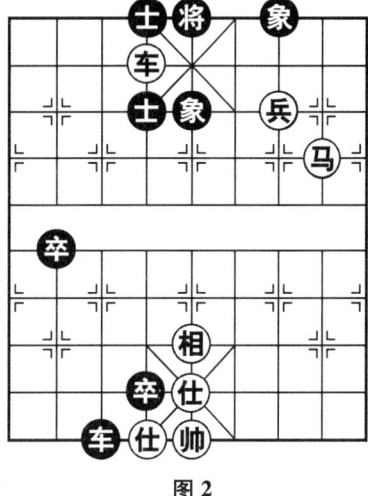

图 2

第88局 陈庭水胜宋德柔

（2003年12月6日弈于第8届世界象棋锦标赛）

中炮冲中兵对屏风马退8路炮分炮打车

1. 炮二平五 马8进7	2. 马二进三 车9平8
3. 车一平二 卒7进1	4. 车二进六 马2进3
5. 兵五进一 炮8退1	6. 马八进七 炮8平5
7. 车二平三 炮5平7	8. 车三平四 士4进5
9. 兵五进一 卒5进1（图1）	10. 车四平七 马3退4
11. 马七进五 卒5进1	12. 炮五进二 炮2平5
13. 炮八平五 马7进6	14. 车七平三 车8进1

15. 车九进一　马4进3　　　16. 车九平四　马6进4？
17. 车三平四（图2）

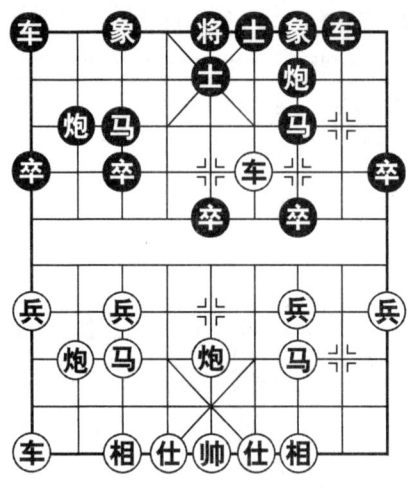

图1

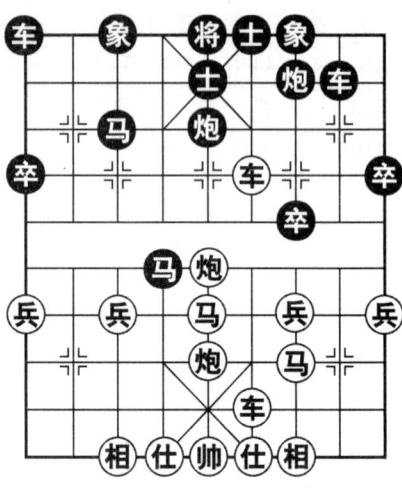

图2

第89局　邝伟德负马武廉

（2007年10月18日弈于第10届世界象棋锦标赛）
中炮冲中兵对屏风马平炮兑车

1. 炮二平五　马8进7　　　2. 马二进三　车9平8
3. 车一平二　卒7进1
4. 车二进六　马2进3
5. 兵五进一　炮8退1
6. 兵五进一　炮8平5
7. 车二进三　炮5进3（图1）
8. 马三进五　马7退8
9. 炮五进三　卒5进1
10. 炮八平五　马3进5
11. 马五进六　马8进7
12. 车九进一　士4进5
13. 马八进七　卒5进1！
14. 车九平八　炮2平5
15. 马六进八　将5平4

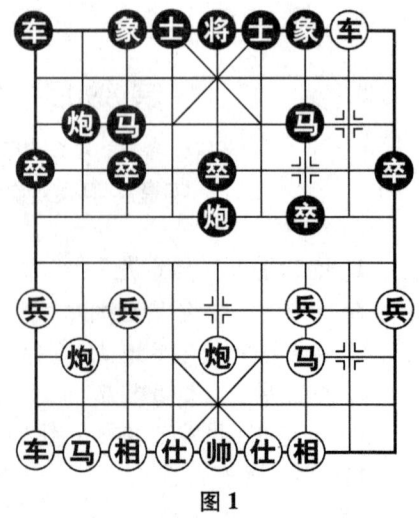

图1

第四章 中炮冲中兵对屏风马退8路炮

16. 马八进七!	车1进1	17. 前马退五	象7进5
18. 车八平六	将4平5	19. 炮五进四	马7进5
20. 兵七进一	车1平2	21. 车六平五	马5进4
22. 马七进六	卒5平4	23. 车五进五	车2进5!
24. 车五平一	车2平7	25. 相七进五	车7平1
26. 车一平七	卒1进1	27. 车七平九	卒4平5
28. 兵一进一	卒5平6	29. 兵一进一	卒6平1
30. 相三进一?	车1平5	31. 兵一平二	车5进1
32. 仕四进五	车5平9	33. 兵二平三	车9平1
34. 兵三平四	卒1进1	35. 兵四平五	卒6平5
36. 兵五进一	卒5平4	37. 兵五平六	卒4平3
38. 兵七进一	卒3平2	39. 兵七进一	卒1进1
40. 兵六平五	车1平3	41. 兵七平六	车3平5
42. 车九平七	车5退1	43. 车七退二	卒2平3
44. 车七平四	卒1平2	45. 车四退二	卒3平4
46. 帅五平四	卒2平3	47. 帅四平五	车5退1
48. 帅五平四	卒4平5	49. 帅四平五	卒5进1
50. 车四进一	卒3进1	51. 车四平六	卒3进1
52. 车六进二	车5平7	53. 仕五退四	车7平5
54. 仕四进五	车5平7	55. 仕五退四	卒5平6
56. 车六平四	车7平5		
57. 仕四进五	卒6平7		
58. 车四平七	卒3平4		
59. 车七平六	卒4平3		
60. 车六退三	卒7进1		
61. 帅五平四	车5平8		
62. 帅四平五	卒7平6!		
63. 仕五退四	卒3平4（图2）		
64. 车六退一	卒6进1		
65. 帅五平四	车8进4		
66. 帅四进一	车8退1		
67. 帅四退一	车8平4		
68. 帅四平五	车4退4		

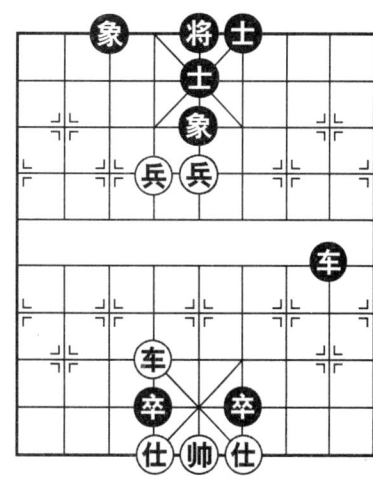

图 2

第 90 局　林琴思胜雷隆云

（2010 年 9 月 16 日弈于第 4 届杨官璘杯全国象棋公开赛）

中炮冲中兵对屏风马平炮兑车

1. 炮二平五　马 8 进 7
2. 马二进三　卒 7 进 1
3. 车一平二　车 9 平 8
4. 车二进六　马 2 进 3
5. 兵五进一　炮 8 退 1
6. 兵五进一　炮 8 平 5
7. 车二进三　炮 5 进 3
8. 马三进五　马 7 退 8
9. 炮五进三　卒 5 进 1
10. 炮八平五　士 4 进 5（图 1）

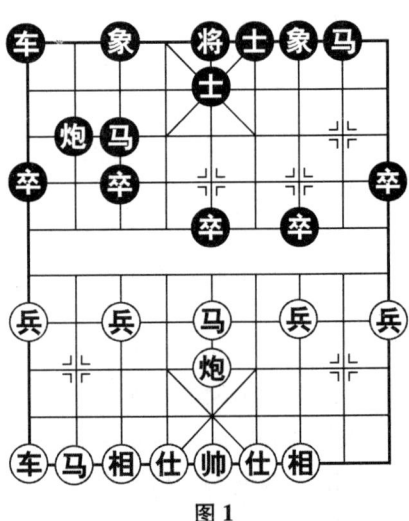

图 1

11. 马八进七　马 3 进 5
12. 马五进六　马 8 进 7
13. 车九平八　炮 2 平 4
14. 车八进五！　象 3 进 5
15. 马六进八　车 1 平 3
16. 车八平五！　炮 4 进 1？
17. 炮五进四　马 7 进 5
18. 马八进九！　车 3 进 1
19. 车五进一　炮 4 进 3
20. 马九退八　车 3 进 1
21. 车五平一　卒 3 进 1
22. 相三进五　卒 1 进 1
23. 兵一进一　车 3 平 2
24. 车一平六　炮 4 平 6
25. 仕四进五　炮 6 退 5
26. 马七进五！　士 5 进 6
27. 兵七进一　卒 3 进 1
28. 马五进七（图 2）

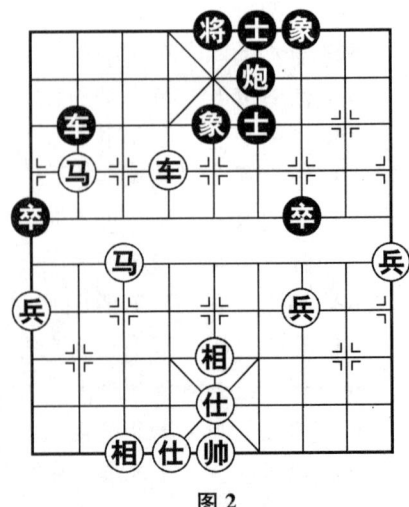

图 2

第四章 中炮冲中兵对屏风马退8路炮

第 91 局 许波负张俊

（2012 年 1 月 8 日弈于扬中市荣诚杯业余象棋公开赛）

中炮冲中兵对屏风马平炮兑车

1. 炮二平五　马 8 进 7
2. 马二进三　卒 7 进 1
3. 车一平二　车 9 平 8
4. 车二进六　马 2 进 3
5. 兵五进一　炮 8 退 1
6. 兵五进一　炮 8 平 5
7. 车二进三　马 7 退 8
8. 兵五平六　炮 2 平 1（图 1）
9. 马八进七　车 1 平 2
10. 车九平八　车 2 进 6
11. 炮八平九　车 2 平 3
12. 车八进二　卒 3 进 1
13. 炮九退一　马 3 进 4
14. 炮九平七　炮 5 进 6！
15. 相三进五　车 3 平 7
16. 马七进八　炮 1 平 3
17. 马八进六　炮 3 进 6
18. 车八退一　车 7 进 1
19. 车八平七　象 7 进 5
20. 车七平二　马 8 进 6
21. 车二进五　马 6 进 4
22. 车二平五　车 7 退 1！
23. 马六进四　士 4 进 5
24. 马四进三　将 5 平 4
25. 车五平一　车 7 平 4
26. 仕四进五　卒 1 进 1
27. 兵一进一　马 4 进 5！（图 2）
28. 车一平四　马 5 进 6
29. 车四退二　车 4 平 1
30. 兵一进一　车 1 平 4

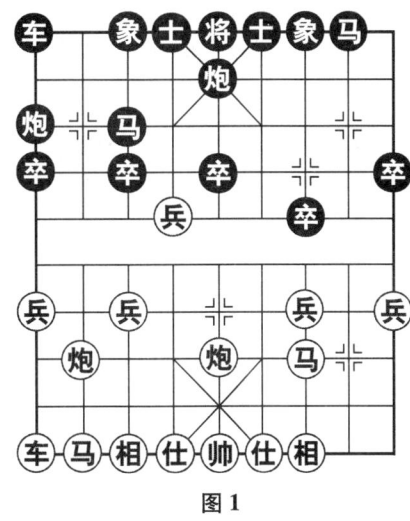

图 1

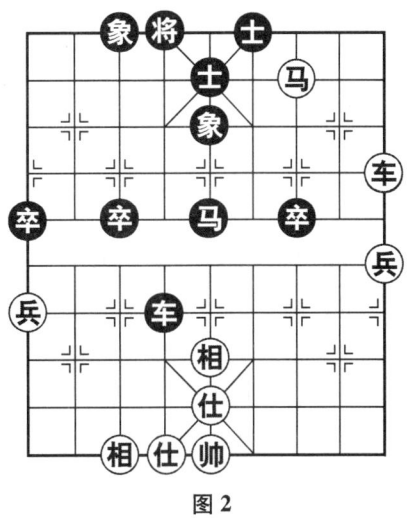

图 2

第92局 许波胜虞云朋

（2013年11月24日弈于苏浙皖三省第5届城市象棋赛）
中炮冲中兵对屏风马平炮兑车

1. 炮二平五　马8进7
2. 马二进三　车9平8
3. 车一平二　卒7进1
4. 车二进六　马2进3
5. 兵五进一　炮8退1
6. 兵五进一　炮8平5
7. 车二进三　炮5进3
8. 马三进五　马7退8
9. 炮五进三　卒5进1
10. 炮八平五　士4进5
11. 马五进六　马3退4
12. 马八进七　马4进5（图1）
13. 马六进五　象3进5
14. 车九平八　炮2平3
15. 车八进六　车1平4
16. 车八平七　车4进7
17. 马七退八　炮3退2
18. 炮五平一　卒5进1
19. 相七进五　车4退1
20. 马八进九　卒1进1
21. 炮一进四　马8进7
22. 马九退七！车4进1
23. 马七退八　马7进9！

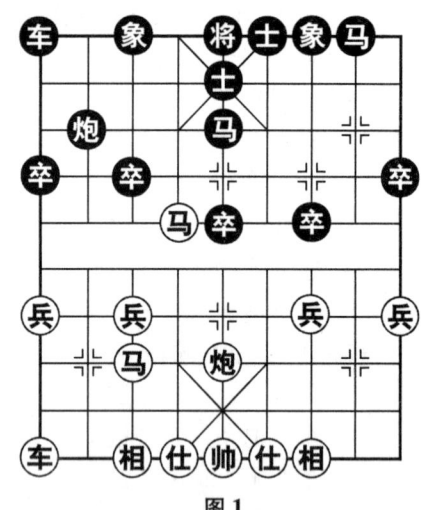

图1

24. 车七平一　车4退1
25. 马八进九　车4平3
26. 马九退七　炮3进4
27. 车一退二　卒5进1
28. 车一平五　卒5平4
29. 仕六进五　炮3平2
30. 马七进六　炮2进5
31. 车五平八　炮2平1
32. 帅五平六　车3平3
33. 马六退七　卒4平3
34. 兵九进一　车3进1
35. 兵九进一　炮1退1？
36. 兵一进一　车3平4
37. 帅六平五　象5退3
38. 车八进一　车4平2
39. 兵九平八　炮1退5
40. 马七进六　炮1平3
41. 兵一进一　炮3退3
42. 兵一平二（图2）象7进5
43. 马六退五　卒3平4
44. 马五进四

第四章　中炮冲中兵对屏风马退8路炮

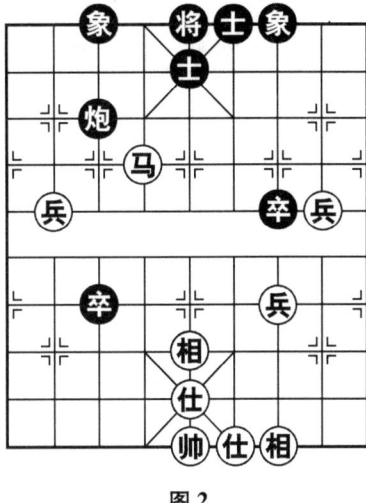

图 2

第五章 中炮急冲中兵对屏风马

第93局 李树洲负严俊

(2012年12月5日弈于湖南省第34届象棋锦标赛)

中炮急冲中兵六路分兵对飞马踏车

1. 炮二平五　马8进7
2. 马二进三　车9平8
3. 车一平二　马2进3
4. 兵七进一　卒7进1
5. 车二进六　炮8平9
6. 车二平三　炮9退1
7. 兵五进一　士4进5
8. 兵五进一　炮9平7
9. 车三平四　卒7进1
10. 马三进五　卒7进1
11. 马五进六　马3退4
12. 兵五进一　马7进8（图1）
13. 兵五平六　炮2平5
14. 仕四进五　车1平2
15. 车四平三？车2进4
16. 兵六进一　炮5进2
17. 兵七进一　车2平3
18. 马六退五　炮5进3
19. 相七进五　炮7平9！
20. 车三平一　象7进9
21. 车一平六　士5进4
22. 马八进六　炮9平5
23. 车九平八　炮9平3
24. 仕五退四　马8进6
25. 相五进三？车8进9
26. 炮八平五　士6进5（图2）

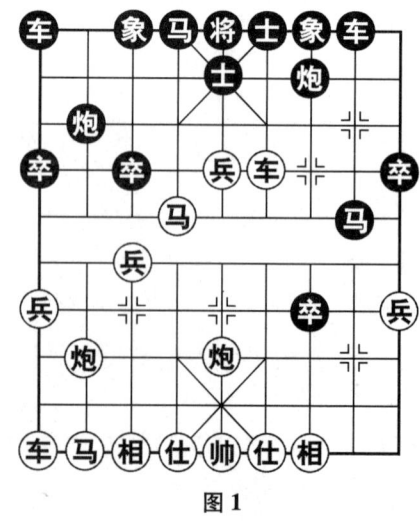

图1

第五章 中炮急冲中兵对屏风马

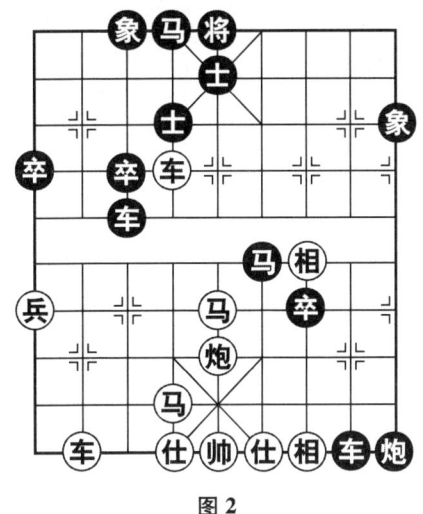

图 2

第94局　王跃飞负王天一

（2014年10月13日弈于第4届温岭石夫人杯全国象棋国手赛）

中炮急冲中兵六路分兵对飞马踏车

1. 炮二平五　马8进7
2. 马二进三　卒7进1
3. 车一平二　车9平8
4. 车二进六　马2进3
5. 兵七进一　炮8平9
6. 车二平三　炮9退1
7. 兵五进一　士4进5
8. 兵五进一　炮9平7
9. 车三平四　卒7进1
10. 马三进五　卒7进1
11. 马五进六　马3退4
12. 兵五进一　马7进8
13. 兵五平六　炮2平5（图1）
14. 仕四进五　车1平2
15. 帅五平四！象7进9
16. 车四进二　炮7进1
17. 马八进七　车2进6
18. 车九平八　马8进9
19. 马七进六　炮7进7

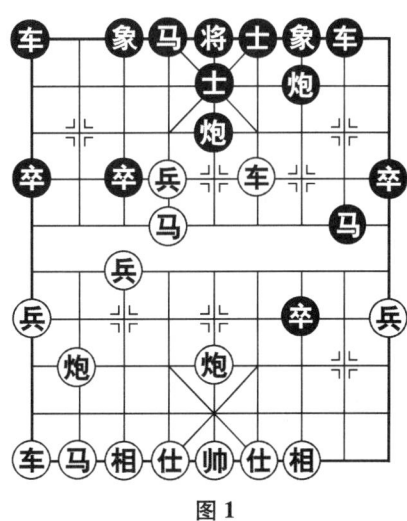

图 1

107

20. 炮八平六！	车2进3	21. 前马进四？	马4进3
22. 兵六进一	车2退8	23. 马六进四	马9进7！
24. 炮六平三	卒7进1	25. 后马进二	炮5进1
26. 马四进三	炮7退8	27. 马二进三	车8进9
28. 帅四进一	车8退1	29. 帅四退一	车8进1
30. 帅四进一	将5平4		
31. 炮五平六	炮5平4		
32. 兵六平七	炮4平5		
33. 前兵平六	炮5平4		
34. 车四退二	车8退3		
35. 兵六平七	炮4平5		
36. 前兵平六	炮5平4		
37. 帅四退一	车8进3		
38. 帅四进一	车8退3		
39. 帅四退一	卒7进1		
40. 帅四平五	炮4进2		
41. 车四平六？	炮4平5！		
42. 仕五进四	车8平5		
43. 帅五平四	卒7进1（图2）		

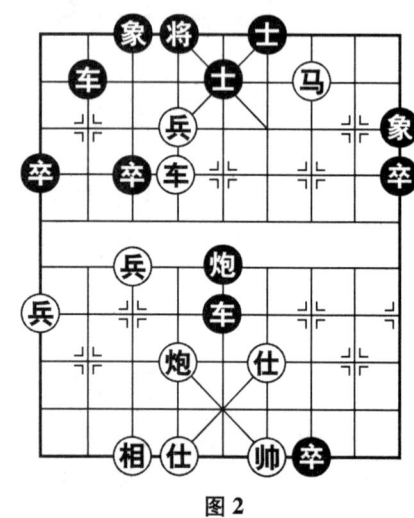

图 2

第95局　许文章胜梁国志

（2011年4月30日弈于重庆市棋友会所庆五一象棋个人赛）

中炮急冲中兵六路分兵对飞马踏车

1. 炮二平五	马8进7	2. 马二进三	车9平8
3. 车一平二	马2进3	4. 兵七进一	卒7进1
5. 车二进六	炮8平9	6. 车二平三	炮9退1
7. 兵五进一	士4进5	8. 兵五进一	炮9平7
9. 车三平四	卒7进1	10. 马三进五	卒7进1
11. 马五进六	马3退4	12. 兵五进一	马7进8
13. 兵五平六	马4进5（图1）	14. 车四平三	马8退7
15. 车三平四	车8进4	16. 马六退四	车8平6
17. 车四退一	马7进6	18. 相三进一	马6退8
19. 马四进六	炮2退1	20. 炮八进一	炮2平4？

第五章 中炮急冲中兵对屏风马

21. 马六退五	卒7进1
22. 炮八退一	卒7进1
23. 车九进一	车1平2
24. 马八进七	卒3进1?
25. 兵七进一	炮4平3
26. 车九平三	炮7平8
27. 兵七进一	马4进3
28. 马五进七	炮3进4
29. 炮八进四?	炮3进4
30. 仕六进五	炮3退6
31. 炮八平一	炮8平6
32. 仕五进六	车2进6
33. 车三进八	车2平9
34. 炮一进三	炮3平5
35. 帅五平六	炮8进2
36. 相一退三	炮5平4
37. 仕六退五	炮4退1
38. 炮五进四	将5平4
39. 马七进八	车9平4
40. 帅六平五	车4平9
41. 炮五进二	将4进1?
42. 炮五平二	炮4平3
43. 车三退一	将4进1
44. 车三平七（图2）	车9平3
45. 炮二退一	马5进7
46. 车七退一	

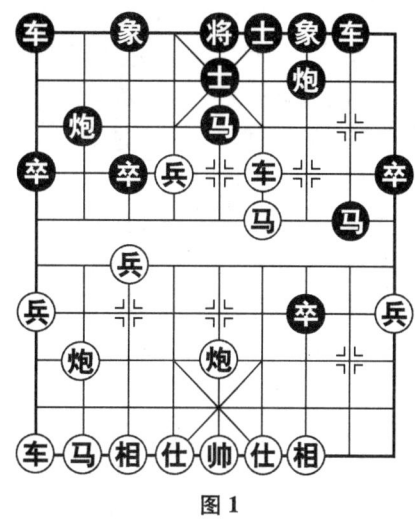

图1

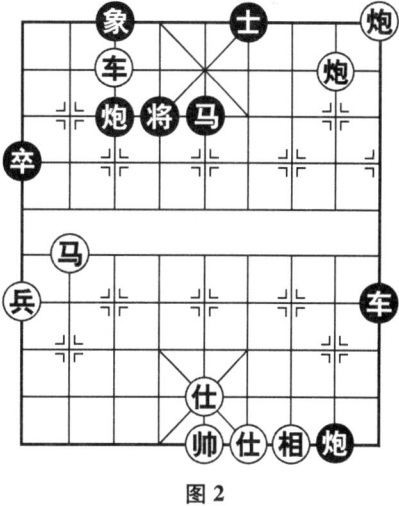

图2

第96局 朱琮思胜张申宏

(2010年12月25日弈于东莞市凤岗季度象棋公开赛)
中炮急冲中兵退肋车对飞马踏车炮轰底相

1. 炮二平五	马8进7	2. 马二进三	车9平8
3. 车一平二	卒7进1	4. 车二进六	马2进3
5. 兵七进一	炮8平9	6. 车二平三	炮9退1

7. 兵五进一　士4进5　　　8. 兵五进一　炮9平7
9. 车三平四　卒7进1　　10. 马三进五　卒7进1
11. 马五进六　马3退4
12. 兵五进一　马7进8
13. 车四退四（图1）炮7进8
14. 仕四进五　马8进9
15. 车四平二！车8进7
16. 炮八平二　炮2平8
17. 马六进八　炮8退1
18. 车九进二　炮7平9？
19. 兵七进一　马9进7
20. 炮二退一　马4进3
21. 兵七进一　马3退1
22. 前马退七　车1平2
23. 兵七平八！马1进3
24. 车九平六　马3进2
25. 车六进一　马7进8
26. 仕五退四　马8退6
27. 帅五进一　炮8进5？
28. 炮二平三　炮9平7
29. 车六进二　卒7进1！
30. 炮三进八（图2）炮7退9
31. 帅五平四　卒7进1
32. 帅四进一　马2进1
33. 车六平四　将5平4
34. 马七退九　车2进3
35. 车四平六　将4平5
36. 马九进八

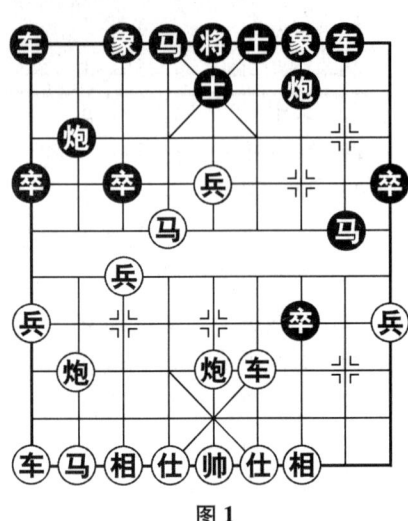

图1

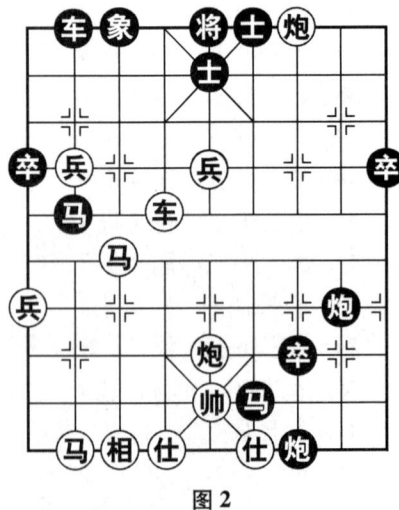

图2

第97局　夏刚负李洪

（2011年9月25日弈于重庆市铜梁龙杯渝西片区象棋团体邀请赛）

中炮急冲中兵退肋车对飞马踏车炮轰底相

1. 炮二平五　马8进7　　　2. 马二进三　车9平8

第五章　中炮急冲中兵对屏风马

3. 车一平二　马2进3
5. 车二进六　炮8平9
7. 兵五进一　士4进5
9. 车三平四　卒7进1
11. 马五进六　马3退4
13. 车四退四　炮7进8
14. 仕四进五　马8退7（图1）
15. 兵五平六　马4进5
16. 兵六进一？车8进9
17. 车四平二　车8平9
18. 车二平一　车9平8
19. 车一平二　车8平9
20. 车二平一　车9平8
21. 车一平二　车8平9
22. 马六进四　马7进5
23. 兵六进一　车1进1
24. 炮五进五？象7进5
25. 车二平六　象5退7
26. 兵六平五　士6进5
27. 车六进四　马5进6？
28. 仕五进四　炮2平5！
29. 帅五进一　车1平2
30. 车九进二　车9退1
31. 帅五退一　马6进5
32. 仕六进五（图2）马5退3？
33. 帅五平六　车9进1
34. 炮八平五　炮7退2
35. 仕五退四　车9平6
36. 炮五退二　马3进2
37. 帅六进一　车6平5！
38. 仕四退五　车5平3
39. 车九退一　车3退1
41. 车九平八　车2进7

4. 兵七进一　卒7进1
6. 车二平三　炮9退1
8. 兵五进一　炮9平7
10. 马三进五　卒7进1
12. 兵五进一　马7进8

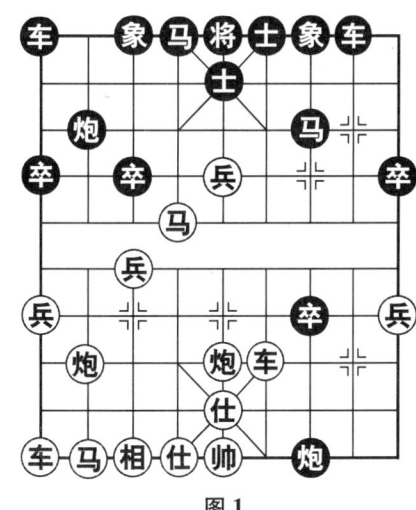

图1

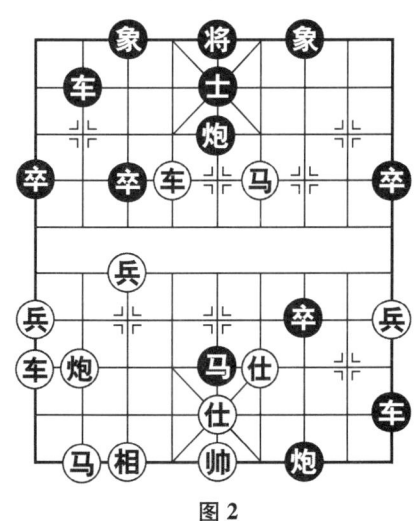

图2

40. 帅六退一　车3平5

第98局 孙勇征胜赵国荣

（2012年12月16日弈于首届碧桂园杯全国象棋冠军邀请赛）

中炮急冲中兵退肋车对飞马踏车炮轰底相

1. 炮二平五 马8进7	2. 马二进三 车9平8
3. 车一平二 马2进3	4. 兵七进一 卒7进1
5. 车二进六 炮8平9	6. 车二平三 炮9退1
7. 兵五进一 士4进5	8. 兵五进一 炮9平7
9. 车三平四 卒7进1	10. 马三进五 卒7进1
11. 马五进六 马3退4	12. 兵五进一 马7进8
13. 车四退四 炮7进8	14. 仕四进五 马8进9
15. 兵五平六 马4进5	16. 车四平二 车8进7
17. 炮八平二 炮2进4（图1）	
18. 车九进二 炮2平6	
19. 炮五进二 马9进8?	
20. 相七进五 炮7平9	
21. 兵六进一 车1平2?	
22. 马六进四 车2进9	
23. 马四进三 炮6退5	
24. 兵六平五 象3进5	
25. 炮二进六 炮9平4!	
26. 相五退七! 炮4退8	
27. 炮五平三 象5进7	
28. 仕五退六 马8退9?	
29. 车九平五 车2退8?	30. 炮二进一 炮4进5
31. 马三退四 马9退7	32. 马四进六 将5平4
33. 马六进八 炮6平2	34. 车五进六 炮2进4
35. 车五平八 炮4退1	36. 兵七进一! 炮2平3
37. 车八平四 卒7进1	38. 车四进一 将4进1
39. 车四退一 将4进1	40. 兵七进一 马7进6
41. 帅五平四 将4平5	42. 兵七平六 马6进4
43. 仕六进五 卒7进1	44. 兵六平五 将5平4
45. 车四退五 炮3进3	46. 车四平六（图2）

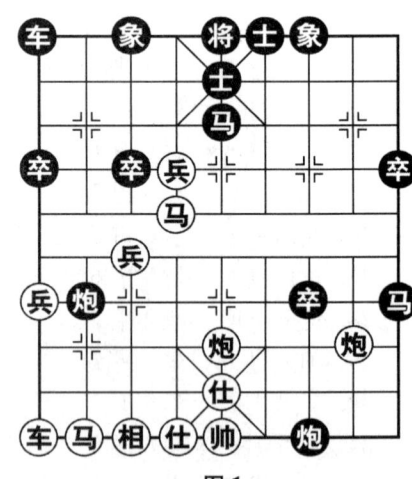

图1

第五章 中炮急冲中兵对屏风马

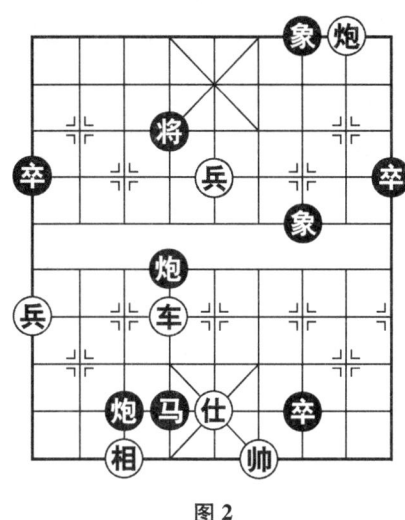

图 2

第99局 邓明高和孙勇征

(2014年11月10日弈于第6届淮阴·韩信杯象棋国际名人赛)
中炮急冲中兵退肋车对飞马踏车炮轰底相

1. 炮二平五　马8进7
2. 马二进三　车9平8
3. 车一平二　马2进3
4. 兵七进一　卒7进1
5. 车二进六　炮8平9
6. 车二平三　炮9退1
7. 兵五进一　士4进5
8. 兵五进一　炮9平7
9. 车三平四　卒7进1
10. 马三进五　卒7进1
11. 马五进六　马3退4
12. 兵五进一　马7进8
13. 车四退四　炮7进8
14. 仕四进五　马8进9
15. 兵五平六　马4进5
16. 车四平二　车8进7
17. 炮八平二　炮2进4
18. 马六进八（图1）车1平2
19. 前马进七　将5平4

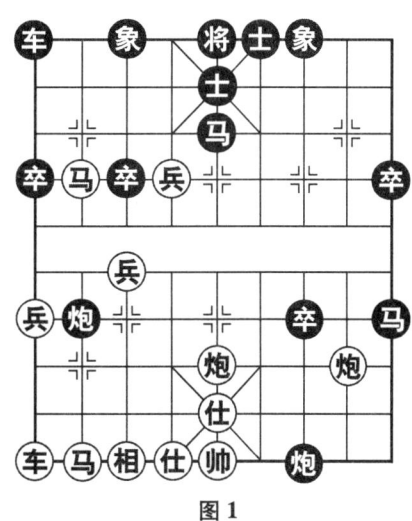

图 1

· 113 ·

20. 炮五平六？ 炮2平4
21. 相七进五　马5退3
22. 相五退三　车2进8
23. 兵九进一　将4平5
24. 车九进三　炮4平2（图2）
25. 炮二平五　象7进5
26. 马八进六　卒7平6
27. 炮六平八！炮2平5
28. 马六进五　卒6平5
29. 车九平五　车2退1
30. 车五平一　马3进4
31. 车一进三　马4进3
32. 车一平七　马3退5
33. 车七平五

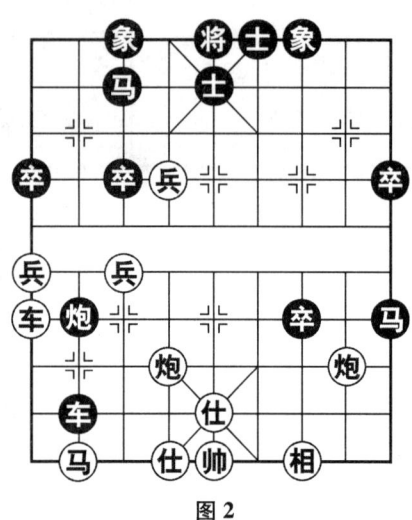

图2

第100局　姜兵胜朱益明

（2014年7月19日弈于江苏省无锡市暨省运动会象棋选拔赛）

中炮急冲中兵退肋车对飞马踏车炮轰底相

1. 炮二平五　马8进7
2. 马二进三　车9平8
3. 车一平二　马2进3
4. 兵七进一　卒7进1
5. 车二进六　炮8平9
6. 车二平三　炮9退1
7. 兵五进一　士4进5
8. 兵五进一　炮9平7
9. 车三平四　卒7进1
10. 马三进五　卒7进1
11. 马五进六　马3退4
12. 兵五进一　马7进8
13. 车四退四　炮7进8
14. 仕四进五　马8进9
15. 车四平二　车8进7
16. 炮八平二　卒7进1（图1）
17. 兵五平六　马4进5

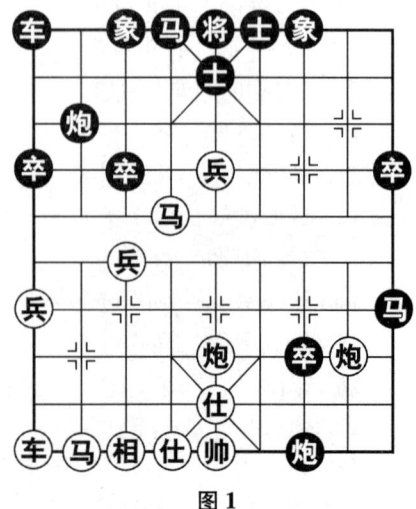

图1

第五章　中炮急冲中兵对屏风马

18. 炮二进一	马9进8	19. 马六进四	炮2退1？
20. 炮二平六	车1进2	21. 车九进二	车1平2
22. 兵六进一	卒7平6	23. 仕五进四	马8退6
24. 帅五进一	炮7退3		
25. 兵六进一	车2进6		
26. 炮六退二	马6进7		
27. 帅五退一	炮7平5		
28. 炮五进五	士5进6		
29. 车九平六	象7进5		
30. 帅五平四	士6进5		
31. 炮六平五	炮5平6		
32. 车六进一	炮2进8！		
33. 兵六平五（图2）	士6退5		
34. 马四进六	将5平4		
35. 马六进八	将4平5		
36. 车六进六			

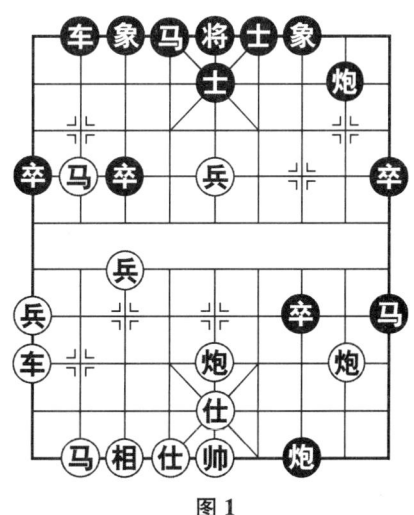

图2

第101局　王天一胜郑惟桐

（2014年10月11日弈于荻湖杯·决战名山全国象棋冠军挑战赛）

中炮急冲中兵退肋车对飞马踏车炮轰底相

1. 炮二平五　马8进7
2. 马二进三　车9平8
3. 车一平二　卒7进1
4. 车二进六　马2进3
5. 兵七进一　炮8平9
6. 车二平三　炮9退1
7. 兵五进一　士4进5
8. 兵五进一　炮9平7
9. 车三平四　卒7进1
10. 马三进五　卒7进1
11. 马五进六　马3退4
12. 兵五进一　马7进8
13. 车四退四　炮7进8

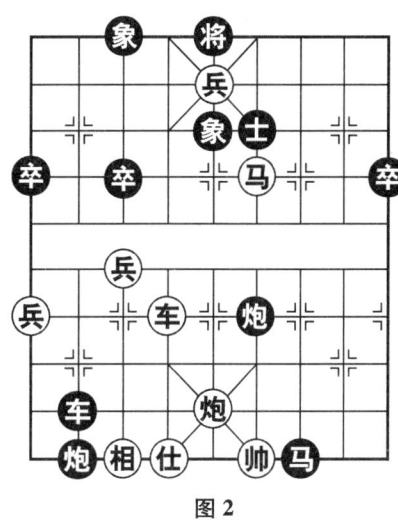

图1

115

14. 仕四进五	马8进9	15. 车四平二	车8进7
16. 炮八平二	炮2平8	17. 马六进八	炮8退1
18. 车九进二	车1平2（图1）	19. 车九平八	车2进2
20. 兵七进一！	马9进8	21. 兵七进一	炮8平6
22. 兵五平六	马4进5？	23. 仕五进四	马8退6？
24. 帅五进一	马6退5	25. 车八进二	前马退7
26. 车八平四	炮6平8	27. 车四进四	炮8进4
28. 炮五平八	马7进6	29. 帅五平六？	车2平1
30. 炮二平五	将5平4	31. 炮五进一	马5进4
32. 炮八平六	炮8进3	33. 炮六进二	车1平8
34. 兵六平五	马4进2	35. 兵七平六	马2退4
36. 前马退六	将4平5		
37. 马六进八	马6进7		
38. 仕六进五！	马7退5		
39. 帅六退一	炮8进1		
40. 帅六进一	马5退3		
41. 后马进七	炮8退1		
42. 帅六退一	炮8进1		
43. 帅六进一	炮8退1		
44. 帅六退一	炮8进1		
45. 帅六进一	车8平3		
46. 马八进六（图2）	将5平4		
47. 兵六平七	马3退4		
48. 兵七进一			

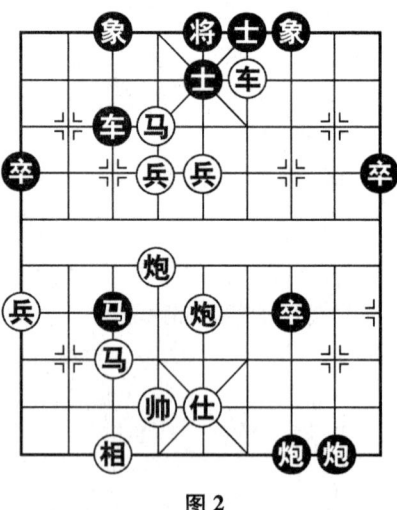

图2

第102局 霍羡勇负韩强

（2014年4月9日弈于全国象棋男子甲级联赛山西省六建杯预选赛）

中炮急冲中兵炮轰中卒对飞马踏车

1. 炮二平五	马8进7	2. 马二进三	车9平8
3. 车一平二	马2进3	4. 兵七进一	卒7进1
5. 车二进六	炮8平9	6. 车二平三	炮9退1
7. 兵五进一	士4进5	8. 兵五进一	炮9平7
9. 车三平四	卒7进1	10. 马三进五	卒7进1

第五章 中炮急冲中兵对屏风马

11. 马五进六　马3退4
12. 马八进七　马7进8（图1）
13. 炮五进四　马4进5
14. 车四平三　马8退7
15. 车三平四　车8进4！
16. 炮八进三　马7进5
17. 相七进五　炮7进3
18. 马六进五　象3进5
19. 炮八平三　车8平7
20. 兵五进一　炮2进4
21. 车九平八　炮2平9
22. 车四平一　炮9平8
23. 车一平二　卒3进1
24. 车八进四　车1平3
26. 车二退二　车7平5
28. 车二平六？　车4进1
30. 车八进一　卒3进1
32. 马四进二　卒3进1
34. 车八平六　车3进2
36. 车六平九　象5退3
38. 车三进四　炮6平2
39. 车三退五　炮2进4
40. 车三平八　炮2平1
41. 兵六平七！　车3平6
42. 马四退六　车6平4
43. 马六退七？　将5平4
44. 仕五进六　车4进5
45. 车八进五　卒6进1（图2）
46. 车八平七？　将4进1
47. 马七进五　车4进2
48. 帅五进一　车4退1
49. 帅五退一　卒6进1
50. 兵七平六　炮1平6

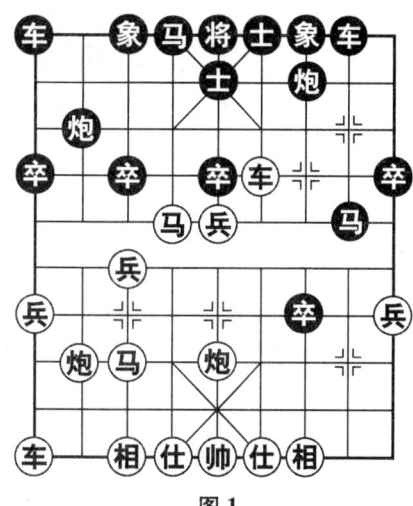

图1

25. 仕六进五　卒1进1
27. 兵五平六　车5平4
29. 马七进六　炮8退1！
31. 马六进四　炮8平6
33. 马二进三　将5平4
35. 马三退四　将4平5
37. 车九平三　卒7平6

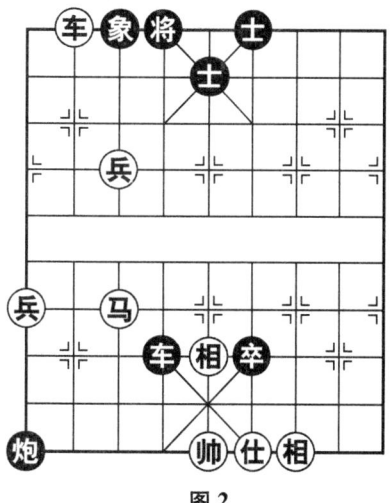

图2

第103局　颜春生负卢勇

（2013年11月19日弈于江西省象棋名人·精英大奖赛）

中炮急冲中兵炮轰中卒对飞马踏车

1. 炮二平五　马8进7
2. 马二进三　车9平8
3. 车一平二　马2进3
4. 兵七进一　卒7进1
5. 车二进六　炮8平9
6. 车二平三　炮9退1
7. 兵五进一　士4进5
8. 兵五进一　炮9平7
9. 车三平四　卒7进1
10. 马三进五　卒7进1
11. 马五进六　马3退4
12. 马八进七　马7进8
13. 炮五进四　象3进5
14. 车四退四（图1）炮7进8
15. 仕四进五　马8进9
16. 车四平二　车8进7
17. 炮八平二　卒7进1
18. 炮二进六？炮2退1
19. 炮二退五　卒7进1
20. 车九平八　马9进8

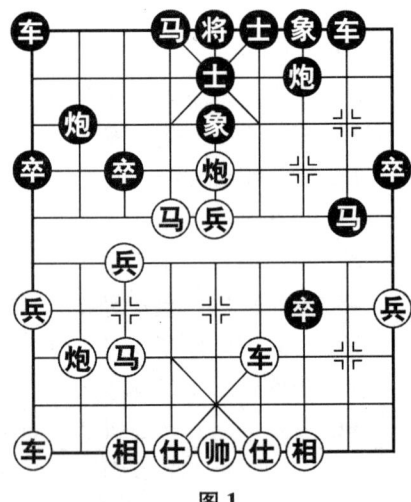

图1

21. 马七进五　炮7平9
22. 车八进二　车1平2
23. 炮二进一！卒3进1
24. 炮二平六　炮2平5
25. 车八平一？炮9平8
26. 炮六退三　卒7进1
27. 仕五退四　卒7平6
28. 帅五进一　炮2进2
29. 炮六平二　炮2平8
30. 帅五平四　卒6平5
31. 马五进三　车2进8
32. 仕六进五　后炮退7
33. 车一平二　后炮平6
34. 车二退二　车2退1
35. 车二进八？车2平6
36. 仕五进四　车6平8（图2）
37. 帅四平五　车8退5
38. 兵七进一　卒5平4
39. 兵七进一　车8进3
40. 马六进八　马4进2
41. 兵七进一　炮6进4
42. 马八进七　将5平4

第五章 中炮急冲中兵对屏风马

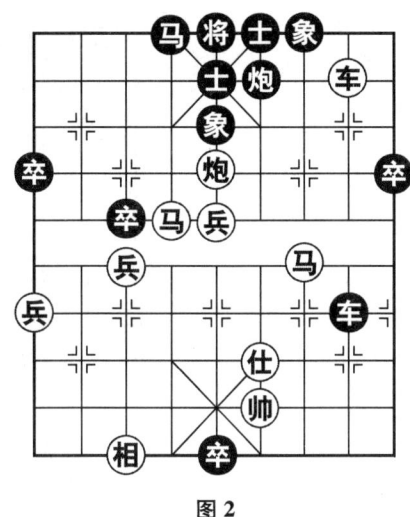

图2

第104局　王一鹏负李俊峰

（2010年2月26日弈于上海市第2届俊峰杯象棋精英赛）

中炮急冲中兵飞边相对贴将马

1. 炮二平五　马8进7
2. 马二进三　车9平8
3. 车一平二　马2进3
4. 兵七进一　卒7进1
5. 车二进六　炮8平9
6. 车二平三　炮9退1
7. 兵五进一　士4进5
8. 兵五进一　炮9平7
9. 车三平四　卒7进1
10. 马三进五　卒7进1
11. 马五进六　马3退4
12. 相三进一（图1）卒5进1！
13. 马八进七　马4进5
14. 马六进八　车1平2
15. 炮八平九　马7进8
16. 炮五进五！象7进5
17. 车四平三　马8退7
18. 车三平七　卒5进1
19. 车九进一　车8进4

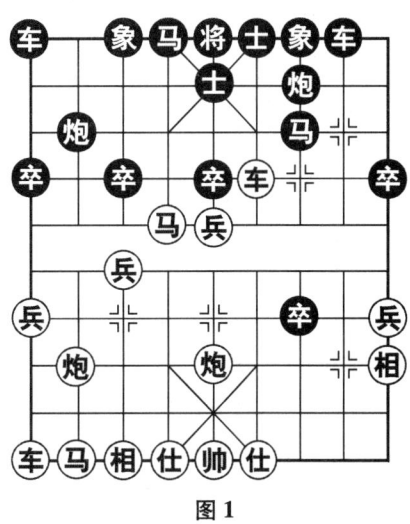

图1

20. 车九平四　马7进6
21. 车七平四　马6进8
22. 相一进三　炮7进1
23. 炮九进四　车8平7
24. 炮九退二（图2）炮7平6
25. 后车平六　马8进7
26. 炮九平五　车7平5？
27. 车六进三　炮6进7
28. 马七退五！炮6平8
29. 车四平二　马7进5
30. 仕六进五

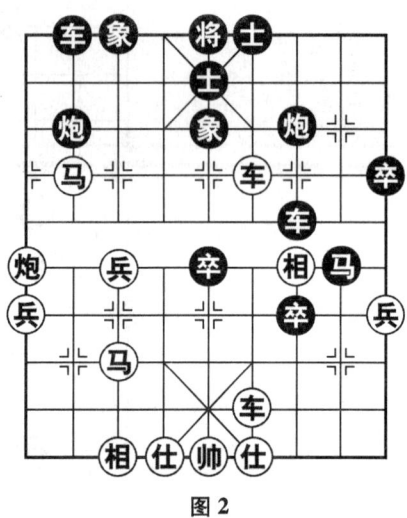

图2

第105局　蔡龙泉负张兰天

（2013年9月22日弈于重庆市黔江体彩杯象棋公开赛）

中炮急冲中兵飞边相对贴将马

1. 炮二平五　马8进7
2. 马二进三　车9平8
3. 车一平二　马2进3
4. 兵七进一　卒7进1
5. 车二进六　炮8平9
6. 车二平三　炮9退1
7. 兵五进一　士4进5
8. 兵五进一　炮9平7
9. 车三平四　卒7进1
10. 马三进五　卒7进1
11. 马五进六　马3退4
12. 相三进一　卒5进1
13. 炮八进三！马4进5
14. 炮八平五　车8进4（图1）
15. 马六退五　炮2进4！
16. 马八进七？卒7平6
17. 车九平八　卒6平5
18. 马七进五　车1平2
19. 车四平七　象3进1

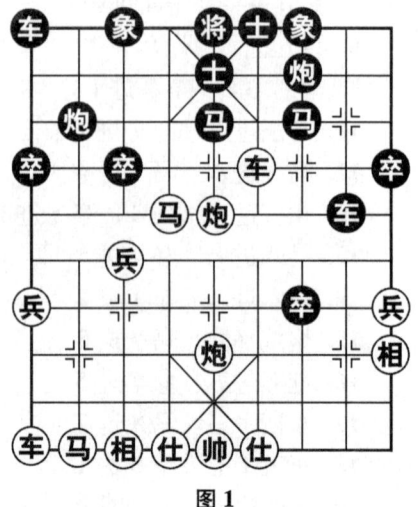

图1

20. 仕六进五　车8平7
21. 车八进二！　马7进8
22. 车七平六　马8进7！
23. 帅五平六　炮2退5！
24. 前炮进一　马7进5
25. 相七进五　车2平3！
26. 相一退三　炮2平4（图2）
27. 帅六平五　卒1进1
28. 兵一进一　卒9进1
29. 兵一进一　车7平9
30. 马五进三　车9平7

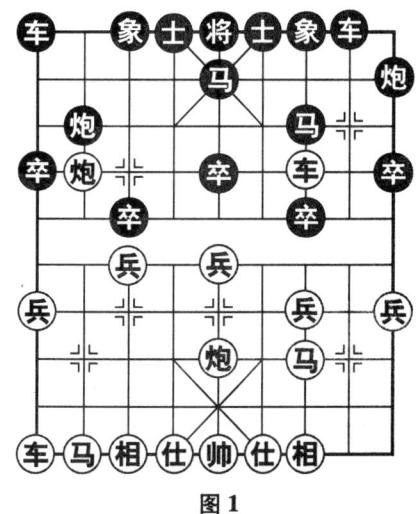

图2

第106局　李荣负吕载

（2013年5月11日弈于江苏仪征市佳和杯象棋公开赛）
中炮急冲中兵过河炮对窝心马

1. 炮二平五　马8进7　　2. 马二进三　车9平8
3. 车一平二　马2进3　　4. 兵七进一　卒7进1
5. 车二进六　炮8平9　　6. 车二平三　炮9退1
7. 兵五进一　马3退5
8. 炮八进四　卒3进1（图1）
9. 兵七进一　炮9平7
10. 车三平二　车8进3
11. 炮八平二　马5进6
12. 马三进五　炮2平5
13. 马八进七　车1平2
14. 车九进一　马6进5
15. 炮五进二　炮5进3
16. 相三进五　炮7平3
17. 仕六进五　马7进6
18. 炮二退五　车2进6
19. 车九平八　车2平4

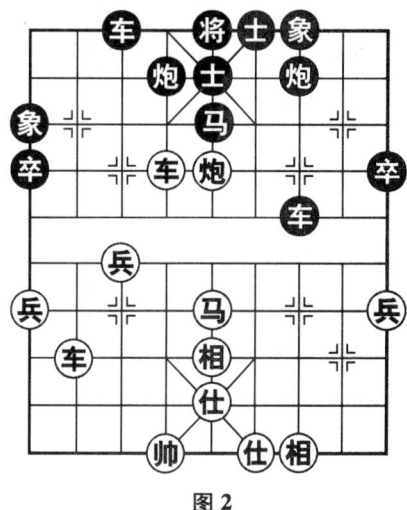

图1

20. 兵七平六	马6进7		
21. 车八进五	象3进5		
22. 炮二平三	马7进9		
23. 炮三平四	炮3平8（图2）		
24. 仕五进四	炮8进8		
25. 帅五进一	炮8退1		
26. 帅五退一	马9进7		
27. 车八平五	炮5平6		
28. 相五进三	车4平3		

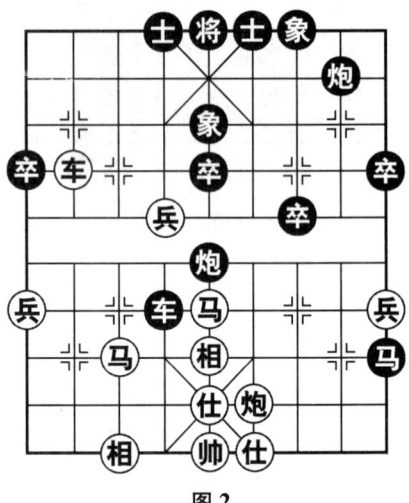

图2

第107局　于幼华负徐天红

（2014年12月2日弈于第3届碧桂园杯全国象棋冠军邀请赛）

中炮急冲中兵过河炮对窝心马

1. 炮二平五	马8进7	2. 马二进三	车9平8
3. 车一平二	马2进3	4. 兵七进一	卒7进1
5. 车二进六	炮8平9	6. 车二平三	炮9退1
7. 兵五进一	马3退5		
8. 炮八进四	卒3进1		
9. 兵七进一	炮9平7		
10. 车三平二	车8进3		
11. 炮八平二	马5进6		
12. 车九进一	马6进5（图1）		
13. 兵七平六	炮2平5		
14. 车九平四	车1平2		
15. 马八进七	马7进6！		
16. 马七进五	马6进5		
17. 马三进五	马5进7！		
18. 炮五进四	炮7平5！		
19. 车四进五	马7退5？		

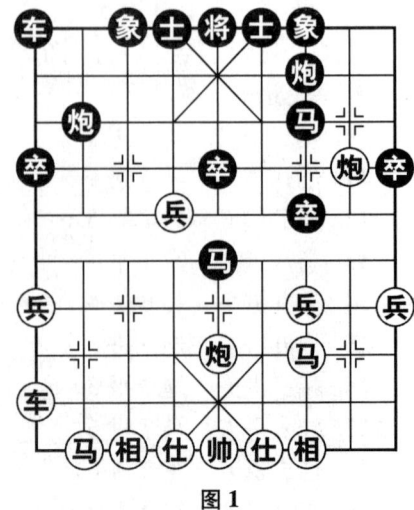

图1

第五章 中炮急冲中兵对屏风马

20. 兵六平五	车2进6
21. 仕四进五？	后炮进2
22. 炮二平五	炮5进2
23. 马五进七？	炮5进4（图2）
24. 车四平二	炮5平9
25. 仕六进五？	炮9进1
26. 相三进五	车2平7
27. 炮五退一	车7进3
28. 仕五退四	马5进6
29. 帅五平六	车7平6
30. 帅六进一	车6退1
31. 帅六退一	马6进8！
32. 相五进三	马8进6

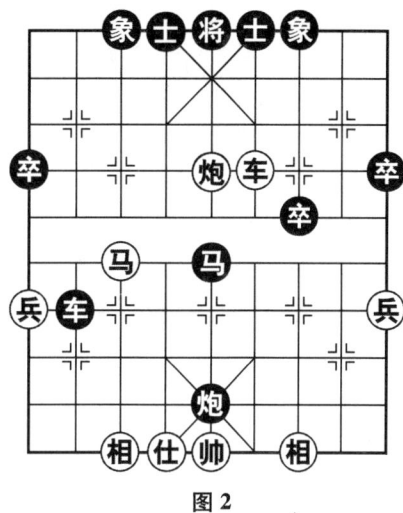

图 2

33. 炮五退五	炮9平5	34. 车二平五	象3进5
35. 帅六平五	卒7进1	36. 车五平一	士6进5
37. 马七进六	车6退2	38. 相七进九	马6退7
39. 帅五平六	车7退5	40. 帅六平五	将5平6
41. 马六退五	车6退3	42. 帅五进一	马5进3！
43. 马五退六	车6退1	44. 帅五退一	车6退1

第108局　谢靖胜王斌

（2012年3月21日弈于耒阳市蔡伦竹海杯象棋精英邀请赛）

中炮急冲中兵过河炮轰中卒对窝心马飞左象

1. 兵七进一	卒7进1	2. 炮二平五	马8进7
3. 马二进三	马2进3	4. 车一平二	车9平8
5. 车二进六	炮8平9	6. 车二平三	炮9退1
7. 兵五进一	马3退5	8. 炮八进四	卒3进1
9. 兵七进一	炮9平7	10. 炮五进四（图1）	象7进5
11. 车三平四	马7进5	12. 车四平五	马5进7
13. 车五平四！	炮7平5	14. 相七进五	车8进6
15. 马八进七	车8平7	16. 马三进五	象5进3
17. 车四平三	炮5平5	18. 马七进五	车7平5
19. 车三进一！	车1进2	20. 车九平七	车5退1？

21. 炮八平二	车5平8		
22. 炮二平五	车8平5		
23. 炮五平二	车5平8		
24. 炮二平五	车8平5		
25. 炮五平二	车5平8		
26. 炮二平五	车8平5		
27. 炮五平二	车5平8		
28. 炮二平五	车8退2		
29. 炮五退二	车8进2		
30. 炮五进二	车8退2		
31. 炮五退二	车8进2		
32. 炮五进二	车8退2		
33. 炮五退二	车8进2		
34. 炮五进二	车8退2		
35. 炮五退二	炮2退1		
36. 车三平五	炮2平5		
37. 车五平九	象3退5（图2）		
38. 炮五进四!	象3进1		
39. 炮五平九	象1退3		
40. 车七进三	士6进5		
41. 炮九平六	车8平4		
42. 炮六平八			

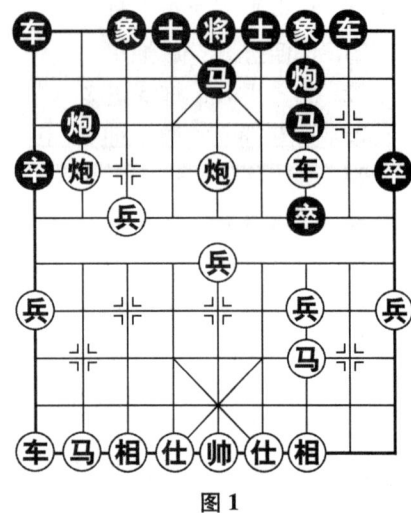

图 1

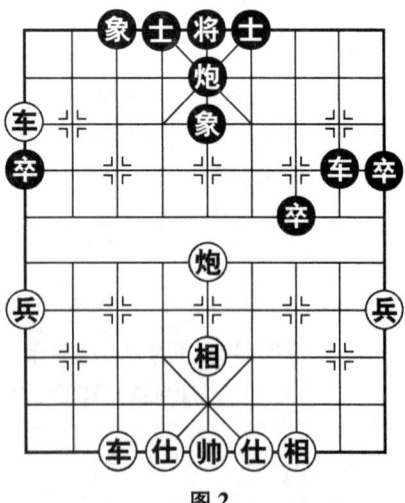

图 2

第 109 局　谢靖胜孙逸阳

（2013 年 5 月 22 日弈于全国象棋甲级联赛）

中炮急冲中兵过河炮轰中卒对窝心马飞左象

1. 炮二平五	马8进7	2. 马二进三	马2进3
3. 车一平二	车9平8	4. 兵七进一	卒7进1
5. 车二进六	炮8平9	6. 车二平三	炮9退1

第五章 中炮急冲中兵对屏风马

7. 兵五进一　马3退5
8. 炮八进四　卒3进1
9. 兵七进一　炮9平7
10. 炮五进四　象7进5
11. 车三平四　马7进5
12. 车四平五　马5进7
13. 车五平四！车1进1（图1）
14. 相七进五　马7进8
15. 兵五进一　卒7进1
16. 车四平六！卒7进1
17. 马三进五　马8进6
18. 马五进三　车1平6
19. 马八进六　卒7进1
20. 车九平七　卒7进1
22. 车四进二！炮7进8
24. 炮八平五　象5进3
26. 帅五进一　炮7平3
28. 帅五平四　炮2进6
30. 相五进七　车5退5？
32. 车四进五　将5进1
34. 马五进六　象3退1
35. 马三进四　将5平4
36. 车四退二　炮2退4？
37. 车四平八　炮2平3
38. 相七退九　士4进5
39. 车八进一　将4退1
40. 马四进五　将4平5
41. 马六进四　后炮退1
42. 马四进三　将5平4
43. 车八退五　将4进1
44. 马五退三！车5平4
45. 前马退五　后炮平2
46. 马五退七（图2）

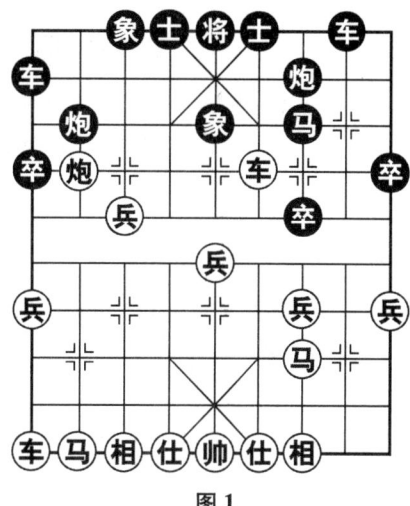

图1

21. 车六平四　卒7平6？
23. 仕四进五　车8进9
25. 马三退二！卒6平5
27. 车四退四　车8平5
29. 帅四进一　炮3退2
31. 马二进三　车5退1
33. 马六进五！炮3进1

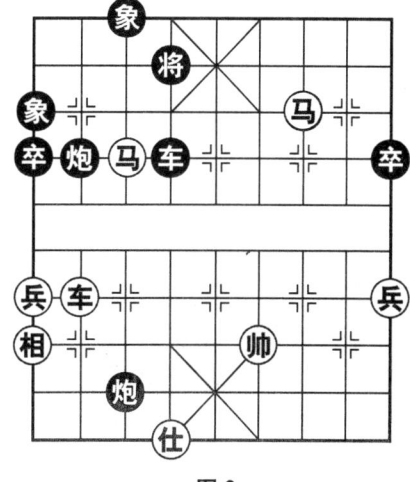

图2

第110局　许文章负吴代明

（2012年12月15日弈于重庆市长寿喜乐迪杯象棋团体邀请赛）

中炮急冲中兵过河炮轰中卒对窝心马飞马兑炮

1. 炮二平五　马8进7
2. 马二进三　车9平8
3. 车一平二　卒7进1
4. 车二进六　马2进3
5. 兵七进一　炮8平9
6. 车二平三　炮9退1
7. 兵五进一　马3退5
8. 炮八进四　卒3进1
9. 兵七进一　炮9平7
10. 炮五进四　马7进5（图1）
11. 车三平五　炮2平5
12. 相七进五　马5进7
13. 车五平四　车8进7!
14. 车四进二　炮7平9
15. 车四平三　车1平2
16. 兵七进一　车8平7
17. 车三退一　炮9进5!
18. 马八进六　炮9进3
19. 车九进二　车2进2
20. 车三退一　车7进2
21. 车三平一　车7平8
22. 车九平六　炮5平6
23. 车六进四　士6进5
24. 马六进五　车8退2?
25. 车一退六　车8平5
26. 仕四进五　车5退1
27. 车六平五　炮6进5
28. 帅五平四　炮6平3
29. 车一进二　炮3进2
30. 帅四进一　车5平7
31. 车五平四　车2平8!
32. 车四平二　车8平6

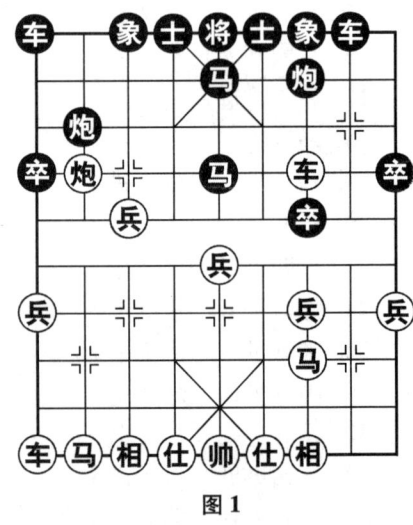

图1

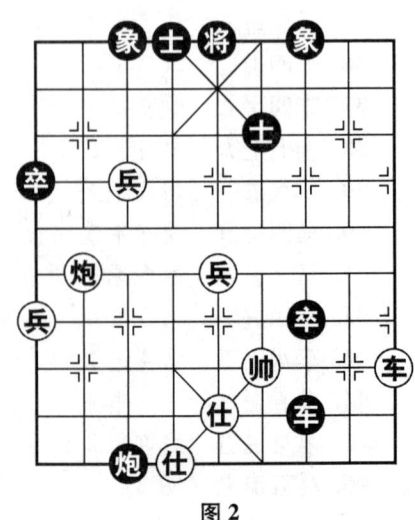

图2

第五章 中炮急冲中兵对屏风马

33. 车二平四　卒7进1
34. 车四进一　士5进6
35. 炮八退二　车7进2
36. 帅四进一　卒7进1（图2）
37. 帅四平五　卒7平6
38. 帅五平六　车7退4
39. 车一进四　卒6平5
40. 车一平六　车7平3
41. 帅六退一　卒5进1

第111局　张学潮和李智屏

（2013年5月7日弈于全国象棋甲级联赛）

中炮急冲中兵过河炮对窝心马

1. 炮二平五　马8进7
2. 马二进三　车9平8
3. 车一平二　卒7进1
4. 车二进六　马2进3
5. 兵七进一　炮8平9
6. 车二平三　炮9退1
7. 兵五进一　马3退5
8. 炮八进四　卒3进1
9. 兵七进一　炮9平7
10. 炮五进四　马7进5
11. 车三平五　炮2平5
12. 相七进五（图1）马5进7
13. 车五平四　车1平2
14. 马八进七　车8进5
15. 仕六进五　车8平5
16. 车九平六　马7进5
17. 兵七进一！马5进6
18. 马三进五　炮5进4
19. 马七进五　炮7进5
20. 车六进二？车5进1
21. 车四退二　炮7平1
22. 车四平八　车2进2?
23. 车六平七　车5退4
24. 车七进一　炮1退2
25. 车七进二　象7进9
26. 兵一进一　士6进5
27. 兵七平六　象3进1
28. 车七平八　车5平3
29. 炮八平七　车2进2
30. 车八进一　炮1平5
31. 炮一平五　将5平6
32. 帅五平六　车3进7
33. 帅六进一　车3退1
34. 帅六退一　车3进1
35. 帅六进一　车3退5！

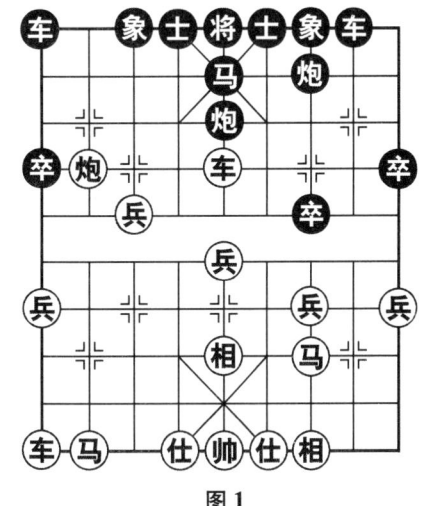

图1

36. 车八平七　象1进3（图2）　　37. 炮五平九　士5进6
38. 炮九退一　士4进5　　　　　39. 兵一进一　炮1平2
40. 炮九平八　炮2平1

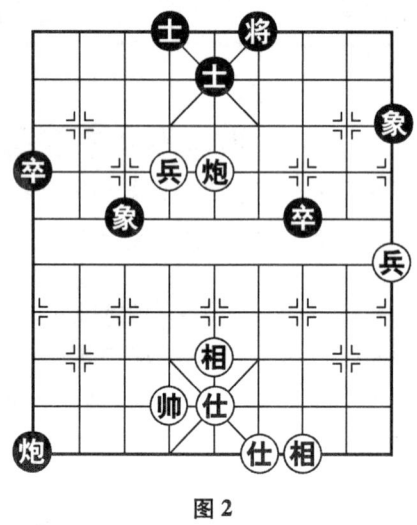

图2

第112局　唐俊负张泽海

（2013年8月24日弈于江苏省东台市第2届群文杯象棋公开赛）
中炮急冲中兵过河炮轰中卒对窝心马飞马兑炮

1. 炮二平五　马8进7
2. 马二进三　车9平8
3. 车一平二　马2进3
4. 兵七进一　卒7进1
5. 车二进六　炮8平9
6. 车二平三　炮9退1
7. 兵五进一　马3退5
8. 炮八进四　卒3进1
9. 兵七进一　炮9平7
10. 炮五进四　马7进5
11. 车三平五　炮2平5
12. 相三进五　马5进7（图1）
13. 车五平四　车8进7

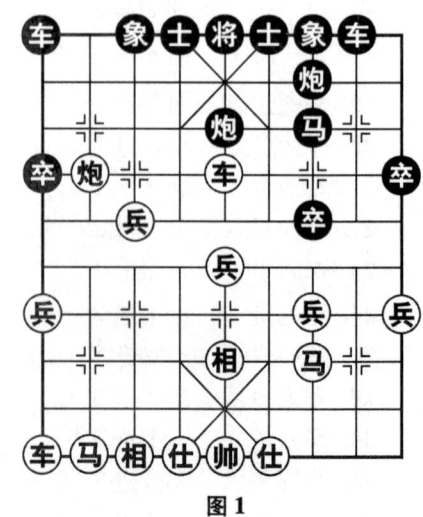

图1

第五章 中炮急冲中兵对屏风马

14. 马三退五	炮7平5	
15. 兵五进一?	后炮进3	
16. 兵七平六	前炮进2	
17. 车四退三	前炮退3	
18. 车九进二	车1平2	
19. 炮八退三	士4进5	
20. 兵六进一	前炮平8!	
21. 炮八平五	炮8进3	
22. 兵三进一	炮8平5	
23. 车四平五	车2进9	
24. 兵三进一	车8退4!	
25. 车九平六	车2退6	
26. 车五平六	车8平6	
27. 前车进二	象7进9	
28. 后车平七	车6平4!	
29. 车七进七	士5退4	
30. 车七退四	马7进5	
31. 兵三平四	马5进6（图2）	

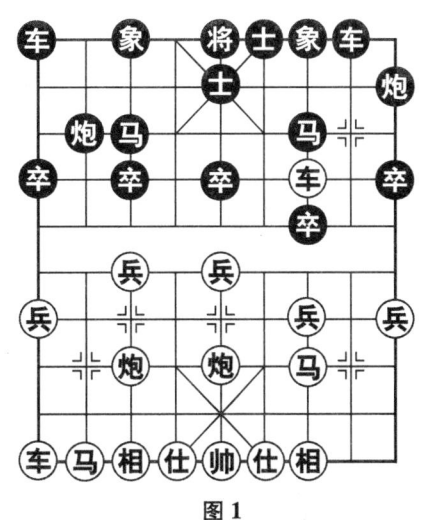

图 2

第113局 徐和良和李义庭

（1962年11月19日弈于全国象棋个人赛）

中炮急冲中兵转五七炮对飞右象

1. 炮二平五　马8进7
2. 兵七进一　卒7进1
3. 马二进三　马2进3
4. 车一平二　车9平8
5. 车二进六　炮8平9
6. 车二平三　炮9退1
7. 兵五进一　士4进5
8. 炮八平七（图1）炮9平7
9. 车三平四　象3进5
10. 兵七进一　象5进3
11. 马八进九　马7进8?
12. 车四退三　车8进2
13. 兵五进一　卒5进1

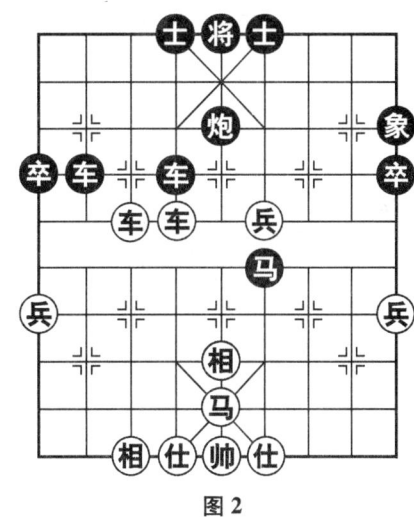

图 1

14. 车九平八　车8平6
15. 车四平五　马3退4
16. 炮五进三　炮2平5
17. 相七进五　马8退7?
18. 车八进六　车6进1
19. 马九进七　车6平5
20. 炮五进二　马4进5
21. 炮七平九　车1平4
22. 车五进三　马7进5
23. 马七进五　前马进6
24. 兵三进一！　卒7进1
25. 马三进四　卒7平6
26. 马五进四　炮7进5
27. 车八平七（图2）　炮7平6　　28. 炮九进四　象3退1
29. 车七平八　炮6退3

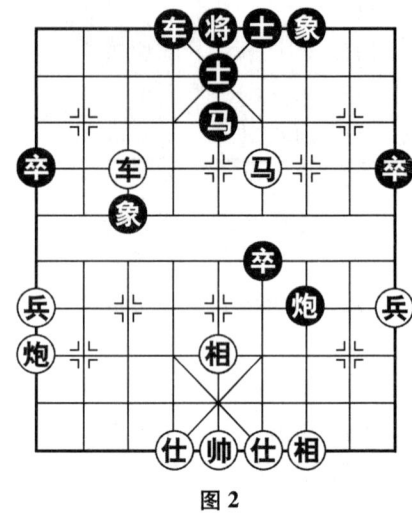

图2

第114局　沈浩胜翁翰明

（2009年9月1日弈于第11届世界象棋锦标赛）

中炮急冲中兵转五七炮对飞右象

1. 炮二平五　马8进7　　2. 马二进三　卒7进1
3. 车一平二　车9平8
4. 车二进六　马2进3
5. 兵七进一　炮8平9
6. 车二平三　炮9退1
7. 兵五进一　士4进5
8. 炮八平七　炮9平7
9. 车三平四　象3进5
10. 兵七进一　象5进3
11. 马八进九　马7进8
12. 车九平八　车1平2
13. 车四平三　马8退7
14. 车三平四　马7进8（图1）
15. 车四退二　马8进7

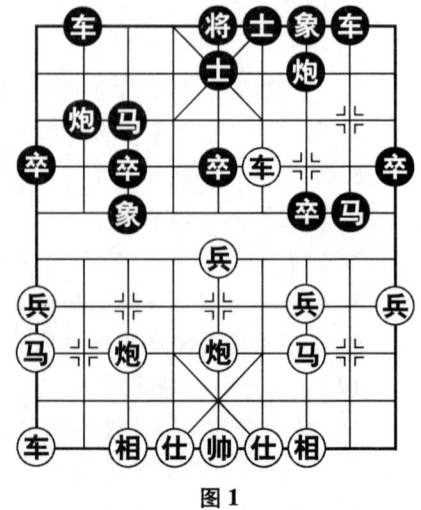

图1

第五章 中炮急冲中兵对屏风马

16. 车八进六！	马7进5	17. 相三进五	炮7进6
18. 炮七平三	象7进5	19. 马九进七	炮2平1
20. 车八平七	车2进2	21. 马七进六	车8进6
22. 兵一进一	车8平4	23. 马六进四	士5进6
24. 炮三平二	车4平8	25. 炮二平一	车8平9
26. 炮一平二	车9平8	27. 炮二平一	炮1退1
28. 兵五进一！	卒5进1		
29. 马四进六	炮1平4		
30. 马六退五	士6退5		
31. 炮一进四	卒1进1		
32. 兵一进一	炮4平1		
33. 车七平九	车2进4		
34. 车九平七	车2退4		
35. 车七平六	炮1进5		
36. 车四进四	车2进3		
37. 马五进三	车2平5		
38. 马三进二（图2）炮1平5			

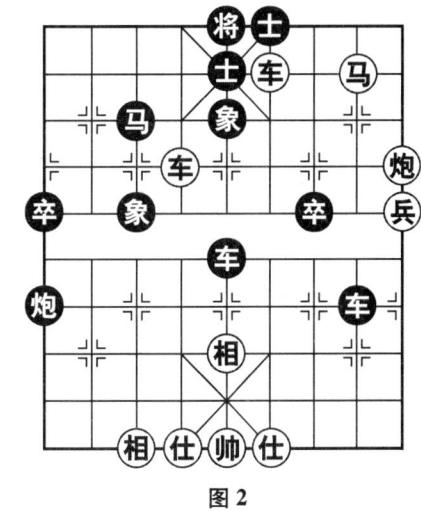

图2

39. 仕六进五	车8退5		
40. 车四平二	马3进5		
41. 车二退一	象5退7	42. 车二平七	士5退4
43. 炮一进三	将5进1	44. 车七进一	将5退1
45. 车七退三	炮5平8	46. 帅五平六	

余略，红胜。

第115局　林进春负曾纪升

（2000年5月9日弈于全国象棋团体赛）
中炮急冲中兵转五七炮对飞右象

1. 炮二平五	马8进7	2. 马二进三	车9平8
3. 车一平二	马2进3	4. 兵七进一	卒7进1
5. 车二进六	炮8平9	6. 车二平三	炮9退1
7. 兵五进一	士4进5	8. 炮八平七	炮9平7
9. 车三平四	马7进8	10. 车四退三	象3进5
11. 马八进九	车1平2	12. 兵七进一	象5进3（图1）

13. 车九平八	车8进2	14. 兵五进一	卒5进1
15. 马三进五	象7进5	16. 炮五进三	卒7进1!
17. 车四进二	马8退7	18. 车四进一	卒7进1
19. 仕四进五	卒7平6!	20. 马五进六	炮2进2!
21. 炮五平七	炮2平4	22. 前炮进二	车2进9
23. 马九退八	炮7进8?	24. 车四退三	炮7平9
25. 仕五进六	车8进7	26. 帅五进一	车8退1
27. 帅五进一	马7进5（图2）	28. 车四进三	马5进4

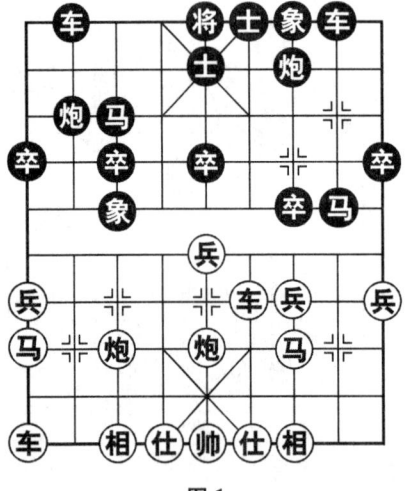

图1

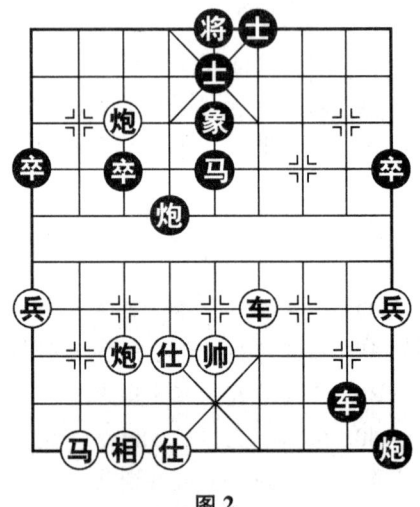

图2

| 29. 帅五平四 | 炮9平6 | 30. 车四平三 | 炮4平6 |
| 31. 仕六退五 | 车8退2 | | |

第116局　沈玉健胜姜兵

（2014年7月20日弈于无锡市省运动会象棋选拔赛）

中炮急冲中兵转五七炮对飞右象

1. 炮二平五	马8进7	2. 马二进三	车9平8
3. 车一平二	卒7进1	4. 车二进六	马2进3
5. 兵七进一	炮8平9	6. 车二平三	炮9退1
7. 兵五进一	士4进5	8. 炮八平七	炮9平7
9. 车三平四	象3进5	10. 马八进九	车1平2
11. 兵七进一	象5进3	12. 车九平八	马7进8

13. 车四退三	炮2进6（图1）	14. 马九进七	炮7进5
15. 马七进六	炮7进3	16. 仕四进五	卒7进1
17. 马六进七	车2进2	18. 炮五进四	士5进4
19. 车四进四	马8进6	20. 车八进一	车2平3
21. 车四平五	将5平4	22. 车八进八	将4进1
23. 炮七平六（图2）			

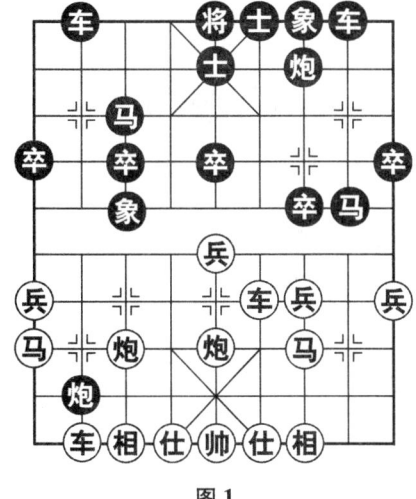

图1

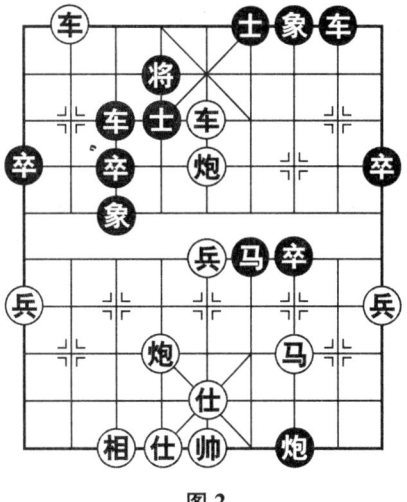

图2

第117局　陈金盛胜刘剑青

（1962年11月2日弈于全国象棋个人赛）

中炮急冲中兵转五七炮对贴将马

1. 炮二平五	马8进7	2. 马二进三	车9平8
3. 车一平二	马2进3	4. 兵七进一	卒7进1
5. 车二进六	炮8平9	6. 车二平三	炮9退1
7. 兵五进一	炮9平7	8. 车三平四	士4进5
9. 炮八平七	马3退4（图1）	10. 马八进九	车8进6
11. 车九平八	炮2平5？	12. 车四进二	炮5进3
13. 仕四进五？	马4进5	14. 马九进七	炮5退1
15. 兵七进一	卒3进1	16. 马七进六！	炮7平8
17. 车八进四	炮8进3	18. 炮七进七	车1平3
19. 马六进五	炮8退3	20. 马五退三	炮8进1

21. 前马退五	卒 5 进 1	22. 车四平三	马 7 进 8
23. 车三进一	马 8 进 7	24. 炮五进六	炮 8 平 3
25. 相七进五	将 5 进 1	26. 车八进四	炮 3 退 1
27. 车八退二	炮 3 进 2	28. 车三退四	卒 5 进 1
29. 车八进二	炮 3 退 2	30. 车八退五!	将 5 退 1
31. 车八平四	车 8 退 2	32. 车三退二	炮 3 平 4
33. 车四进五	炮 4 退 1	34. 车三进四	车 8 平 5
35. 马三进二	车 3 进 3（图 2）	36. 马二进四	车 5 退 3

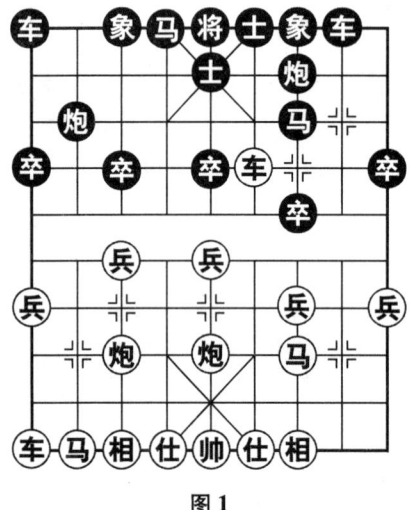

图 1

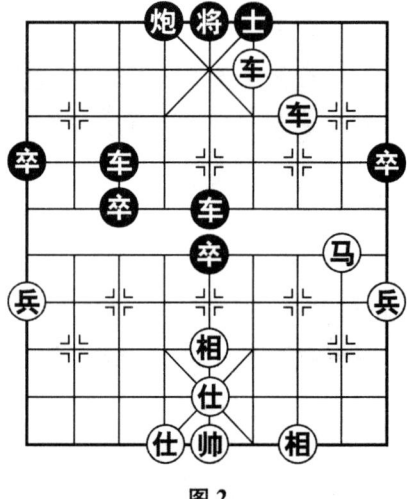

图 2

37. 车四退一　炮 4 平 2　　38. 车三进二　卒 5 平 6
39. 马四进三! 将 5 平 4　　40. 车四平八

第 118 局　陈金盛负何顺安

（1964 年 4 月 26 日弈于全国象棋个人赛）
中炮急冲中兵转五七炮对贴将马

1. 炮二平五　马 8 进 7　　2. 马二进三　车 9 平 8
3. 车一平二　马 2 进 3　　4. 兵七进一　卒 7 进 1
5. 车二进六　炮 8 平 9　　6. 车二平三　炮 9 退 1
7. 兵五进一　士 4 进 5　　8. 炮八平七　炮 9 平 7
9. 车三平四　马 3 退 4　　10. 马八进九　象 3 进 5（图 1）
11. 车九平八　炮 2 退 2!　　12. 兵五进一　卒 5 进 1

第五章 中炮急冲中兵对屏风马

13. 车四进二　炮2进1
14. 炮五进五　马4进5
15. 车八进八　马7进6
16. 炮七平五　炮7进5
17. 相三进一　车8进6
18. 车四退二　炮7平5!
19. 马三进五　车8平5
20. 仕四进五　卒5进1
21. 车八退三　车1平4
22. 车八平五　马6进7
23. 相一退三　车4进4
24. 车五平六　马5进4
25. 车四平七　马4进6
26. 车七平九?　马6进8
27. 车九平四　卒5平6（图2）
28. 炮五平二　马7退5!
29. 车四平二　卒7进1
30. 相三进五　卒7进1
31. 车二平三　象7进5
32. 兵九进一　车5平1
33. 兵九进一　士5进4
34. 兵九平八　象5进7!
35. 炮二平四　车1平6
36. 车三平五　士6进5
37. 炮四平二　卒7进1

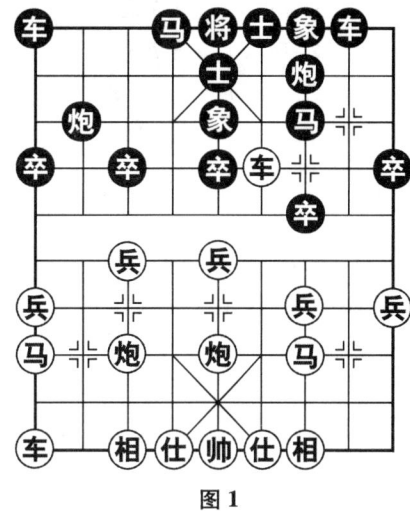

图1

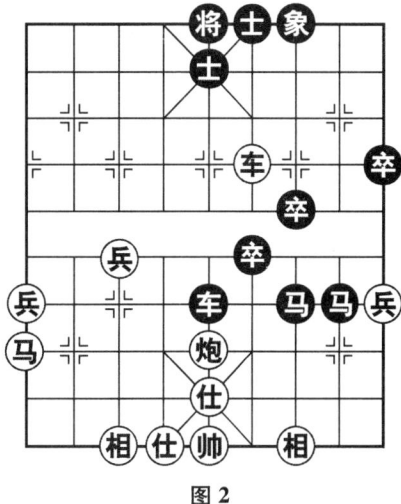

图2

第119局　郑玉廷负梅清明

（1997年11月20日弈于第5届世界象棋锦标赛）

中炮急冲中兵转五七炮对贴将马

1. 炮二平五　马8进7
2. 马二进三　车9平8
3. 车一平二　马2进3
4. 兵七进一　卒7进1
5. 车二进六　炮8平9
6. 车二平三　炮9退1

7. 兵五进一　士4进5
9. 车三平四　马3退4
11. 车九平八　炮2退2
13. 车四进二　炮2进1
15. 车八进八　马7进6
16. 车八退三　卒5进1（图1）
17. 车八平五　炮7进5
18. 相三进五　炮7平6
19. 车四退三　马5进6
20. 车五平四　车8进6
21. 车四平三　车1平4
22. 仕四进五　炮6退4
23. 车三平五　卒5平4
24. 炮七进四　车4进3
25. 兵七进一　卒4进1
26. 兵九进一　车8平7
27. 马三退四　炮6平8
28. 车五平二　炮8平5
30. 车五退二　卒4平5
32. 兵七平六　车4平5
34. 马四进二　车5平8
36. 炮七进一　车8平2
38. 马四进二　车2平8
40. 马四进三　车8平4
42. 兵五平六　卒6平7
44. 马二进一　卒7平6
46. 马九进七　车1平4
48. 兵五平四　卒9进1
50. 马七退九　卒1进1
52. 马九退七　炮8平5
54. 马七进五　车4平5
56. 炮三平四　车6平7
58. 马三退一　卒7平6
60. 炮四平二　炮5平6

8. 炮八平七　炮9平7
10. 马八进九　象3进5
12. 兵五进一　卒5进1
14. 炮五进五　马4进5

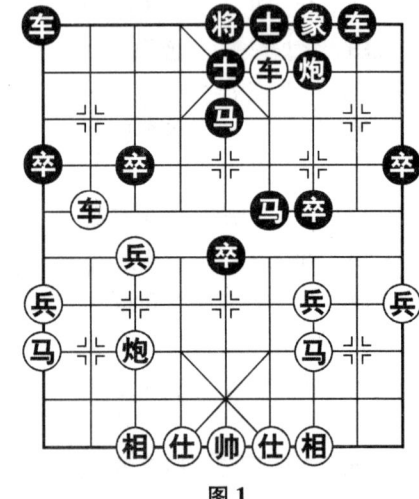

图1

29. 车二平五　车7平5
31. 马九进八　卒5平6
33. 炮七退四　炮5平8
35. 马二退四　炮8平9
37. 马八退九　炮9平8
39. 马二退四　车8进2
41. 兵六平五　车4平5
43. 马三退二　车5平8
45. 炮七退一　车8平1
47. 兵六平五　炮8进2
49. 相五退三　车4进1
51. 炮七平三　炮8进1
53. 帅五平四　车4退2
55. 炮三退一　象7进5
57. 马五退三　卒6平7（图2）
59. 相七进五　卒7平6
61. 帅四平五　卒6进1

第五章 中炮急冲中兵对屏风马

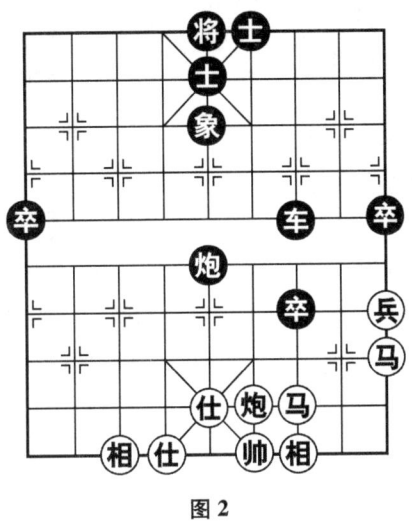

图2

第120局　梁辉远胜张建利

（2007年10月6日弈于山西首届全国象棋擂台赛）

中炮急冲中兵转五七炮对贴将马

1. 炮二平五　马8进7
2. 马二进三　车9平8
3. 车一平二　马2进3
4. 兵七进一　卒7进1
5. 车二进六　炮8平9
6. 车二平三　炮9退1
7. 兵五进一　士4进5
8. 炮八平七　炮9平7
9. 车三平四　马3退4
10. 马八进九　炮2平5（图1）
11. 车四进二　车8进1?
12. 车九平八　炮5进3
13. 仕四进五　马4进5
14. 马九进七　炮5退1
15. 兵七进一　卒3进1
16. 马七进六　车8平9
17. 炮七平八　车1平2
18. 炮八进五　马7进8?
19. 马六进七　马5退3

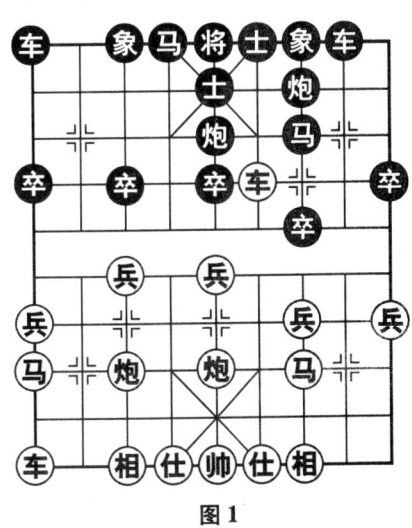

图1

20. 帅五平四！　车9进1
21. 炮八平一　　车2进9
22. 炮一进二　　车2退7
23. 马七进五　　炮7进5（图2）
24. 车四进一　　将5进1
25. 车四退一　　将5进1
26. 车四退一　　将5退1
27. 车四平八

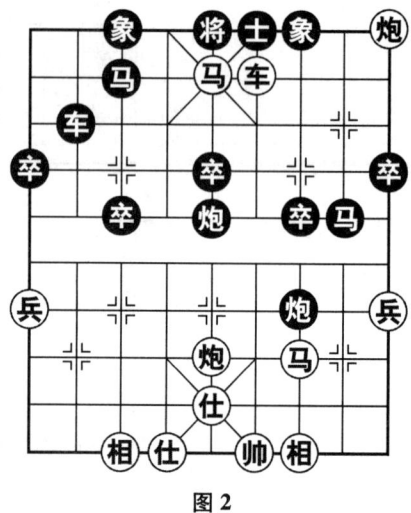

图2

第121局　许长进胜邓颂宏

（2012年1月26日弈于海陵岛春节粤澳六城市象棋邀请赛）

中炮急冲中兵转五七炮对贴将马

1. 炮二平五　　马8进7
2. 马二进三　　车9平8
3. 车一平二　　马2进3
4. 兵七进一　　卒7进1
5. 车二进六　　炮8平9
6. 车二平三　　炮9退1
7. 兵五进一　　士4进5
8. 炮八平七　　炮9平7
9. 车三平四　　马3退4
10. 兵五进一　　卒5进1（图1）
11. 马三进五　　炮2平5
12. 炮五进三　　卒7进1
13. 炮七平五　　卒7进1
14. 相三进一　　车8进4
15. 马八进七　　车1平2
16. 车九平八　　车2进9
17. 马七退八　　炮5进1
18. 车四进二　　卒7平6？
19. 车四退五　　象7进5

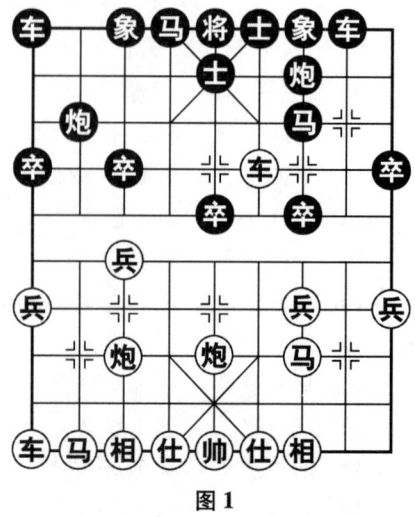

图1

20. 马八进七　炮7退1
22. 车四平五　车8进1
24. 马六退四　马7进6
26. 车六进二　后马进3
28. 仕六进五　卒3进1
29. 车六平七　马4进2
30. 车七平三　车8平6
31. 马四进五　炮7平8
32. 车三平二　炮8平7
33. 车二进二！马3进4
34. 前炮平六　车6进1
35. 车二退二　炮7平2
36. 马五进六（图2）将5平4
37. 马六进八　将4平5
38. 车二进一　车6进2
39. 马八退六　将5平4
40. 马六退五

21. 马七进六　炮5进3
23. 车五平六！车8退2
25. 前炮退一！马6退4
27. 前炮退一　炮7进2

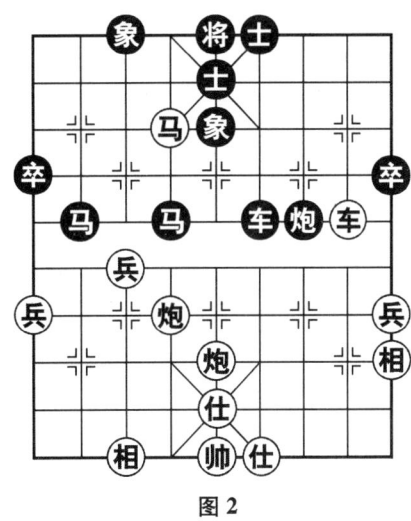

图2

第122局　郑荣生负柳大华

（1978年9月8日弈于全国象棋个人赛）
中炮急冲中兵转五七炮飞边相对弃7卒

1. 炮二平五　马8进7
2. 马二进三　车9平8
3. 车一平二　马2进3
4. 兵七进一　卒7进1
5. 车二进六　士4进5
6. 兵五进一　炮8平9
7. 车二平三　炮9退1
8. 炮八平七　炮9平7
9. 车三平四　卒7进1（图1）
10. 兵三进一　车8进6
11. 马八进九　炮7进4
12. 相三进一　马7进8

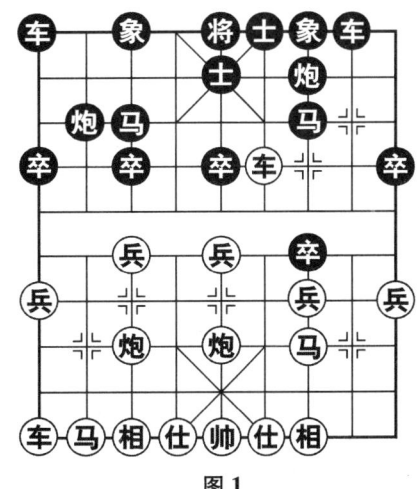

图1

13. 车四退一？ 炮7平3
14. 车九平八 车1平2
15. 车八进四 炮3退1
16. 仕六进五 炮2进2
17. 车四进三 车8平7
18. 兵九进一 象3进5
19. 炮五平六 炮3进5！
20. 相一退三 炮2平3
21. 车四退三 车2平5
22. 马九进八 车7平2
23. 马八进七 马8进7
24. 车四进三 象5退3
25. 车四平三 马7退5！
26. 车三退四 车2平3（图2）
27. 炮七进三 马5进4
28. 仕五进六 车3退2

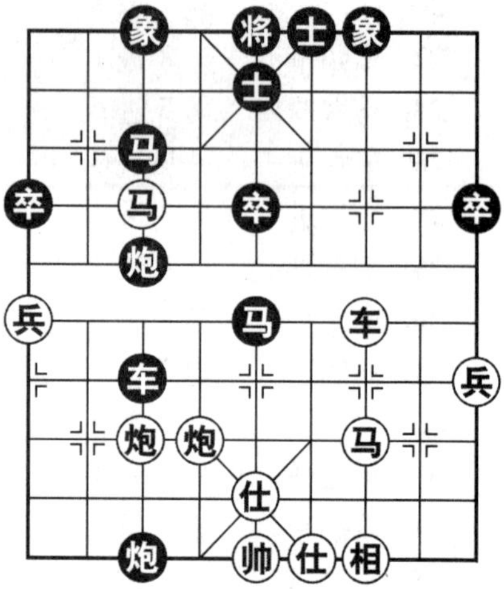

图2

第123局　王永强胜张兆海

（1997年5月11日弈于全国象棋团体赛）
中炮急冲中兵转五七炮飞边相对弃7卒

1. 炮二平五 马8进7
2. 马二进三 马2进3
3. 兵七进一 卒7进1
4. 车一平二 车9平8
5. 车二进六 炮8平9
6. 车二平三 炮9退1
7. 兵五进一 士4进5
8. 炮八平七 炮9平7
9. 车三平四 卒7进1
10. 兵三进一 车8进6（图1）
11. 马八进九 炮7平4
12. 相三进一 马7进8
13. 车四退一 炮7平3
14. 车九平八 车1平2
15. 车八进四 炮3进4？

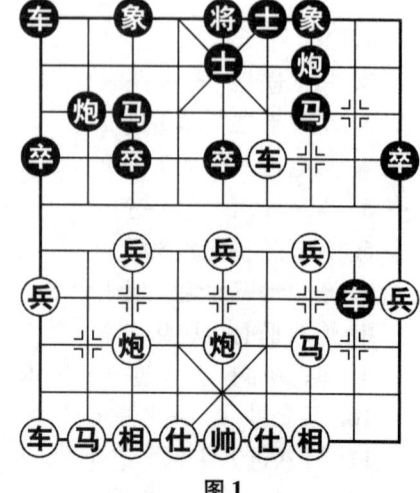

图1

16. 仕六进五　炮2平1
17. 车八进五　马3退2
18. 车四平八　炮1平3
19. 炮五进四！象7进5
20. 炮七平五　马2进1
21. 车八平六　后炮平2
22. 帅五平六　炮2退2
23. 兵五进一　车8平7
24. 兵五平四（图2）车7退4
25. 后炮进三　马8进7
26. 兵四进一　炮3退4
27. 马九进七　马1退3
28. 车六进三　卒1进1
29. 马七进五　炮3退1
30. 马五进三！马3进2
31. 前马进四

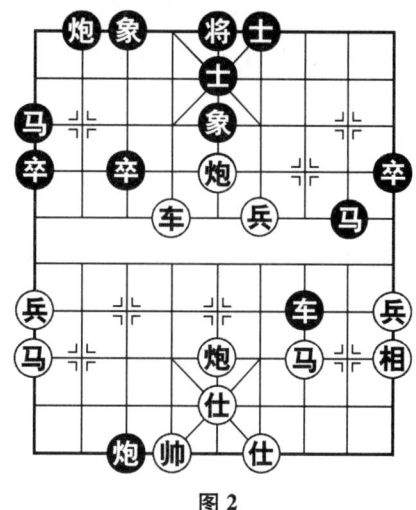

图2

第124局　唐子龙胜弋川新

（2013年1月22日弈于首届名人棋校杯川渝象棋名手邀请赛）

中炮急冲中兵转五七炮飞边相对弃7卒

1. 炮二平五　马8进7
2. 马二进三　卒7进1
3. 车一平二　车9平8
4. 车二进六　马2进3
5. 兵七进一　炮8平9
6. 车二平三　炮9退1
7. 兵五进一　士4进5
8. 炮八平七　炮9平7
9. 车三平四　卒7进1
10. 兵三进一　车8进6
11. 马八进九　炮7进4
12. 相三进一　马7进8
13. 车四平三（图1）炮7进1
14. 兵七进一？车1平2
15. 兵七进一　马8进6

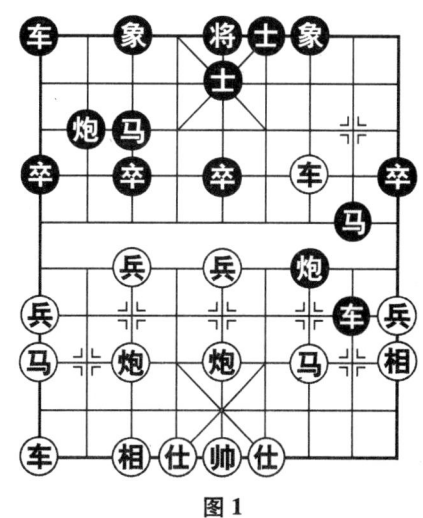

图1

16. 车三平四　马6进5
17. 相七进五　马3退4
18. 马九进七　炮7平5
19. 仕六进五　炮5进2！
20. 马三退五　车8平3
21. 车四平五　炮2进5
22. 相一退三　车2进6？（图2）
23. 兵五进一　马4进5
24. 兵五平六　车3退3？
25. 车五平七　马5进3
26. 炮七进三　象3进5
27. 兵六进一　马3退2
28. 车九平八

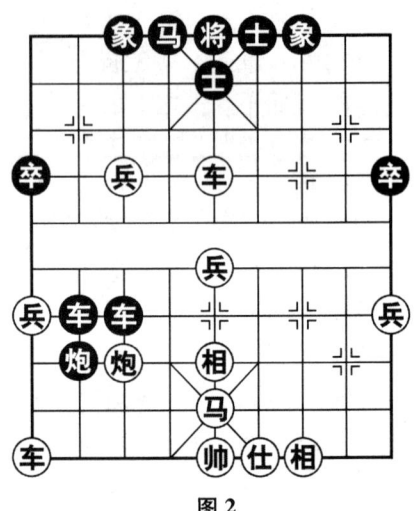

图2

第125局　朱学增负赵文山

（1980年4月23日弈于全国象棋个人赛）
中炮急冲中兵转五七炮退边马对弃7卒

1. 炮二平五　马8进7
2. 马二进三　车9平8
3. 车一平二　卒7进1
4. 车二进六　马2进3
5. 兵七进一　炮8平9
6. 车二平三　炮9退1
7. 兵五进一　士4进5
8. 炮八平七　炮9平7
9. 车三平四　卒7进1
10. 兵三进一　车8进6
11. 马八进九　炮7进4
12. 马三退一　车8平7
13. 车九平八　车1平2
14. 兵七进一　炮2进6
15. 相三进一　炮7平8
16. 兵七平八　车2进4
17. 炮七进五　炮8平4
18. 马一退三（图1）炮2平8
19. 车八进五　车7进3

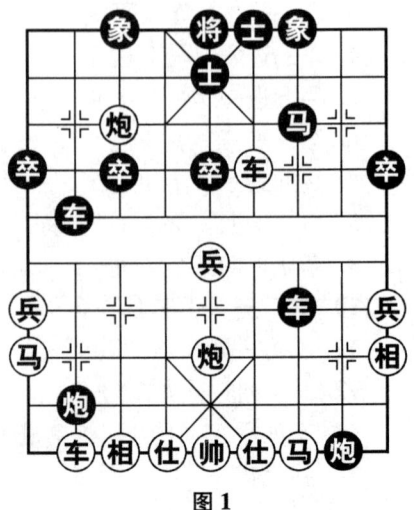

图1

第五章 中炮急冲中兵对屏风马

20. 炮五平二	前炮平9	21. 帅五进一	车7退2!
22. 炮二进六	炮9退1	23. 帅五退一	车7进1
24. 相七进五	车7平6	25. 车八平三	车6退5
26. 车三进二？	炮9进1	27. 帅五进一	车6进6
28. 相五退七？	炮9退1	29. 帅五进一	车6平5
30. 帅五平四	车5退4	31. 车三平二	车5平6
32. 帅四平五	车6平2（图2）		
33. 帅五平四	车2进2		
34. 相七进五	炮8退7		
35. 车二进一	车2平1!		
36. 车二退五	车1平4		
37. 炮七平二	车4进2		
38. 帅四退一	车4退1		
39. 帅四退一	车4退6		
40. 炮二进二	卒5进1		
41. 车二平三	车4平6		
42. 帅四平五	象3进5		
43. 车三平五	车6平8		
44. 炮二平一	车8进2		

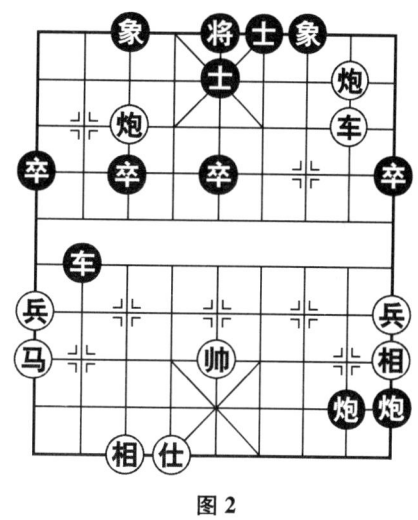

图2

第126局　赵国荣胜王秉国

（1980年4月27日弈于全国象棋团体赛）
中炮急冲中兵转五七炮退边马对弃7卒

1. 炮二平五	马8进7	2. 马二进三	车9平8
3. 兵七进一	卒7进1	4. 车一平二	马2进3
5. 车二进六	炮8平9	6. 车二平三	炮9退1
7. 兵五进一	士4进5	8. 炮八平七	炮9平7
9. 车三平四	卒7进1	10. 兵三进一	车8进6
11. 马八进九	炮7进4	12. 马三退一（图1）	车8平7
13. 车九平八	车1平2	14. 兵七进一	炮2进6？
15. 相三进一	炮7平8	16. 兵七平八	车2进4
17. 炮七进五	炮8平4	18. 相一退三	炮2平8？
19. 车八进五	车7进3	20. 炮五平二	前炮平9

21. 炮二平一　炮9平8
22. 帅五进一　车7退1
23. 帅五进一　马7进8
24. 车八平二！前炮退5
25. 炮一进四　车7退1
26. 帅五退一　车7进1
27. 帅五进一　车7退1
28. 帅五退一　车7进1
29. 帅五进一　前炮退1
30. 马九进七　象3进5
31. 车四退三　后炮平7
32. 车四平二　车7平8
33. 炮一平二　炮7进4
34. 炮二退四　炮7平9
35. 炮二进一　车8退1
38. 帅五进一　车8退1
40. 帅五进一　卒3进1
42. 炮七平四　车8平6
43. 炮四平二　车6退2
44. 后炮退二　炮9进2
45. 兵五进一　炮9平8
46. 后炮平五　车6平2（图2）
47. 帅五平四　车2平6
48. 帅四平五　炮8平4
49. 炮五退一　卒3进1
50. 兵五进一　卒3平4
51. 兵五进一　象7进5
52. 炮二平一　车6平9
53. 马六进五　将5进1
54. 车二进三　将5退1
55. 帅五平六

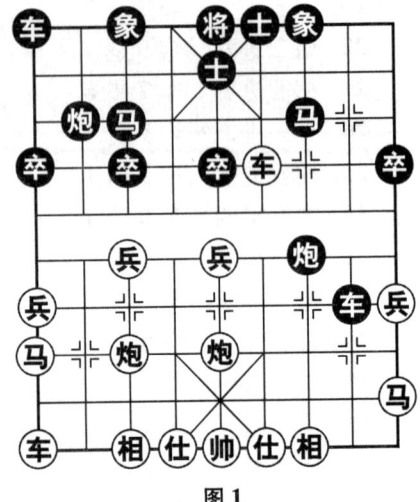

图1

35. 车二进二　炮9退1
37. 帅五退一　车8进1
39. 帅五退一　车8进1
41. 马七进六　士5进6

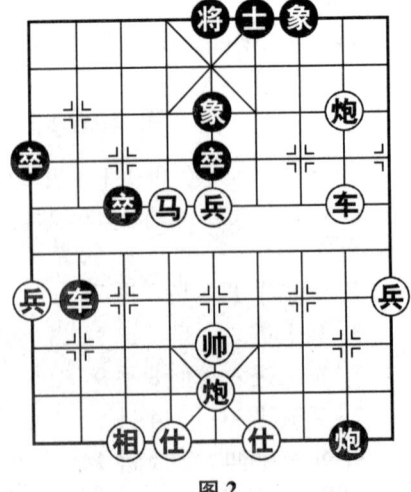

图2

第五章 中炮急冲中兵对屏风马

第 127 局　曾军胜弋川新

（2013 年 1 月 21 日弈于首届名人棋校杯川渝象棋名手邀请赛）
中炮急冲中兵转五七炮退边马对弃 7 卒

1. 炮二平五	马 8 进 7	2. 马二进三	车 9 平 8
3. 车一平二	卒 7 进 1	4. 车二进六	马 2 进 3
5. 兵七进一	炮 8 平 9	6. 车二平三	炮 9 退 1
7. 兵五进一	士 4 进 5	8. 炮八平七	炮 9 平 7

9. 车三平四　卒 7 进 1
10. 兵三进一　车 8 进 6
11. 马八进九　炮 7 进 4
12. 马三退一　车 8 平 7
13. 兵七进一　马 7 进 8（图 1）

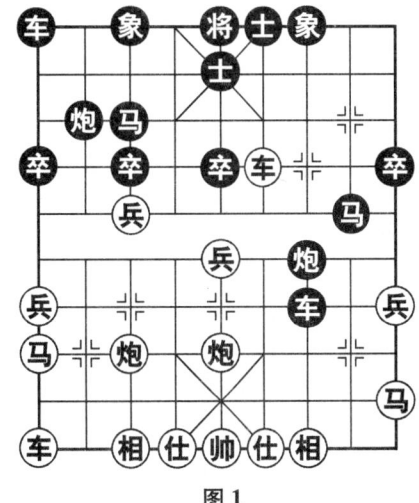

图 1

14. 车四退一　马 8 进 9
15. 相三进一　炮 7 平 8
16. 兵七平八　马 3 退 4
17. 炮五进四　炮 2 平 5
18. 车九进一　车 7 退 3
19. 炮五退一　炮 8 退 1
20. 炮七平五　炮 8 平 5
21. 炮五进三　车 1 平 2
22. 车九平四　车 7 平 5
23. 后车进二　马 4 进 3
24. 马九进七　卒 3 进 1
25. 兵八平七　车 2 进 6
26. 后车平一　象 3 进 1
27. 炮五进二　象 7 进 5
28. 兵五进一　车 5 平 8
29. 马一进三　象 1 进 3
30. 马七进六（图 2）车 2 平 9

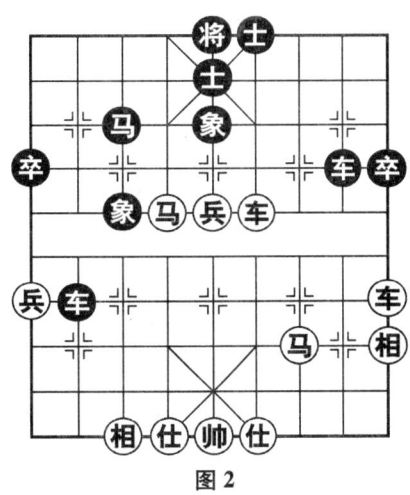

图 2

31. 马三进一　马 3 进 2
32. 马一进三　车 8 平 4
33. 兵九进一

第128局　于红木胜邹立武

（1981年9月10日弈于全国象棋个人赛）
中炮急冲中兵转五七炮对弃7卒倒骑河炮打中兵

1. 炮二平五　马8进7
2. 马二进三　卒7进1
3. 车一平二　车9平8
4. 车二进六　马2进3
5. 兵七进一　炮8平9
6. 车二平三　炮9退1
7. 兵五进一　士4进5
8. 炮八平七　炮9平7
9. 车三平四　卒7进1
10. 兵三进一　车8进6
11. 马八进九　炮2进3（图1）
12. 车九平八　炮2平5
13. 仕四进五　车8平7?
14. 相三进一　马3退4
15. 车八进五　马4进5
16. 帅五平四　车1进1
17. 车四退二　炮5退1
18. 车八进四　车1平4
19. 兵七进一!　炮5平6
20. 帅四平五　炮7平6
21. 车四平八　后炮平8?
22. 前车平七!　士5退4
23. 兵七平六　车4进3
24. 车七退三　炮8进5
25. 兵三进一!　炮6平5
26. 车七退二　车7平4
27. 车七平五　马5进3
28. 车八进二　马3进4
29. 炮七进七　士4进5
30. 车八平三　炮5进3
31. 相七进五　前车平7
32. 兵三进一　象7进5

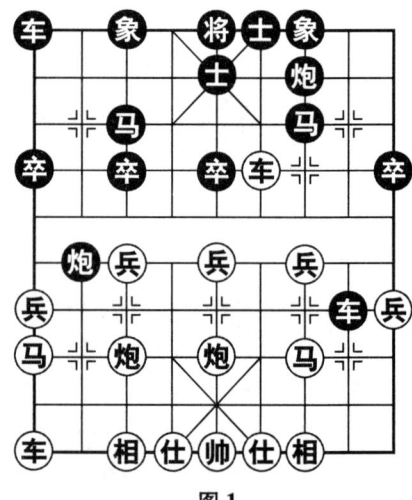

图1

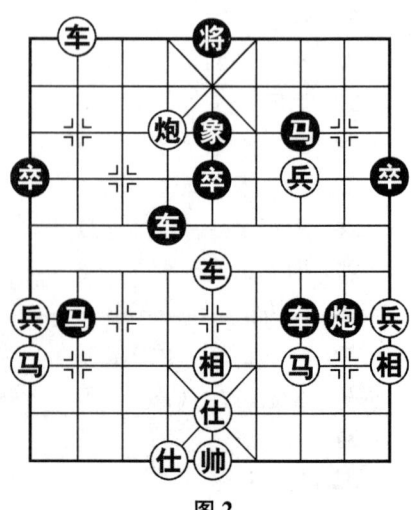

图2

第五章 中炮急冲中兵对屏风马

33. 炮七平四　士5退4　　　　34. 炮四平六　马4进2
35. 炮六退二（图2）象5退3　　36. 车八平七　将5进1
37. 车七退一　将5退1　　　　38. 兵三进一　车7进1
39. 车五进二　将5平4　　　　40. 车五进二　车4进5
41. 帅五平六

第129局　谢艺胜黄向晖

（2013年11月17日弈于广州市象棋甲组联赛）

中炮急冲中兵转五七炮对弃7卒倒骑河炮打中兵

1. 炮二平五　马8进7　　　　2. 马二进三　车9平8
3. 车一平二　卒7进1　　　　4. 车二进六　马2进3
5. 兵七进一　炮8平9　　　　6. 车二平三　炮9退1
7. 兵五进一　士4进5　　　　8. 炮八平七　炮9平7
9. 车三平四　卒7进1　　　　10. 兵三进一　车8进6
11. 马八进九　炮2进3
12. 车九平八　车1平2（图1）
13. 仕四进五　象7进5
14. 车四退二　车8平7?
15. 兵九进一　炮2进1
16. 相三进一　炮2平3
17. 炮七平六　车2进9
18. 马九退八　炮3进2
19. 马八进九　炮3平1
20. 炮六平七　炮1退3
21. 车四进四　炮7退1
22. 兵五进一　卒5进1
23. 车四退二　卒1进1?
24. 车四平七　马3退2
25. 车七平六　炮7进1
26. 车六退一!　卒5进1　　　　27. 车六平九　炮1进1
28. 车九平五　炮1退1　　　　29. 车五平九　炮1进1
30. 车九平五　炮1退1　　　　31. 马九进八　马2进1
32. 炮七平九　马1退3　　　　33. 兵七进一　车7平3
34. 马三进二　车3平8?　　　　35. 炮五平三　炮1退3

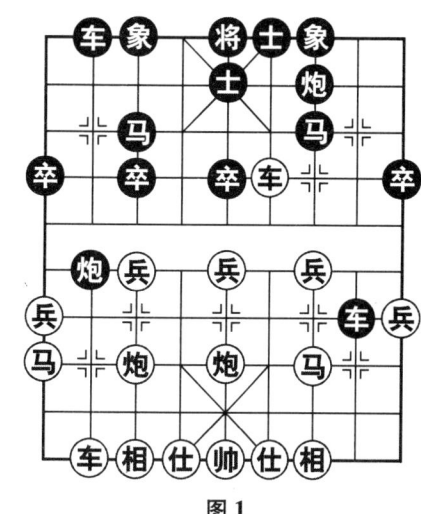

图1

36. 兵七进一！ 车8退1
37. 兵七进一 炮1进4
38. 车五退一 炮1平7
39. 兵七进一 后炮平3
40. 马八进六！ 马7进6
41. 炮九进七 士5退4
42. 炮三平五 车8进4
43. 仕五退四 炮3平5
44. 车五平四 炮7平5！
45. 仕六进五？ 马6退4
46. 车四进二 马4退3
47. 炮九退三 卒9进1
48. 车四平七 马3进1
49. 车七平六 前炮平4
50. 马六进四 炮5进6
51. 相七进五 炮4平5（图2）
52. 马四进三？ 将5进1
53. 帅五平六 将5平6
54. 车六平四 将6平5
55. 车四进三

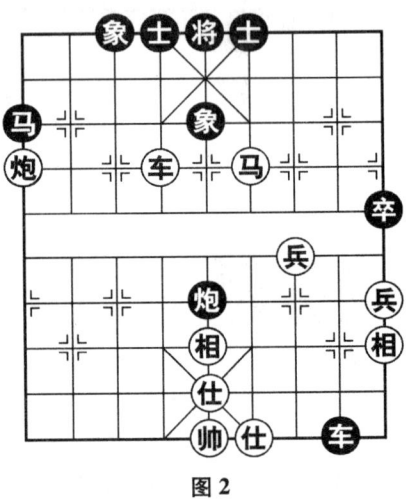

图2

第130局　卜凤波负聂铁文

（2007年12月19日弈于全国象棋甲级联赛）

中炮急冲中兵转五七炮对弃7卒倒骑河炮打中兵

1. 炮二平五 马8进7
2. 马二进三 车9平8
3. 车一平二 马2进3
4. 兵七进一 卒7进1
5. 车二进六 炮8平9
6. 车二平三 炮9退1
7. 兵五进一 士4进5
8. 炮八平七 炮9平7
9. 车三平四 卒7进1
10. 兵三进一 车8进6
11. 马八进九 炮2进3
12. 炮五退一（图1） 马7进8
13. 车四平三 马8退9

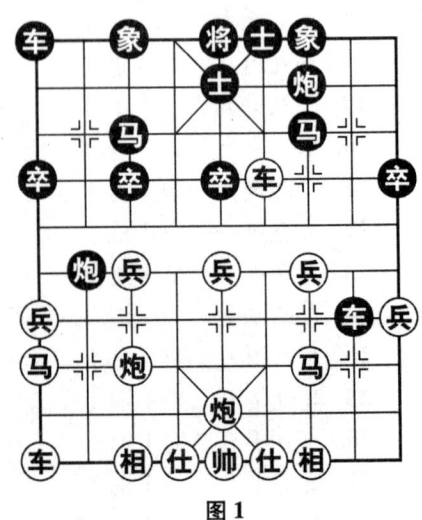

图1

·148·

第五章 中炮急冲中兵对屏风马

14. 车三进一	炮2平5		15. 相三进五	炮5进3
16. 仕六进五	象3进5		17. 马三进四	卒5进1
18. 兵七进一	卒5进1		19. 兵七进一	卒5平6
20. 兵七进一	车1平2		21. 兵九进一	卒9进1
22. 炮七进二	炮7平9		23. 兵三进一	车8平7
24. 车三平二	车7退2			
25. 车二进一	车7退3			
26. 车二退五	车7进3			
27. 车二进五	车7退3			
28. 车二退一	车7进3			
29. 车二进一	炮9退1			
30. 兵七进一	马9进7			
31. 车二退五	马9进1			
32. 炮七退三	炮9平3			
33. 车九平八	车2进9			
34. 马九退八	卒1进1			
35. 兵九进一	车7平1			
36. 马八进九	炮3平1（图2）			

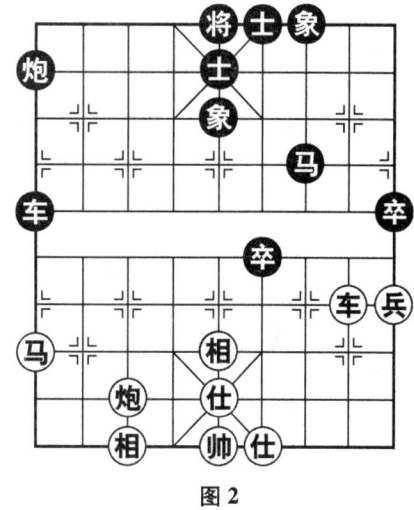

图2

2007年象甲联赛执行"和棋黑胜"。

第131局 李贵勇负周小平

（2008年12月5日弈于第10届潇河湾杯全国象棋擂台赛）

中炮急冲中兵转五七炮对弃7卒倒骑河炮打中兵

1. 炮二平五	马8进7		2. 马二进三	车9平8
3. 车一平二	马2进3		4. 兵七进一	卒7进1
5. 车二进六	炮8平9		6. 车二平三	炮9退1
7. 兵五进一	士4进5		8. 炮八平七	炮9平7
9. 车三平四	卒7进1		10. 兵三进一	车8进6
11. 马八进九	炮2进3		12. 兵七进一（图1）	卒3进1!
13. 炮七进五	车1进2		14. 炮七退一	卒3进1
15. 仕四进五	车8平7		16. 车四退四	炮2平5
17. 相三进一	车1平6!		18. 车四进五	士5进6
19. 马三进五!	炮5进2		20. 相七进五	车7平5

21. 相一退三　车5平1　　　22. 相五进七　炮7进4
23. 车九平七　炮7平5　　　24. 仕五进四？车1平5
25. 帅五平四　马7进8　　　26. 车七进三　车5平3
27. 马九进七　卒5进1（图2）28. 相七退五　马8进9

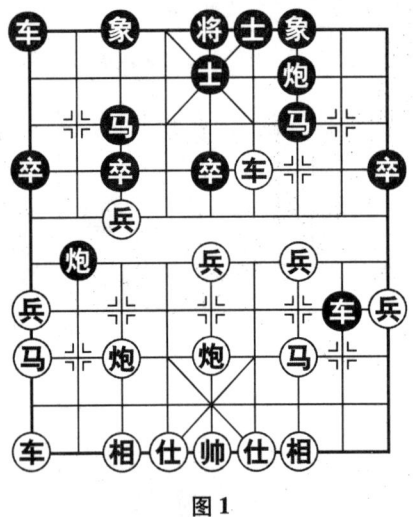

图1

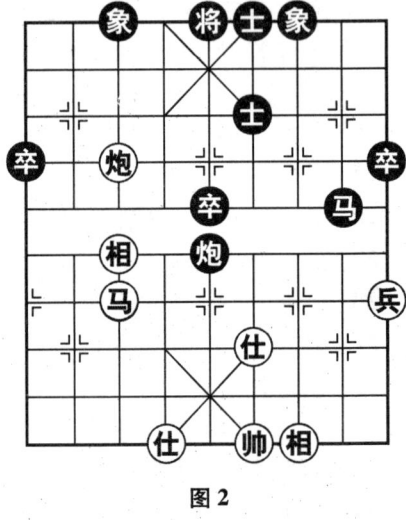

图2

29. 相三进一　象3进5　　　30. 炮七平八　马9进7
31. 帅四进一　士6退5

第132局　于幼华负郝继超

（2014年9月19日弈于荪湖杯·决战名山全国象棋冠军挑战赛）
中炮急冲中兵转五七炮对弃7卒倒骑河炮打中兵

1. 炮二平五　马8进7　　　2. 马二进三　车9平8
3. 车一平二　卒7进1　　　4. 车二进六　马2进3
5. 兵七进一　炮8平9　　　6. 车二平三　炮9退1
7. 兵五进一　士4进5　　　8. 炮八平七　炮9平7
9. 车三平四　卒7进1　　　10. 兵三进一　车8进6
11. 马八进九　炮2进3　　　12. 兵七进一　卒3进1
13. 炮七进五　车1进2　　　14. 炮七退一　卒3进1
15. 兵五进一（图1）车8平7　16. 马三退一　炮7进4
17. 车九平八　卒5进1　　　18. 炮五退一　车1平4
19. 相七进五　炮7平5　　　20. 兵九进一　车7平1

第五章 中炮急冲中兵对屏风马

21. 马九退七	车4进6		22. 炮五进三?	炮2平5
23. 仕四进五	车1平9		24. 车四平三	车9进2!
25. 车三进一	象7进5		26. 马七进九?	车4退5
27. 炮七平八	车9平6		28. 炮八进三	士5退4
29. 车八进三	车4进4!		30. 马九退七	车4平3
31. 车八平六	士6进5		32. 车三平二	将5平6
33. 车二进二	将6进1		34. 炮八退一	士5进4
35. 车二退一	将6退1		36. 车二进一	将6进1
37. 车二退一	将6退1		38. 车二退一	将6退1
39. 车二退一	将6退1		40. 炮八平四	车3退1
41. 炮四退五	车3退2(图2)		42. 车六平七	卒3进1

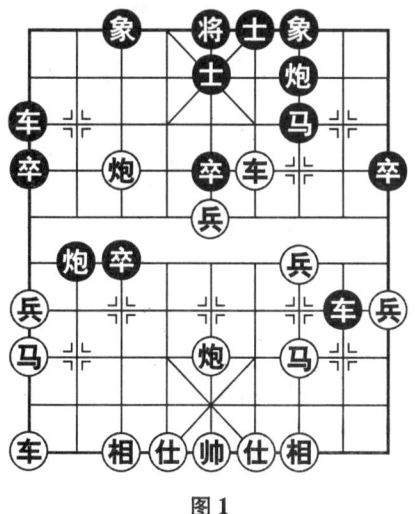

图1

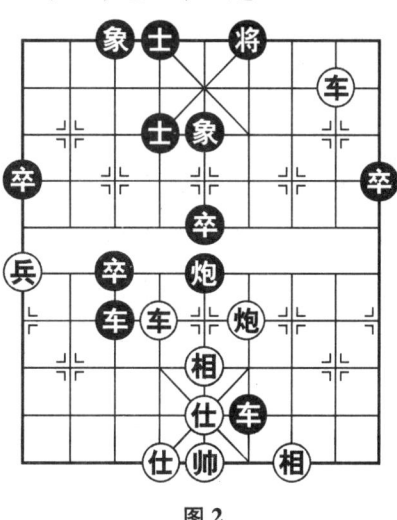

图2

第133局 基沙纳负孙勇征

(2014年11月8日弈于第6届淮阴·韩信杯象棋国际名人赛)

中炮急冲中兵转五七炮对弃7卒炮轰底相

1. 炮二平五	马8进7		2. 马二进三	车9平8
3. 车一平二	马2进3		4. 兵七进一	卒7进1
5. 车二进六	炮8平9		6. 车二平三	炮9退1
7. 兵五进一	士4进5		8. 炮八平七	炮9平7
9. 车三平四	卒7进1		10. 兵五进一(图1)	卒7进1

11. 马三进五　卒7平6！
12. 车四退三　炮7进8
13. 仕四进五　炮7平9
14. 车四平三？　车8进9
15. 仕五退四　马7进8
16. 车三退一　马8进6
17. 车三平一　车8退3！
18. 车一退二　车8平5
19. 车一进二　炮2进5
20. 车一平四　马6进4？
21. 车九进一　车1平2
22. 马八进九　车5退2！
23. 车四平二　炮2平5
24. 车二平五　车5进3
25. 相七进五　车2进7
26. 炮七进四　车2平5
27. 仕六进五？　车5退2
28. 马九进七　车5平3
29. 车九平六　车3进1
30. 炮七平一　车3平1
31. 车六进一　象3进5
32. 兵一进一　卒5进1
33. 兵一进一　卒5进1
34. 兵一平二　卒5进1
35. 帅五平六　车1平3
36. 炮一退三　车3平3
37. 帅六进一　马3进4！
38. 仕五进四　后马进3
39. 帅六平五　马3进2（图2）

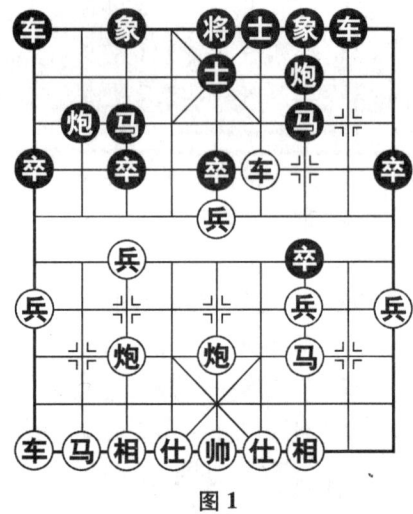

图1

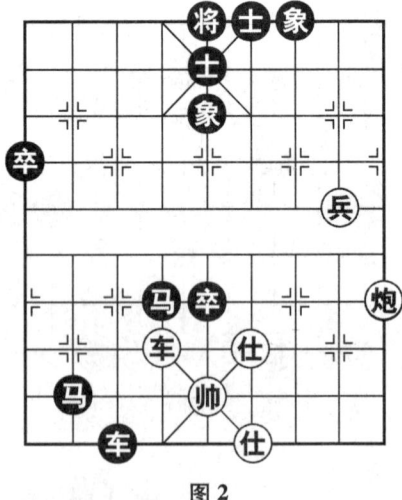

图2

第134局　李义庭胜杨官璘

（1963年6月29日弈于广东湖北江苏三省象棋友谊赛）
中炮急冲中兵转五七炮对跳外马倒骑河炮打中兵

1. 炮二平五　马8进7
2. 马二进三　车9平8

第五章 中炮急冲中兵对屏风马

3. 车一平二　马2进3
4. 兵七进一　卒7进1
5. 车二进六　炮8平9
6. 车二平三　炮9退1
7. 兵五进一　士4进5
8. 炮八平七　炮9平7
9. 车三平四　马7进8
10. 车四退三　车8进2
11. 马八进九　车1平2
12. 车九平八　炮2进3（图1）
13. 兵五进一　卒5进1
14. 兵九进一　炮2进3
15. 仕四进五　马8进7
16. 帅五平四　象3进5
17. 兵七进一！车8平6
18. 车四进四　士5进6
19. 兵七进一　马3退4
20. 马三进五　卒5进1
21. 马五进七　车2进6
22. 炮七退一　马7进5？
23. 相七进五　炮7平2
24. 帅四平五　卒5平4
25. 马七进六　士6进5
26. 仕五退四　卒7进1！
27. 炮七平二　卒7进1
28. 马六进七　将5平6
29. 炮二进五　象5退3
30. 炮二平四　马4进6
31. 马七退六　卒7进1
32. 仕六进五？象3进5
33. 兵七进一　后炮进2
34. 炮四退一　后炮进1
35. 兵七进一　后炮平4
36. 炮四进一　车2进1
37. 马六进五！炮4平5
38. 马五退七　车2平1
39. 兵七平六　车1平3
40. 马七退六　将6平5
41. 帅五平六　炮2退1
42. 炮四进二　炮5进2
43. 马六退四！炮5平4
44. 马四退六　卒4进1
45. 炮四平二　卒4平3
46. 帅六平五　卒3平2
47. 炮二进一　象7进9
48. 车八平六　炮2平1？
49. 车六进七　象9进7
50. 车六平八！将5平6
51. 车八进二　将6进1
52. 炮二平七　炮1进2
53. 炮七退一　士6退5
54. 帅五平六　车3平2
55. 帅六进一　车3退3
56. 车八平五（图2）将6进1
57. 车五退一

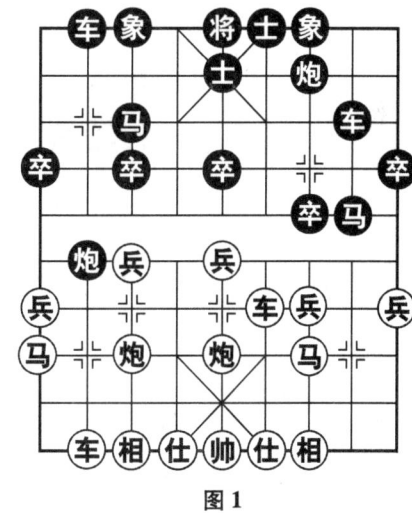

图1

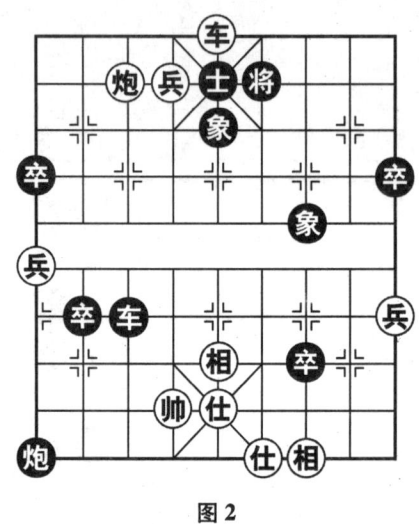

图2

第135局　王嘉良负李来群

（1980年8月25日弈于全国象棋个人赛）

中炮急冲中兵转五七炮对跳外马倒骑河炮打中兵

1. 炮二平五　马8进7
2. 马二进三　卒7进1
3. 车一平二　车9平8
4. 车二进六　马2进3
5. 兵七进一　炮8平9
6. 车二平三　炮9退1
7. 兵五进一　士4进5
8. 炮八平七　炮9平7
9. 车三平四　马7进8
10. 车四退三　车8进2
11. 马八进九　车1平2
12. 车九平八　炮2进3
13. 兵五进一　卒5进1
14. 兵九进一　炮2进3
15. 车四平五（图1）马8进7
16. 炮五进三　象7进5
17. 车五平四　车8进3
18. 马九进七　炮2平8
19. 车八进九　马3退2

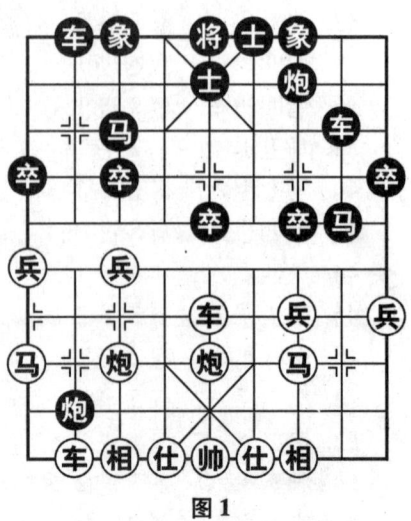

图1

第五章 中炮急冲中兵对屏风马

20. 车四进五	炮7进1	21. 仕四进五	炮8退2
22. 炮五退二	炮8平5	23. 马三进五	炮7平6
24. 马五进六	车8进4	25. 仕五退四	车8平7
26. 炮七平二	车7平8	27. 炮二进六	卒7进1
28. 炮二平三	车8退9	29. 仕六进五	马2进3
30. 炮三平一	马3进5	31. 车四平三	炮6平8
32. 帅五平六	炮8进7	33. 帅六进一	炮8退1
34. 仕五进四	炮8平7	35. 车三平四	炮7平6
36. 车四平三	炮6平7		
37. 车三平四	将5平4		
38. 车四退二	马7进6		
39. 仕四进五	车8进6（图2）		

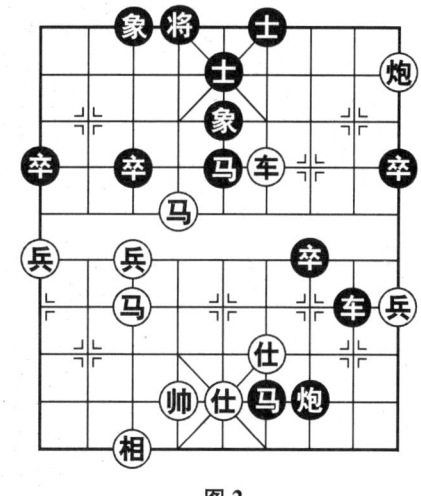

图 2

40. 帅六退一	车8平3		
41. 车四平五	车3平4		
42. 帅六平五	车4退2		
43. 炮一进一	将4进1		
44. 车五平七	炮7退2		
45. 车七进二	将4进1		
46. 炮一退二	象5退7		
47. 炮一进一	士5进6		
48. 车七平二	炮7平2		
49. 帅五平四	马6进8	50. 车二平八	马8退7
51. 帅四平五	炮2平5	52. 仕五退四	炮5退6
53. 车八退一	将4退1	54. 车八退四	车4进5
55. 帅五进一	车4退1		

第136局　阮大胜胜蔡培青

（2004年11月24日弈于第13届亚洲象棋锦标赛）
中炮急冲中兵转五七炮对跳外马倒骑河炮打中兵

1. 炮二平五	马8进7	2. 马二进三	车9平8
3. 车一平二	卒7进1	4. 车二进六	马2进3
5. 兵七进一	炮8平9	6. 车二平三	炮9退1
7. 兵五进一	士4进5	8. 炮八平七	炮9平7

155

9. 车三平四　马7进8　　　　10. 车四退三　车8进2
11. 马八进九　车1平2　　　　12. 车九平八　炮2进3
13. 兵五进一　炮7进5（图1）　14. 马三进五！卒7进1？
15. 马五进六　炮2退1　　　　16. 兵五进一　马3进5
17. 兵七进一！卒3进1　　　　18. 马六进七　车2进3
19. 马七退五　车2平5　　　　20. 车八进五　象7进5
21. 车八进四（图2）

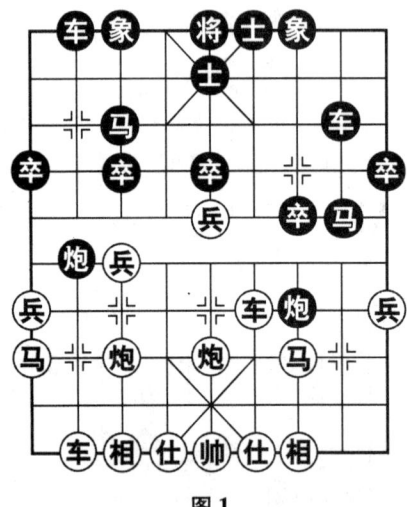

图1

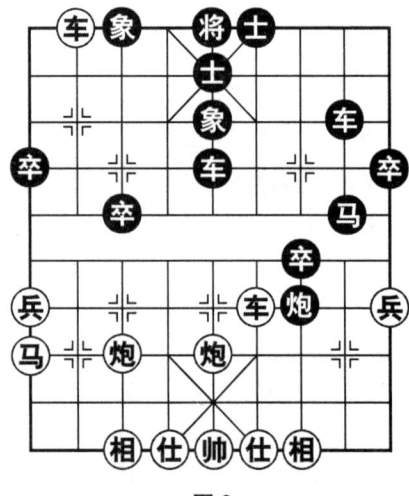

图2

第137局　于红木负刘殿中

（1981年9月13日弈于全国象棋个人赛）

中炮急冲中兵转五七炮对跳外马倒骑河炮打中兵

1. 炮二平五　马8进7　　　　2. 马二进三　马2进3
3. 车一平二　车9平8　　　　4. 兵七进一　卒7进1
5. 车二进六　炮8平9　　　　6. 车二平三　炮9退1
7. 兵五进一　士4进5　　　　8. 炮八平七　炮9平7
9. 车三平四　马7进8（图1）　10. 车四退三　车8进2
11. 马八进九　炮2进3　　　　12. 车九平八？炮2平5
13. 仕四进五　车1平2！　　　14. 车八进九　马3退2
15. 马九进七　炮5退1　　　　16. 车四进二　马2进3
17. 马七进五　卒7进1！　　　18. 马五进三　车8平7

第五章 中炮急冲中兵对屏风马

19. 兵三进一	象3进5		
20. 后马进五	炮7进3		
21. 车四平二	马8进9		
22. 车二退三	炮7进5？		
23. 车二平一	车7平8		
24. 炮五进三	卒5进1		
25. 马五进六	马3退1		
26. 相七进五	炮7退1		
27. 车一进三	车8进7		
28. 仕五退四	车8退3		
29. 车一平五	炮7平9		
30. 车五退一？	炮9进1		

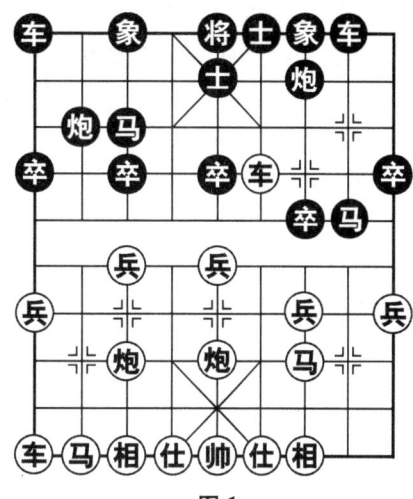

图1

31. 相五退三	车8进3		
32. 炮七进四	炮9平7	33. 帅五进一	车8退1
34. 帅五进一	车8退5	35. 炮七平五	将5平4
36. 帅五退一	炮7平9	37. 车五退二	车8进5
38. 帅五进一	车8退1	39. 帅五退一	车8平4
40. 车五进二	车4退2	41. 炮五平二	车4平3
42. 车五进一	车3平4	43. 车五平六	将4平5
44. 马六进四	车4退2	45. 炮二平六	马1进3
46. 帅五平六	士5进6	47. 炮六退四	士6进5
48. 炮六平五	炮9退3	49. 炮五进三	炮9平4
50. 帅六平五	炮4平3	51. 炮五平二	马3进2
52. 马四退五	炮4进2	53. 兵三进一	马2进1
54. 兵三进一	马1进3	55. 帅五退一	卒1进1
56. 马五进六	卒1进1	57. 兵三平四	马3退5
58. 仕四进五	马5退4	59. 马六进七	将5平4
60. 炮二平五	马4退3	61. 仕五进六	炮4平3
62. 马七退九	卒1平2	63. 马九退七	象5进3
64. 马七退九	炮3进1	65. 帅五平四	象7进5
66. 炮五退四	炮3平4	67. 帅四平五	象3进4
68. 兵四平五	马4进5	69. 马九进七	炮4平3
70. 马七进八	将4平5	71. 炮五进一	马5退7
72. 仕六进五	卒2平3	73. 兵五平六	卒3平4

74. 马八退六	将5平6	75. 马六退八	炮3平5
76. 帅五平四	马7进9	77. 炮五平四	将6平5
78. 炮四进一	炮5退1	79. 帅四进一	马9进8
80. 炮四进一	炮5退1	81. 炮四平三	马8退7
82. 帅四退一	将5平4	83. 马八进七	象5退3
84. 马七退八	马7进8	85. 炮三退三	马8退9
86. 马八进九	象3进5		
87. 马九退七	将4平5		
88. 马七退五	马9进7		
89. 帅四进一	卒4进1		
90. 马五进三	炮5进1		
91. 马三退四	卒4平5		
92. 帅四退一	卒5平6！		
93. 马四退六（图2）	马7退9？		
94. 马六退五	炮5进1		
95. 帅四进一	马9进8		
96. 炮三退一	卒6平7		
97. 炮三平七	卒7进1		
98. 炮七平一	炮5平6		

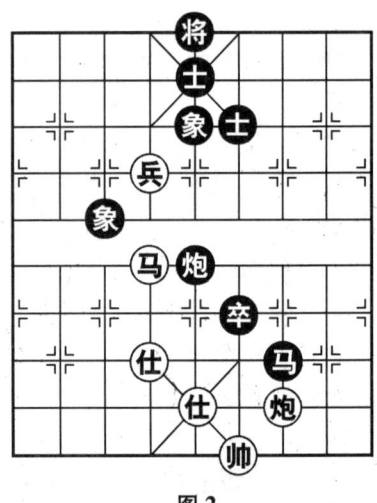

图 2

第138局　王永强胜廖二平

(1991年5月19日弈于全国象棋团体赛)
中炮急冲中兵转五七炮对跳外马倒骑河炮打中兵

1. 炮二平五	马8进7	2. 马二进三	车9平8
3. 车一平二	卒7进1	4. 车二进六	马2进3
5. 兵七进一	炮8平9	6. 车二平三	炮9退1
7. 兵五进一	士4进5	8. 炮八平七	炮9平7
9. 车三平四	马7进8	10. 车四退三	车8进2
11. 马八进九	炮2进3	12. 兵五进一（图1）	卒5进1
13. 车九平八	车1平2	14. 兵九进一	炮2进3
15. 马三进五	马8进7	16. 炮五进三	车8平5
17. 炮七平五	马7进6	18. 仕四进五	马6退5
19. 车四平五	车2进7	20. 仕五进六	车2退5

第五章 中炮急冲中兵对屏风马

21. 后炮退一　炮2退1
22. 相三进五　车5进1
23. 车五平四　象7进5
24. 前炮进二　象3进5
25. 炮五进五　马3进5
26. 车四进三　马5进4
27. 车四退二　马4进3
28. 车八进一　车2进4
29. 车八平七　马3退2
30. 车七平八　炮7平9
31. 兵一进一　炮9进1
32. 仕六退五　象5退7
33. 车四平五　炮9平5
34. 马九进八　炮2退2
35. 车八进二　炮2平5
36. 车八进六　士5退4
37. 车八退三　前炮平1
38. 车八平九　炮1平9
39. 车九平七　卒9进1
40. 车七平三　卒7进1
41. 兵七进一　卒7平8
42. 车三退一　炮5平6
43. 车三平一　象7进5
44. 兵七平六　士4进5
45. 兵六进一　士5进4
46. 车一平五　士6进5
47. 车五进二　炮9退5
48. 车五退三　将5平4
49. 车五平二　炮9平5
50. 仕五进四　将4进1
51. 仕六进五　炮6进1
52. 车二平七　将4退1
53. 帅五平六　炮6退2
54. 车七平六　炮5平6
55. 车六平三　后炮平5
56. 车三进三　炮5平6
57. 车三进一　（图2）

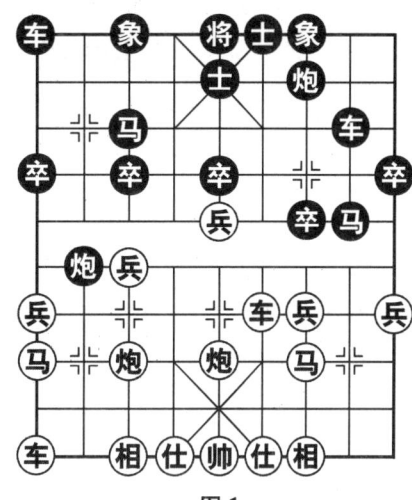

图1

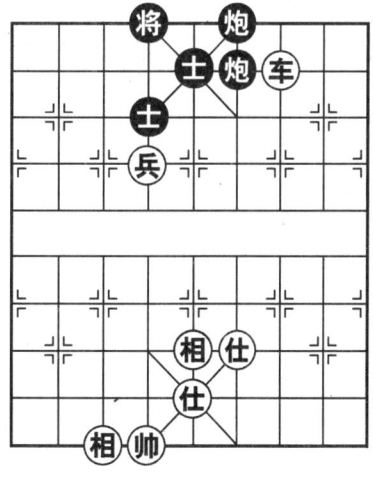

图2

第139局 李义庭负蔡福如

（1964年4月30日弈于全国象棋个人赛）

中炮急冲中兵转五七炮对跳外马踩三兵

1. 炮二平五　马8进7
2. 马二进三　车9平8
3. 车一平二　卒7进1
4. 车二进六　马2进3
5. 兵七进一　炮8平9
6. 车二平三　炮9退1
7. 兵五进一　士4进5
8. 炮八平七　炮9平7
9. 车三平四　马7进8
10. 车四退三　车8进2
11. 马八进九　马8进7（图1）
12. 车九平八　车8进6！
13. 车八进三　卒7进1
14. 兵七进一　卒3进1
15. 炮七进五　车6平2
16. 炮五进四　象3进5
17. 仕四进五　炮2退
18. 兵五进一　车3进1
19. 马三进五　车1平4
20. 马五进四！车4进5
21. 马四进二　炮7平9
22. 相三进五？卒3进1
23. 车八进四　将5平4
24. 兵九进一　车3平4
25. 马二进一　炮2平9
26. 车八进二　将4进1
27. 车四进五　炮9退1
28. 炮五进二？士6进5
29. 车八退一　将4退1
30. 车四平五　象5退3
31. 车五平二　马7进9！
32. 车二退六　后车平8（图2）

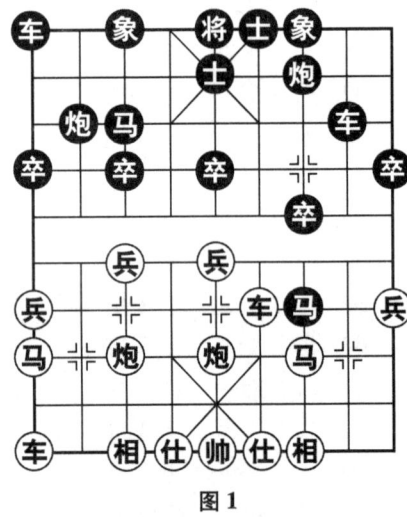

图1

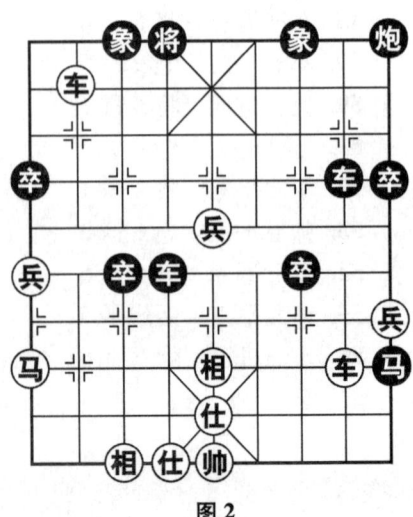

图2

33. 车二平三　车8进6　　　34. 相五退三　卒7进1！
35. 车三平四　车8平7

第140局　王永强负杨景超

（1991年5月22日弈于全国象棋团体赛）
中炮急冲中兵转五七炮对跳外马踩三兵

1. 炮二平五　马8进7　　　2. 马二进三　车9平8
3. 车一平二　卒7进1　　　4. 车二进六　马2进3
5. 兵七进一　炮8平9　　　6. 车二平三　炮9退1
7. 兵五进一　士4进5　　　8. 炮八平七　炮9平7
9. 车三平四　马7进8　　　10. 车四退三　车8进2
11. 马八进九　马8进7　　　12. 车九平八　车8平6
13. 车四平七（图1）马7进5
14. 相三进五　马3退4
15. 车八进五　卒3进1！
16. 车七平二　炮2平3
17. 车八平七　象3进5
18. 车七进一　车1平2
19. 炮七平六　卒7进1！
20. 车二平六　炮3退2
21. 车七平五？炮3进9！
22. 相五退七　炮7进6
23. 相七进五　车2进7！
24. 炮六平三　车2平5
25. 仕六进五　车5平7
26. 马九进七　车7平2　　　27. 车五平六　车6进2
28. 马七进九　卒1进1　　　29. 马九进七　车2进2
30. 仕五退六　车2退4！　　31. 后车进一　卒7平6
32. 仕四进五　马4进2　　　33. 马七进五　车2进1
34. 兵一进一　车2平5　　　35. 后车退二　卒6进1
36. 后车平二　车5退1　　　37. 车六平八　马2进4
38. 车八进三　士5退4　　　39. 马五进七　士6进5
40. 车二进六　车6平7（图2）41. 车二退八　卒6进1

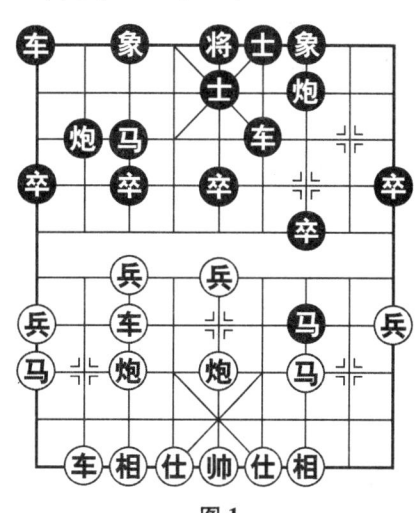

图1

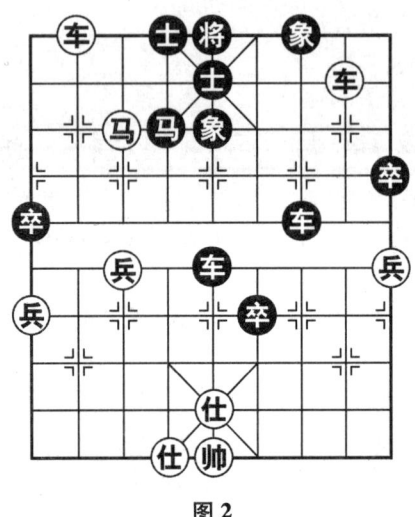

图2

42. 车二平四　卒6平5　　43. 车八退五　卒5进1！
44. 仕六进五　车7进4

第141局　陈建昌胜李鹏

（1993年4月24日弈于全国象棋团体赛）

中炮急冲中兵转五七炮对跳外马踩三兵

1. 炮二平五　马8进7　　2. 马二进三　车9平8
3. 车一平二　卒7进1
4. 车二进六　马2进3
5. 兵七进一　炮8平9
6. 车二平三　炮9退1
7. 兵五进一　士4进5
8. 炮八平七　炮9平7
9. 车三平四　马7进8
10. 车四退三　车8进2
11. 马八进九　车1平2
12. 车九平八　马8进7（图1）
13. 兵七进一　卒3进1
14. 炮七进五　车8平3
15. 炮五进四　象3进5

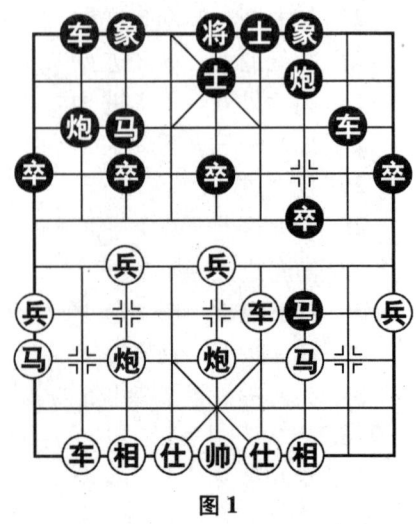

图1

第五章 中炮急冲中兵对屏风马

16. 车八进六？	炮7进1	17. 仕四进五！	车3退2
18. 帅五平四	将5平4	19. 车八平六	炮2平4
20. 兵五进一	卒3进1	21. 马三进五	车2进6
22. 车四进一	卒3平2	23. 相三进五	车3进4
24. 马五进六	马7进8	25. 帅四平五	将4平5
26. 车六平八	车2平9？	27. 车八退二	将5平4
28. 马九进七	卒7进1？		
29. 车四退三	马8退7		
30. 车四进二	车9进3		
31. 仕五退四	马7进9		
32. 车八平三	车9退1		
33. 车三退二	马9退8		
34. 车四平二	车9平8		
35. 车三进一	车8退2		
36. 车三平二	马8退7		
37. 兵五平四	马7进9		
38. 车二进三	炮4平3？（图2）		
39. 炮五退一	炮3进4		
40. 炮五平七			

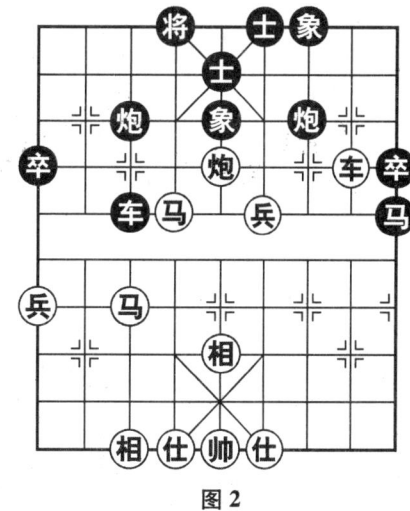

图2

第142局 谢靖负王斌

（2002年11月4日弈于全国象棋个人赛）
中炮急冲中兵转五七炮对跳外马踩三兵

1. 炮二平五	马8进7	2. 马二进三	车9平8
3. 车一平二	马2进3	4. 兵七进一	卒7进1
5. 车二进六	炮8平9	6. 车二平三	炮9退1
7. 兵五进一	士4进5	8. 炮八平七	炮9平7
9. 车三平四	马7进8	10. 车四退三	车8进2
11. 马八进九	马8进7	12. 车九平八	车8平6
13. 车八进三	车6进4（图1）	14. 车八平四	象3进5
15. 仕四进五？	车1平4	16. 车四平八	炮2退2
17. 车八进四	炮7进1	18. 兵七进一	马7进5
19. 相三进五	卒3进1！	20. 炮七进五	炮7进5

21. 车八退一　炮2平3
22. 炮七平九　车4进6
23. 炮九进二　士5退4
24. 车八平五　卒9进1
25. 兵九进一　炮7平1
26. 相七进九　车4平9!
27. 相九退七　车9平5
28. 车五平一　车5退1
29. 车一退一　车5退2
30. 车一退一　车5平2
31. 车一平二　士6进5
32. 车二平一　车2平6
33. 仕五退四　将5平6
34. 仕六进五　车6平2
36. 车四平二　士5进6
38. 车二进四　象5退3!
40. 车七平九　炮2进1
42. 车九退三　炮2平9
44. 仕六进五　卒3进1!
46. 相五退三　卒3进1
48. 相三进五　车5平1
50. 炮八平九　炮7进2
52. 车一退五　车2平1
54. 车一平八　卒3进1
56. 炮八平七　炮2平9
58. 车七平一　车1平3
60. 炮六退五　卒2平3
62. 炮一退二　卒3进1
64. 炮一进二　炮5退1
66. 炮五平九　车3进3
68. 炮九平二　卒3平2
70. 帅六平五　车4平3
72. 炮二进三　象7进9
74. 炮二退三　车6进3

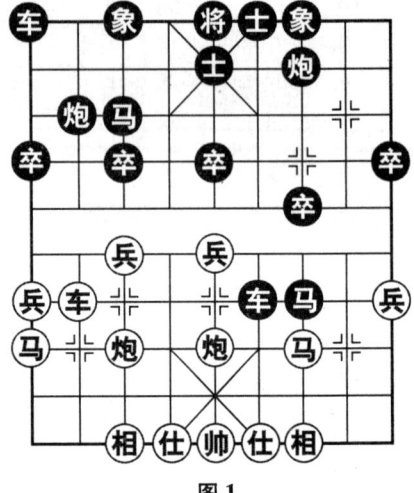

图1

35. 车一平四　将6平5
37. 仕五退六　炮3平2
39. 车二平七　象7进5
41. 兵九进一　卒1进1
43. 车九退三　车2平5
45. 车九平六　士6退5
47. 车六平一　炮9平7
49. 炮九平八　车1平2
51. 车一进七　士5退6
53. 炮九平八　炮7平2
55. 炮八退一　士6进5
57. 车八平七　卒3平2
59. 炮七平六　卒2进1
61. 炮六平一　炮9平5
63. 车一平五　象5退7
65. 炮一平五　炮5平1
67. 炮九进三　炮1平5
69. 帅五平六　车3平4
71. 帅五平六　车3平6
73. 炮二退三　车6退3
75. 炮二进三　将5平6

第五章 中炮急冲中兵对屏风马

76. 炮二平一 炮5平1	77. 炮一平九 车6平1
78. 炮九退二 将6平5	79. 仕五进四 炮1平5
80. 仕四进五 车1进1	81. 炮九平八 炮5进5!
82. 炮八进二 卒2平3	83. 帅六进一 车1进1
84. 帅六进一 车1退1	85. 帅六退一 车1退4
86. 炮八退三 炮5平2	
87. 炮八平五 车1进5	
88. 帅六进一 车1退2	
89. 车五平八 车1平5	
90. 车八退二 车5平4	
91. 帅六平五 卒7进1（图2）	
92. 仕五退四 卒7进1	
93. 车八平七 卒3平4	
94. 帅五退一 卒7进1	
95. 车七平八 卒4平3	
96. 帅五平四 车4平5	
97. 仕四退五 卒7进1	

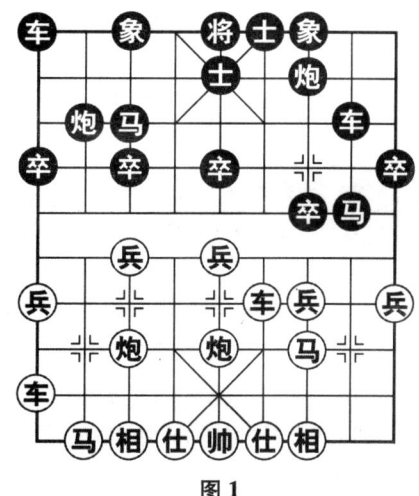

图2

第143局　王嘉良胜胡荣华

（1977年9月14日弈于全国象棋团体赛）

中炮急冲中兵转五七炮横车对跳外马高车保马

1. 炮二平五　马8进7
2. 马二进三　车9平8
3. 车一平二　卒7进1
4. 车二进六　马2进3
5. 兵七进一　炮8平9
6. 车二平三　炮9退1
7. 兵五进一　士4进5
8. 炮八平七　炮9平7
9. 车三平四　马7进8
10. 车四退三　车8进2
11. 车九进一（图1）车1平2
12. 车九平二　马8进7?

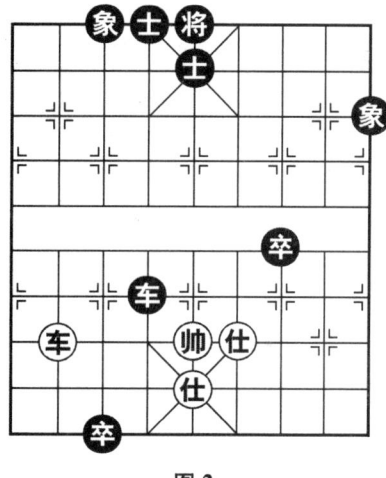

图1

13. 炮五进四!	车8平5	14. 炮五平三!	车5进3
15. 车二平五	车5进3	16. 仕四进五	象3进5
17. 炮三退三	炮7进5	18. 车四平三	炮2进6
19. 炮七平五	车2进7	20. 帅五平四	马3进5
21. 车三平四	炮2平1	22. 马八进九	炮1进1
23. 车四进三	车2平1!	24. 车四平五	车1退1
25. 车五平七	将5平4		
26. 车七平六	将4平5		
27. 车六平八	将5平4		
28. 兵七进一!	卒7进1		
29. 兵七平六	卒7进1		
30. 车八进三	将4进1		
31. 炮五平六	士5进4		
32. 兵六进一(图2)	车1平6		
33. 帅四平五	将4平5		
34. 兵六进一	将5平6		
35. 兵六平五!	卒7进1		
36. 车八退一	士6进5		
37. 兵五进一			

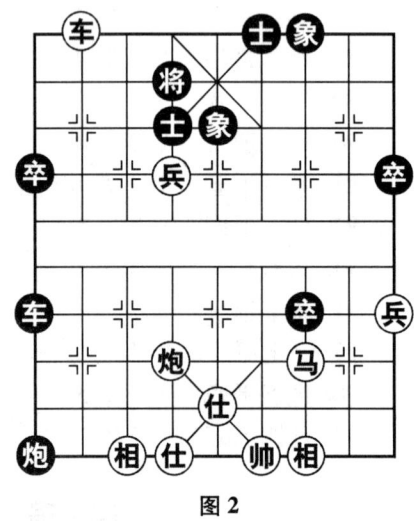

图 2

第144局　谢艺胜吴卫国

(2012年1月14日弈于湛江市财政杯象棋公开赛)

中炮急冲中兵转五七炮横车对跳外马高车保马

1. 炮二平五	马8进7	2. 马二进三	车9平8
3. 车一平二	卒7进1	4. 车二进六	马2进3
5. 兵七进一	炮8平9	6. 车二平三	炮9退1
7. 兵五进一	士4进5	8. 炮八平七	炮9平7
9. 车三平四	马7进8	10. 车四退三	车8进2
11. 车九进一	马8进7(图1)	12. 兵七进一	卒3进1
13. 车九平四	马7退8	14. 兵五进一	车8平6
15. 前车进四	炮2平6	16. 兵五进一	炮6平7
17. 炮七进五	前炮进5	18. 炮七平二?	卒7进1
19. 兵五平四?	象3进5	20. 兵四进一	马8进6

第五章 中炮急冲中兵对屏风马

21. 炮五进二	车1平2	22. 兵四进一	车2进5
23. 兵四进一！	将5平6	24. 炮二进二	象7进9
25. 炮五平三（图2）	车2进4	26. 车四进三	将6平5
27. 相七进五	车2退6	28. 车四进四	前炮退1

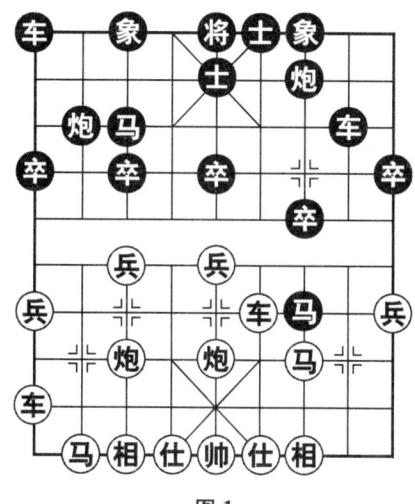

图1

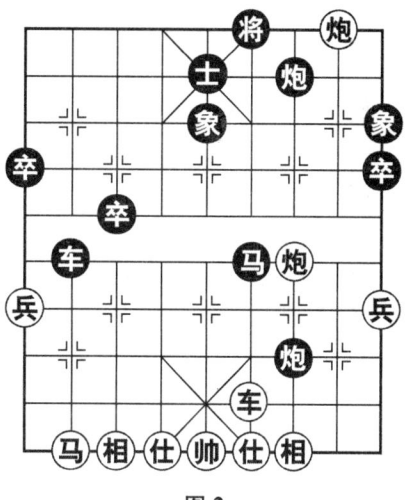

图2

第145局　赵金成胜于幼华

（2013年11月9日弈于全国象棋个人赛）

中炮急冲中兵转五七炮横车对跳外马高车保马

1. 炮二平五　马8进7
2. 马二进三　车9平8
3. 车一平二　马2进3
4. 兵七进一　卒7进1
5. 车二进六　炮8平9
6. 车二平三　炮9退1
7. 兵五进一　士4进5
8. 炮八平七　炮9平7
9. 车三平四　马7进8
10. 车四退三　车8进2
11. 车九进一　车1平2
12. 兵七进一（图1）炮2进5？

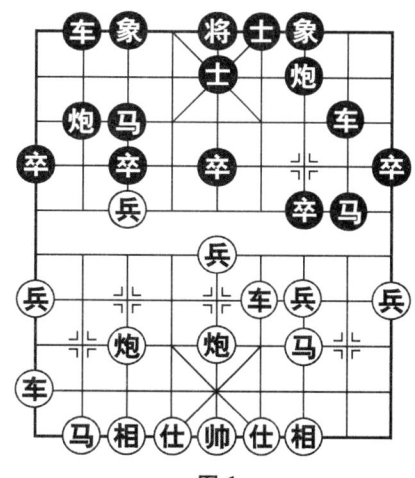

图1

13. 兵七进一	炮2平5	14. 相三进五	车2进9
15. 炮七进五	车8平4?	16. 车九平二	马8进7
17. 车二进五	卒7进1	18. 仕四进五	车4平7?
19. 车四进五	车7进2	20. 马三进五	炮7进1
21. 马五进七	炮7平5	22. 马七进八	炮5进3
23. 车二平五	车7平4	24. 车四退二！	车4退3
25. 炮七平三	卒7平6	26. 炮三进一	车4平1
27. 兵七进一	车4平3	28. 马八进七	车3退1
29. 炮三平七	车2平3	30. 车四退二?	车3退3
31. 炮七平九！	车3平5	32. 帅五平四	马7进8
33. 帅四进一	马8退7	34. 帅四退一	马7进8
35. 帅四进一	马8退7	36. 帅四退一	马7进8
37. 帅四进一	象3进5		
38. 车五平八！	马8退7		
39. 帅四退一	马7进8		
40. 帅四进一	将5平4		
41. 车八平二	马8退7		
42. 帅四退一	马7进5		
43. 车四退二	炮5平3		
44. 车二平六	将4平5		
45. 车六平七	炮3退1		
46. 炮九进一	将5平4		
47. 炮九平四	炮3平2（图2）		
48. 车七平六	将4平5		
49. 车六平八	炮2平3		
50. 车八进三	士5退4	51. 炮四平六	

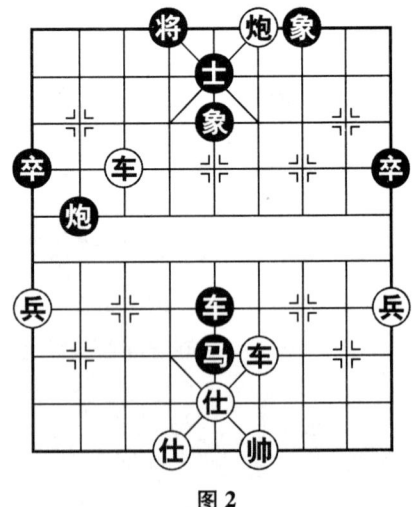

图 2

第 146 局　赵金成和蒋川

(2014 年 8 月 7 日弈于世界智力精英运动会象棋选拔赛)

中炮急冲中兵转五七炮横车对跳外马高车保马

1. 炮二平五	马8进7	2. 马二进三	车9平8
3. 车一平二	马2进3	4. 兵七进一	卒7进1
5. 车二进六	炮8平9	6. 车二平三	炮9退1

第五章 中炮急冲中兵对屏风马

7. 兵五进一　士4进5
8. 炮八平七　炮9平7
9. 车三平四　马7进8
10. 车四退三　车8进2
11. 车九进一　马8进7
12. 兵七进一　卒3进1
13. 车九平四　车1平2（图1）
14. 炮七进五　车8平3
15. 兵五进一　车3平4
16. 马八进七　炮2平3
17. 兵五进一　将5平4
18. 炮五进一！车4进5
19. 炮五平六　将4平5
20. 炮六平五　将5平4
21. 炮五平六　将4平5
22. 炮六平五　将5平4
23. 炮五平六　将4平5
24. 炮六平五　将5平4
25. 炮五平六　车2进6
26. 炮六平三　车2平6
27. 车四进二　炮7进5
28. 车四平三　车4平3
29. 相七进五　车3平4
30. 仕四进五　车4退3
31. 车三平八　将4平5
32. 车八进六　车4退4！
33. 马三进二　炮3平9（图2）

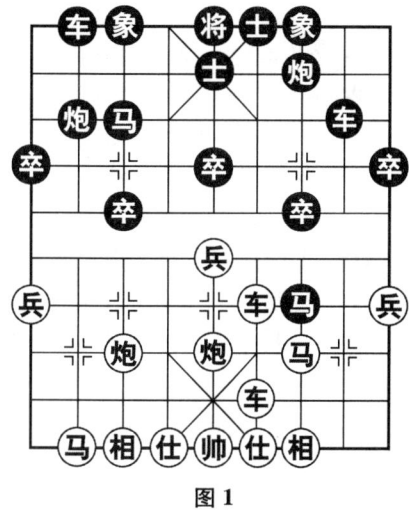

图1

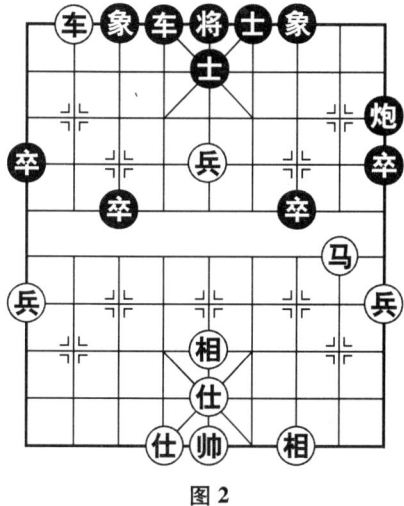

图2

第147局　郭长顺负刘殿中

（1975年6月27日弈于全运会象棋赛）

中炮急冲中兵转五七炮七兵渡河对踏外马冲卒逐车

1. 炮二平五　马8进7
2. 马二进三　马2进3
3. 车一平二　车9平8
4. 兵七进一　卒7进1

中炮冲中兵对屏风马

5. 车二进六　炮8平9
6. 车二平三　炮9退1
7. 兵五进一　士4进5
8. 炮八平七　炮9平7
9. 车三平四　马7进8
10. 兵七进一　卒7进1（图1）
11. 车四退一　卒7进1
12. 马三退五　马8退7
13. 车四进三　炮2退1
14. 车四退二　卒3进1！
15. 炮七进五　车1进2
16. 炮七退一　卒3进1
17. 炮五进四　马7进5
18. 车四平五　车8进8
19. 车五平三　车1平6
20. 马五进六？车8平6
21. 仕四进五　炮7平8
22. 车三平二　后车进1！

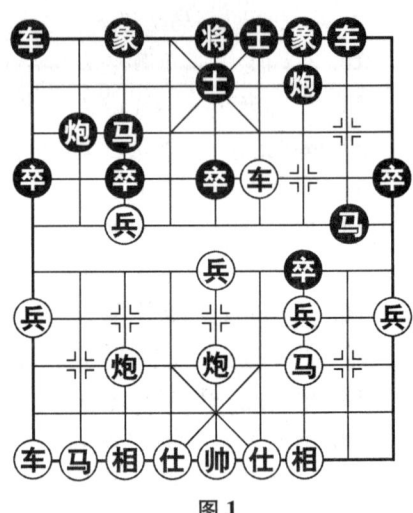

图1

23. 炮七平五　象7进5
24. 车二平四　车6退5
25. 兵五进一　炮8进8
26. 相三进一　炮2平3！
27. 马六进七　将5平4！
28. 车九进二　象5进3
29. 车九平六　炮3平4
30. 车六平二　炮8平9
31. 相七进五　士5进6
32. 相五进七　炮4平6
33. 车二平六　将4平5
34. 仕五进四　炮6平8
35. 马八进七　炮8进6！
36. 车六进一　车6进4
37. 马七进五　车6平5
38. 帅五平四　卒7平6！
39. 车六进六　将5平4
40. 相七退五　卒6进1（图2）

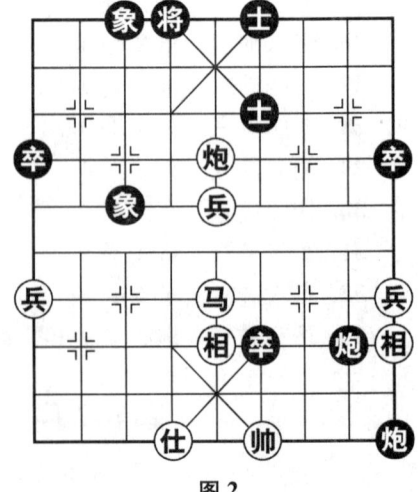

图2

· 170 ·

第五章 中炮急冲中兵对屏风马

第148局　苗利明负许银川

（2006年9月6日弈于全国象棋甲级联赛）

中炮急冲中兵盘头马对屏风马

1. 炮二平五　马8进7
2. 马二进三　车9平8
3. 车一平二　马2进3
4. 兵七进一　卒7进1
5. 车二进六　炮8平9
6. 车二平三　炮9退1
7. 兵五进一　士4进5
8. 马三进五（图1）炮9平7

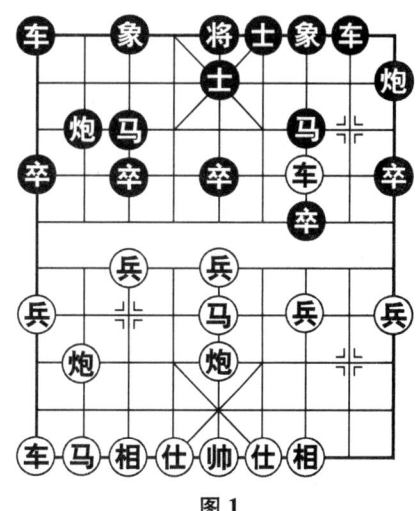

图1

9. 车三平四　马7进8
10. 马八进七　卒7进1
11. 车四平三　马8退7
12. 车三平四　卒7进1
13. 相三进一　车8进8
14. 兵五进一　马7进8
15. 车四退一? 卒7平6
16. 炮五平三　象7进5
17. 马五进六　炮2进2
18. 车四进三　炮2平5!
19. 马六进八? 马8进6!
20. 车四退四　马3退1!
21. 马八进九　车1进1
22. 车九进一! 车8平1
23. 炮八进七　士5退4
24. 马七退九　车1平2
25. 炮八平九　车2进6
26. 炮三平七　车2进1
27. 车四退一? 炮7进6
28. 炮七平九　车2平1!
29. 后炮进四　炮7平5
30. 车四平五　前炮平1
31. 车五进二　卒5进1
32. 相七进九　卒9进1
33. 相一退三　车1平9
34. 相九退七　车9退1
35. 后炮退二　车9平3
36. 相三进五　卒3进1!
37. 兵七进一　车3退2
38. 后炮平七　车3平1
39. 炮九平八　卒5进1
40. 炮八退七　车1退2
41. 炮七退三　士6进5
42. 炮七平二　卒5平4
43. 炮五平三　卒9平8
44. 仕四进五　卒9进1
45. 炮三平四　卒9平8

46. 炮四平一	车1退2		
47. 炮一进一	车1平9		
48. 炮八平九	卒8平7		
49. 仕五退四	卒7平6		
50. 仕六进五	卒6平5		
51. 炮一平二	车9平5		
52. 相五退三	车5平7		
53. 相三进五	卒4进1		
54. 炮二平一	车7平1		
55. 炮九平八	车1平2		
56. 炮八平六	卒5进1！（图2）		
57. 相七进五	车2平5		

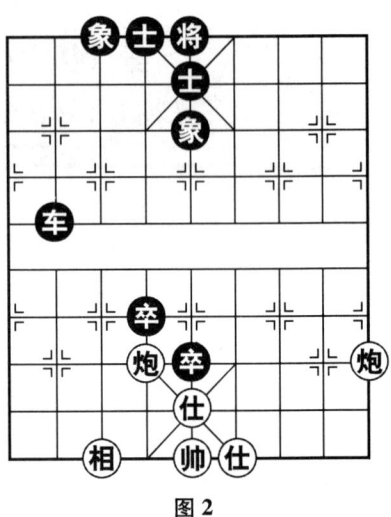

图2

第149局　蒋家宾负党斐

（2008年11月6日弈于全国象棋个人赛）

中炮急冲中兵盘头马对屏风马

1. 炮二平五	马8进7	2. 马二进三	马2进3
3. 车一平二	车9平8	4. 兵七进一	卒7进1
5. 车二进六	炮8平9	6. 车二平三	炮9退1
7. 兵五进一	士4进5		
8. 马三进五	炮9平7		
9. 车三平四	马7进8		
10. 兵五进一	卒7进1（图1）		
11. 车四平三	马8退7		
12. 车三平四	车8进8		
13. 马八进七	卒7进1		
14. 兵五进一	卒7平6		
15. 炮五平三？	卒6平5		
16. 炮三进六	马3进5		
17. 仕六进五	车8退7		
18. 炮八进四	卒3进1		
19. 兵七进一	马5进3！		

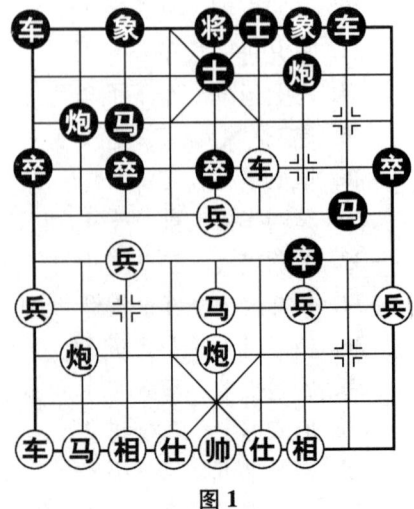

图1

第五章 中炮急冲中兵对屏风马

20. 炮三平四	马7进5	21. 马七进五	车8平6
22. 车四进二	马5退6	23. 相七进五	马6进5
24. 车九平六	马5进6	25. 马五进四	马6进4!
26. 马四进二	炮2平8	27. 车六平八	马4进3
28. 帅五平六	象3进5	29. 炮八平六	车1平4
30. 车八进六	前马退4		
31. 仕五进六	卒9进1		
32. 仕四进五	卒1进1		
33. 帅六平五	马4退5		
34. 炮六平四	马5进6		
35. 相五进七	象5退3		
36. 车八平七	象3进1		
37. 车七进一	车4平2		
38. 车七平二	车2进9		
39. 仕五退六	马6进4（图2）		
40. 帅五进一	车2退1		
41. 帅五进一	马4退5		
42. 车二平九	马5进3		

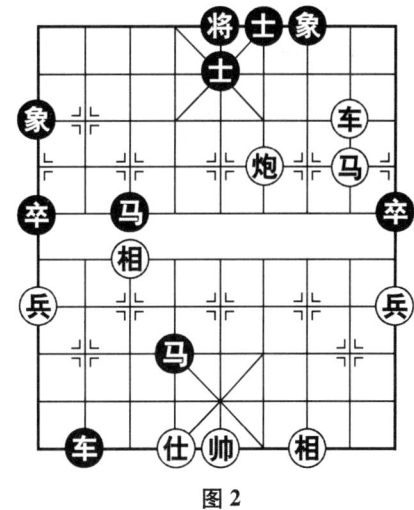

图2

第150局　赵国荣负孙勇征

（2002年11月15日弈于黄山杯全国象棋特级大师赛）
中炮急冲中兵盘头马对屏风马

1. 炮二平五	马8进7	2. 马二进三	车9平8
3. 车一平二	卒7进1	4. 车二进六	马2进3
5. 兵七进一	炮8平9	6. 车二平三	炮9退1
7. 兵五进一	士4进5	8. 马三进五	炮9平7
9. 车三平四	卒7进1（图1）	10. 兵五进一	卒5进1
11. 兵三进一	马7进8	12. 炮五进三	象3进5
13. 炮五平三!	车1平4	14. 炮八平五	象7进9
15. 车四平三	象9进7	16. 车三进二	马8进7
17. 马八进七!	炮2平4	18. 车九平八	车4进6
19. 马五进四	马7退5	20. 仕六进五	车8进9!
21. 兵三进一	车8平7	22. 兵一进一?	将5平4

23. 马四进五　车7退3　　　24. 车三退二　车4进2！
25. 车三平二　车4平5（图2）

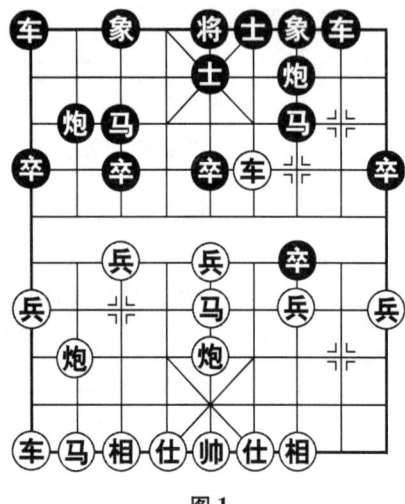

图1

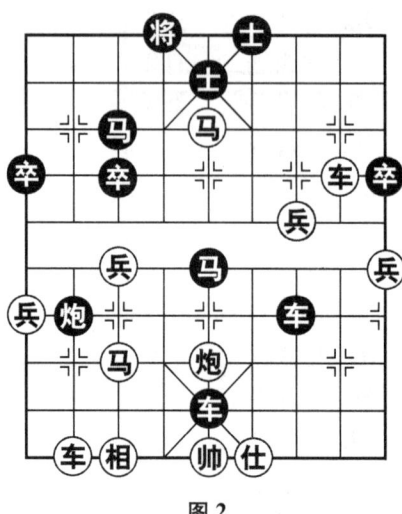

图2

第151局　范思远负滕飞

（2011年9月18日弈于辽宁省首届全民健身体育大会象棋赛）

中炮急冲中兵盘头马对屏风马

1. 炮二平五　马8进7　　　2. 马二进三　车9平8
3. 车一平二　马2进3
4. 兵七进一　卒7进1
5. 车二进六　炮8平9
6. 车二平三　炮9退1
7. 兵五进一　士4进5
8. 马三进五　炮9进5（图1）
9. 马八进七　炮9进3
10. 炮八平九　车8进9
11. 马七退五　车1平2
12. 车九平八　车8退7？
13. 兵五进一！卒5进1
14. 前马进六　马3退4
15. 车八进六　炮9退4

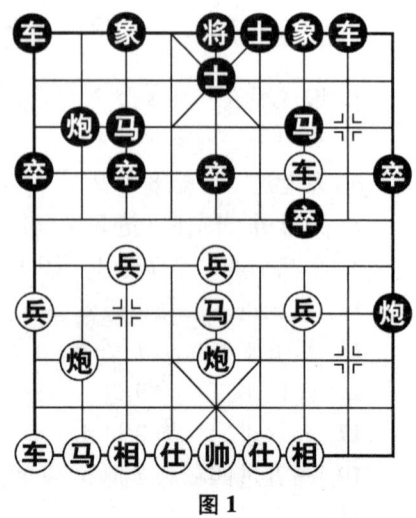

图1

第五章 中炮急冲中兵对屏风马

16. 马五进七	炮9平5	17. 炮五进三	马7进5
18. 炮九进四	车8进5?	19. 炮九退二	炮5平1
20. 兵九进一?	车8平3	21. 炮五退四?	车3平4
22. 马六进四	马4进3	23. 马四退五	车4退2
24. 炮五进五	将5平4?	25. 马五进三	车4退4
26. 帅五进一	车4退6	27. 兵七进一	马3进5
28. 车三平五	车4进5	29. 帅五退一	炮2平5
30. 车五平七	车2进3	31. 车七平八	车4退2
32. 帅五进一	车4平5	33. 帅五平四	卒9进1
34. 车八进三	车5平7	35. 车八平七	将4进1
36. 马三进二	车7进2	37. 帅四进一	车7进1
38. 马二退一	车7平6	39. 帅四平五	车6平5
40. 帅五平四	炮5平6	41. 车七退一	将4退1
42. 车七进一	将4进1	43. 车七退一	将4进1
44. 车七进一	将4进1	45. 车七退三	将4退1
46. 帅四退一	将4平5	47. 兵九进一	车5退4
48. 马一进三	士5退4	49. 相七进五	车5进2
50. 兵七平六	士6进5	51. 兵六平五	车5退2
52. 兵九进一	象7进9	53. 兵九进一	象9进7
54. 兵九进一	炮6退2	55. 马三进二	炮6进1
56. 马二退三	炮6平1	57. 兵五进一	士5进6
58. 车七平六	炮1平7		
59. 车六退一	车5进1		
60. 马三进四	车5退3		
61. 车六平四	车5平5		
62. 帅四退一	车5进1		
63. 帅四进一	车5退1		
64. 帅四退一	车5进1		
65. 帅四进一	象7退9		
66. 马四退六	炮7平4（图2）		
67. 车四进二?	士4进5		
68. 车四平一	士5进4		
69. 车一平六	车5退4		
70. 车六平四	炮4进4		

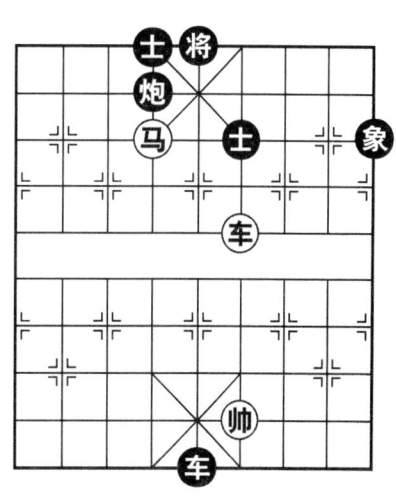

图2

71. 车四退五　车5进3　　72. 帅四退一　炮4平8
73. 车四平七　炮8进4　　74. 车七平八　车5退3
75. 车八退一　炮8退9　　76. 车八平九　车5平6

第152局　陈鱼负黄国棣

（1993年4月29日弈于全国象棋团体赛）
中炮急冲中兵对屏风马进车点穴

1. 炮二平五　马2进3　　2. 马二进三　马8进7
3. 车一平二　车9平8　　4. 兵七进一　卒7进1
5. 车二进六　炮8平9　　6. 车二平三　炮9退1
7. 兵五进一　士4进5　　8. 兵五进一　炮9平7
9. 车三平四　车8进8（图1）
10. 马八进七　卒7进1
11. 马三进五　卒7进1
12. 马五进六　象3进5
13. 马七进八　马7进8
14. 车四平三　马8进6
15. 车三进二　炮2进5
16. 马六进七?　马6进4
17. 仕四进五　马4进3
18. 帅五平四　马3进1
19. 炮五进四　炮2进1!
20. 车三平四　车8平6!
21. 车四退七　炮2平6
22. 帅四进一　车1进2　　23. 马七退九　车1平4
24. 马九进八?　车4进1　　25. 仕五进六　马1退2
26. 兵七进一　卒3进1　　27. 相七进五　卒3进1
28. 相五进七?　马2退4　　29. 后马进九　马4退6!
30. 仕六退五　马6退5　　31. 兵五进一　车4平5
32. 马九退八　车5平6　　33. 仕五进四　车6进2
34. 前马退九　卒7进1（图2）　35. 相七退五　卒7平6
36. 帅四平五　卒6进1　　37. 帅五退一　车6平5

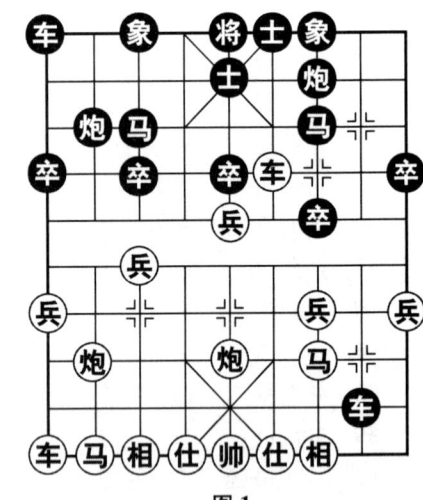

图1

第五章 中炮急冲中兵对屏风马

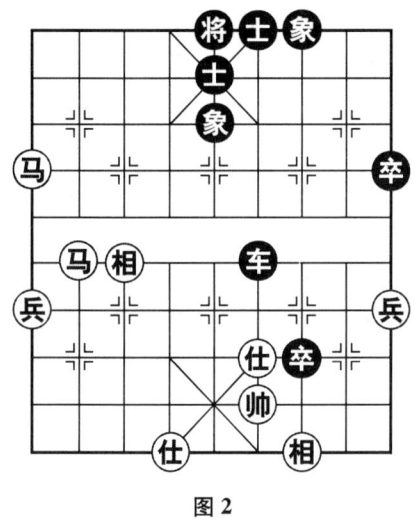

图2

第153局 虞海洋胜孔令帮

（2011年4月24日弈于东莞市凤岗季度象棋公开赛）

中炮急冲中兵对屏风马进车点穴

1. 炮二平五　马8进7
2. 马二进三　车9平8
3. 兵七进一　卒7进1
4. 车一平二　马2进3
5. 车二进六　炮8平9
6. 车二平三　炮9退1
7. 兵五进一　士4进5
8. 兵五进一　炮9平7
9. 车三平四　车8进8
10. 马八进七　象3进5
11. 马七进五　卒5进1（图1）
12. 马五进六　车8平4
13. 马六进七　车4退6
14. 车四平七　卒5进1
15. 炮八平七　马7进6
16. 车七平三　马6进4
17. 炮七退一　炮2进5？
18. 炮五退一？马4进3
19. 炮五进一　炮2退6

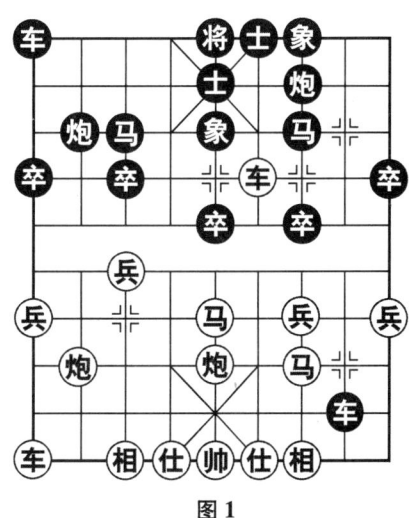

图1

20. 车九进二	马3退2		21. 车九退一	车4进4
22. 炮七平五	车4退4?		23. 后炮进三	车4平3
24. 前炮平八	车3进3		25. 炮八退二	车1平4
26. 马三进五	车3进4		27. 仕四进五	车3退5
28. 炮八退二	车4进6		29. 车九平八!	炮2平3
30. 车八进八	车4退6		31. 车八平六	将5平4
32. 仕五进六	炮7平8		33. 车三平二	卒9进1
34. 炮八进一	车3进4		35. 炮八进八	车3退4
36. 相三进一	炮3平2		37. 车二平八	卒1进1
38. 兵三进一	卒7进1		39. 马五进三!	车3平7
40. 车八退一	车7退1		41. 仕六进五	车7平3
42. 马三进一	炮2进2		43. 马一退三	车3进6
44. 仕五退六	炮2平5		45. 车八平五	炮5进4
46. 车五退三	车3平2			
47. 炮八平九	车2退2			
48. 车五进三	车2平4			
49. 仕六进五	车4平9			
50. 车五平六	将4平5			
51. 帅五平六(图2)	士5进4			
52. 车六进二	车9进2			
53. 帅六进一	炮8进7			
54. 仕五进四	炮8平6			
55. 车六进二	将5进1			
56. 车六退一	将5退1			
57. 马三进二	士6进5			
58. 车六进一				

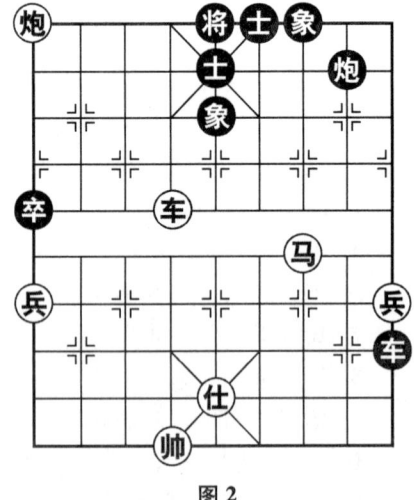

图2

第154局 周永忠胜胡智慧

(2011年7月27日弈于重庆市棋友会所争霸赛)

中炮急冲中兵对屏风马进车点穴

1. 炮二平五	马8进7		2. 马二进三	车9平8
3. 车一平二	马2进3		4. 兵七进一	卒7进1
5. 车二进六	炮8平9		6. 车二平三	炮9退1

7. 兵五进一　士4进5　　　　8. 兵五进一　炮9平7
9. 车三平四　车8进8　　　　10. 马八进七　卒7进1
11. 马三进五　卒7进1　　　　12. 马五进六　马3退4（图1）
13. 兵五进一　马7进8　　　　14. 车四平二？炮7进8
15. 仕四进五　炮7平9　　　　16. 仕五进四　炮2平6
17. 马六进八　炮6平2　　　　18. 兵五平六　马4进5
19. 兵六进一　车1平2　　　　20. 兵六平五（图2）

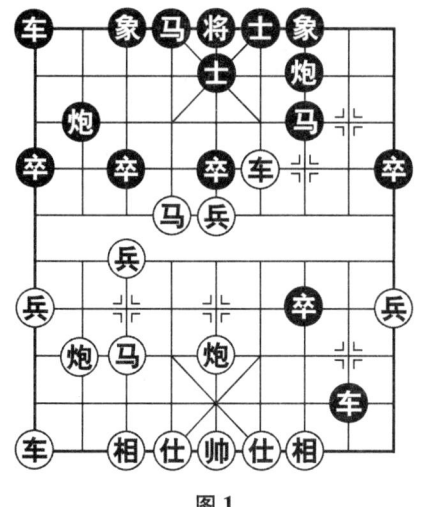

图1

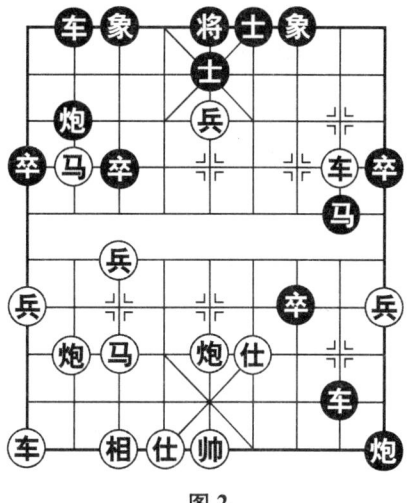

图2

第 155 局　庄才钧胜黄晓华

（2011 年 7 月 1 日弈于新加坡全国象棋个人赛）
中炮急冲中兵对屏风马进车点穴

1. 炮二平五　马8进7　　　　2. 马二进三　车9平8
3. 车一平二　卒7进1　　　　4. 车二进六　马2进3
5. 兵七进一　炮8平9　　　　6. 车二平三　炮9退1
7. 兵五进一　士4进5　　　　8. 兵五进一　炮9平7
9. 车三平四　车8进8　　　　10. 马八进七　卒7进1
11. 兵三进一（图1）马7进8？　12. 兵三进一　马8进7
13. 车四平三　炮2退1　　　　14. 兵五进一　炮2平3
15. 马三进五　车1平2　　　　16. 兵五平六　象3进5
17. 兵六进一！炮7进3　　　　18. 车三退一　象5进7

19. 兵六平七　炮3平1
20. 马五进四！马7进5
21. 炮八平五　象7进5
22. 马四进六？炮1平4
23. 马七进五　车8退5
24. 马五进四　车8平5
25. 马六进七　车2进4
26. 后兵进一！车2平3
27. 马四进三　车5进1
28. 车九平八　车3平4
29. 马三退一　士5退4
30. 车八进三　卒3进1
31. 马一退三！士6进5
32. 车八平二　车5进3
34. 车二进六　士5退6
36. 车二平九　卒3进1
38. 相五进七　将5平6
40. 车四平七　象7退5
42. 车七平五！将5进1
43. 仕六进五　车4平3
44. 兵七平六（图2）车3退3
45. 车五进一　将5平6
46. 兵六进一　车3平4
47. 兵一进一　车4进3
48. 车五退四！车4平6
49. 相五进七　士4进5
50. 车五平一　将6退1
51. 兵一进一　将6平5
52. 兵一进一　车6退1
53. 车一进二！将5平6
54. 兵一进一　车6退1
55. 兵一进一　车6平1
57. 兵一平二　将6平5
59. 兵二平三　车1退1

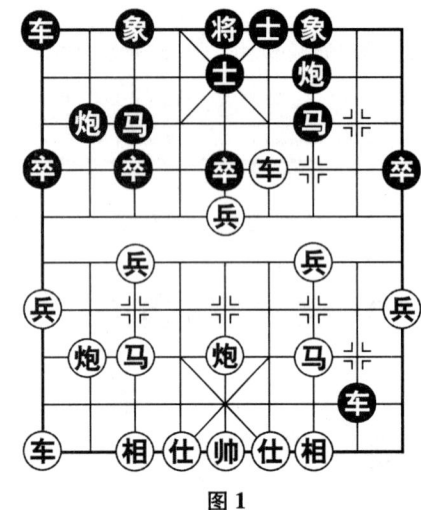

图1

33. 相三进五　象5进7
35. 车二退三　卒1进1
37. 车九平五　士6进5
39. 车五平四　将6平5
41. 相七退五　士5进4

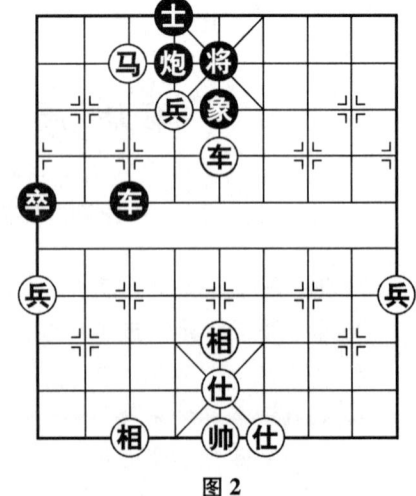

图2

56. 车一平四　士5进6
58. 车四平五　将5平6
60. 车五平三　将6平5

61. 车三平八　将5平4　　62. 兵三平四！车1进1
63. 车八平六　将4平5　　64. 帅五平六

第156局　王秋生胜闫依群

（2012年5月15日弈于锦州市首届全民健身体育运动大会）
中炮急冲中兵对屏风马进车点穴

1. 炮二平五　马8进7
2. 马二进三　车9平8
3. 车一平二　卒7进1
4. 车二进六　马2进3
5. 兵七进一　炮8平9
6. 车二平三　炮9退1
7. 兵五进一　士4进5
8. 兵五进一　炮9平7
9. 车三平四　车8进8
10. 马八进七　卒7进1
11. 兵三进一　象3进5
12. 马七进五　马7进8（图1）
13. 兵三进一　马8进9？
14. 马三进一　炮7进8
15. 仕四进五　车8平1
16. 车九进一　卒5进1
17. 马五进六？车1平4
18. 马六进七　车4进6
19. 马一进二　车4平3
20. 车九平六　车3进3
21. 帅五平四　炮7平4
22. 帅四进一　炮4平6
23. 车四平六！车8退1
24. 帅四进一　士5进4
25. 前车进一（图2）炮2平4
26. 车六进六　士6进5
27. 车六进一

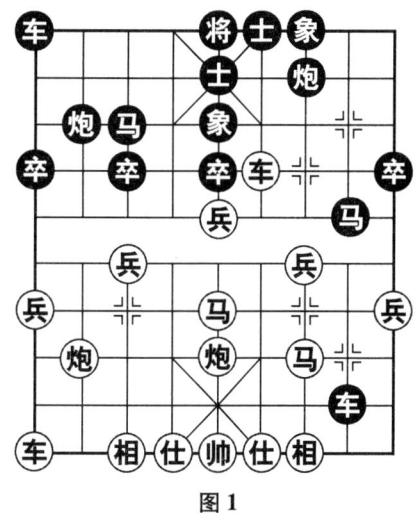

图1

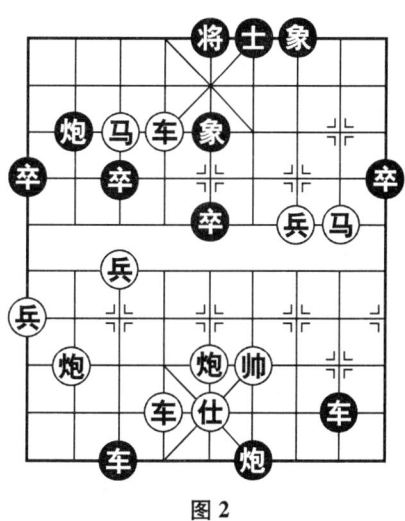

图2

第 157 局　李进胜苏健强

(2013 年 5 月 12 日弈于广州市首届文园杯象棋公开赛)
中炮急冲中兵对屏风马进车点穴

1. 炮二平五　马 8 进 7
2. 马二进三　车 9 平 8
3. 车一平二　马 2 进 3
4. 兵七进一　卒 7 进 1
5. 车二进六　炮 8 平 9
6. 车二平三　炮 9 退 1
7. 兵五进一　士 4 进 5
8. 兵五进一　炮 9 平 7
9. 车三平四　车 8 进 8
10. 马八进七　卒 7 进 1
11. 兵三进一　象 3 进 5
12. 马七进五　炮 2 进 1（图 1）
13. 炮八平六　车 8 平 4?
14. 车九平八!　车 1 平 2
15. 仕四进五　卒 3 进 1
16. 车四进二　炮 2 退 2
17. 车八进八!　车 2 进 1
18. 车四平三　马 7 进 8
19. 兵七进一!　车 4 平 3
20. 炮六平七　卒 5 进 1
21. 炮七进五?　车 3 退 4
22. 炮七平六　马 8 退 6
23. 车三平四　马 6 退 4
24. 马五进四　象 5 退 3
25. 车四平三　象 7 进 5
26. 兵三进一　车 2 进 2
27. 马三进二　车 3 进 5!
28. 兵三进一　马 4 进 3
29. 马二退四　马 3 进 4
30. 炮五平二　将 5 平 4
31. 炮二平六　将 4 平 5
32. 前马进二　车 3 退 6?
33. 车三平二　车 3 平 7
34. 马二进三　车 7 退 2
35. 车二平三　卒 5 进 1
36. 马四进二　车 2 平 8
37. 马二进四　车 8 平 6
38. 马四退二　车 6 平 8
39. 马二进四　车 8 平 5
40. 车三退五　马 4 退 3
41. 炮六平二!　士 5 进 6
42. 炮二进七　士 6 进 5
43. 车三进六　士 5 退 6
44. 车三退一　士 6 进 5
45. 马四进三　车 5 平 7（图 2）

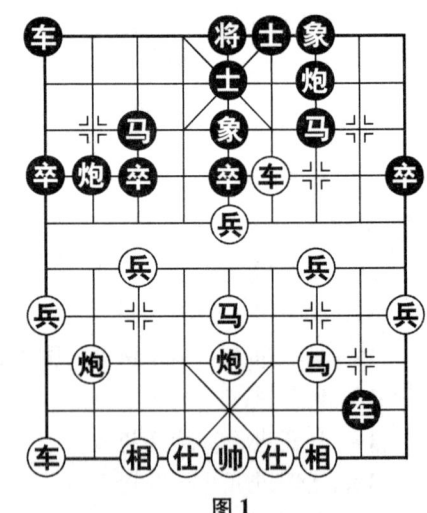

图 1

第五章 中炮急冲中兵对屏风马

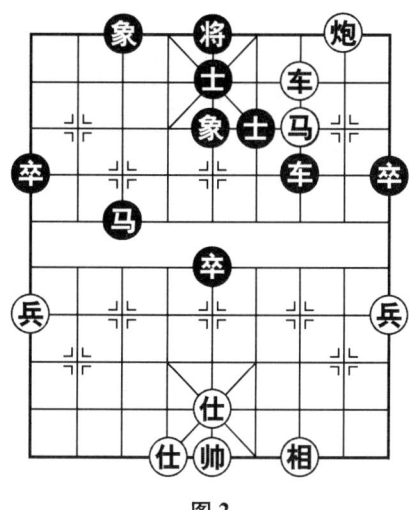

图2

46. 车三进一	士5退6	47. 车三平四	将5进1
48. 车四退二	车7进6	49. 仕五退四	马3进2
50. 车四平五	将5平4	51. 马三进四	

第158局 黎泽桁负方艺霖

(2013年8月2日弈于广东省象棋锦标赛)

中炮急冲中兵对屏风马进车点穴

1. 炮二平五 马8进7
2. 马二进三 车9平8
3. 车一平二 马2进3
4. 兵七进一 卒7进1
5. 车二进六 炮8平9
6. 车二平三 炮9退1
7. 兵五进一 士4进5
8. 兵五进一 炮9平7
9. 车三平四 车8进8
10. 仕四进五（图1）象3进5
11. 马三进五 炮7平9
12. 马五退三 炮2进4
13. 车四退三 炮2退2

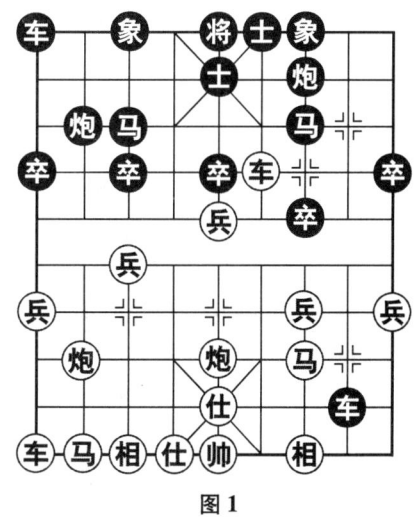

图1

· 183 ·

14. 兵五平六	车1平4	15. 兵七进一！	卒3进1
16. 兵六平七	象5进3	17. 车四进四	马3进4
18. 车四平三	马4进6	19. 车三进一	车8平7！
20. 车三平一？	车4进8	21. 炮八平六	车7进1
22. 马三退四	马6进5	23. 车一平四	马5进7
24. 车四退七	车4平2		
25. 炮六平三	马7进9？		
26. 车四进二	车7退1？		
27. 炮三平一	炮2进5		
28. 车九平八	车2进1		
29. 炮一进四	车7进1		
30. 相七进五	马9退7		
31. 车四退二	车2退3！		
32. 仕五进四	车2平1		
33. 兵一进一	车1进1		
34. 仕四退五	车1退2		
35. 仕五进四	车1平9		
36. 炮一平九	车7平6（图2）		

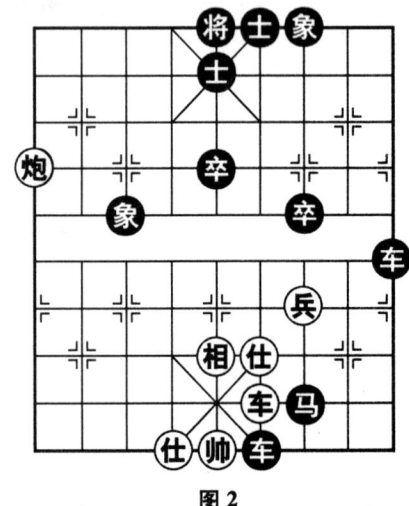

图2

第159局 秋吉一功胜王辉川

（2011年11月23日弈于第12届世界象棋锦标赛）

中炮急冲中兵对屏风马进车点穴

1. 炮二平五	马2进3	2. 马二进三	马8进7
3. 车一平二	车9平8	4. 兵七进一	卒7进1
5. 车二进六	炮8平9	6. 车二平三	炮9退1
7. 兵五进一	炮9平7	8. 车三平四	士4进5
9. 兵五进一	车8进8	10. 马八进七	卒7进1（图1）
11. 马三进五	卒7进1	12. 马五进六	马7进8
13. 车四平三	马8退7	14. 车三平四	马7进8
15. 车四平三	马8退7	16. 车三平四	象3进5！
17. 马六进七	车1平3	18. 前马退五	马7进5
19. 兵五进一	炮7进8	20. 仕四进五	车8进1！
21. 车九进一	炮2进4？	22. 车四进二！	炮2平9？

第五章 中炮急冲中兵对屏风马

23. 兵五进一！（图2）

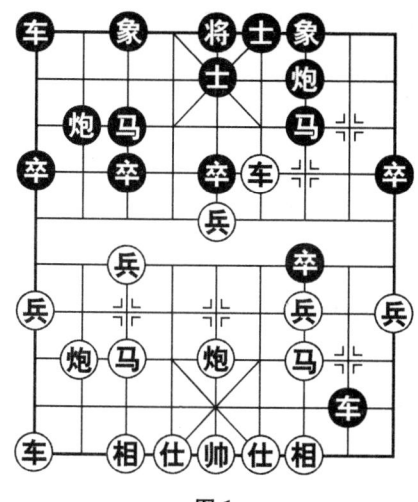

图1

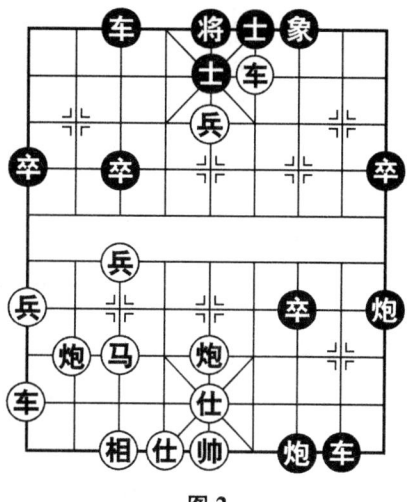

图2

第160局　龚杰胜负赖理兄

（2008年10月21日弈于第15届亚洲象棋锦标赛）
中炮急冲中兵对拐弯卒

1. 炮二平五　马8进7
2. 马二进三　车9平8
3. 车一平二　马2进3
4. 兵七进一　卒7进1
5. 车二进六　炮8平9
6. 车二平三　炮9退1
7. 兵五进一　士4进5
8. 兵五进一　卒7进1
9. 马三进五　卒7平6（图1）
10. 马五进六？炮9平7
11. 车三平四　马7进8
12. 车四平三　马8退9！
13. 车三平四　炮7进8
14. 仕四进五　车8进9！
15. 车四退二　象3进5
16. 马六进七　卒5进1
17. 车四进四？马9进7

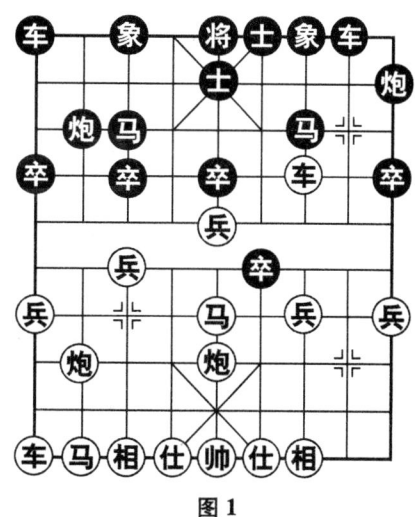

图1

18. 车四退二　车1平3　　　19. 车四平七　炮7平4!
20. 仕五退四　炮4平6（图2） 21. 马八进七　马7进6

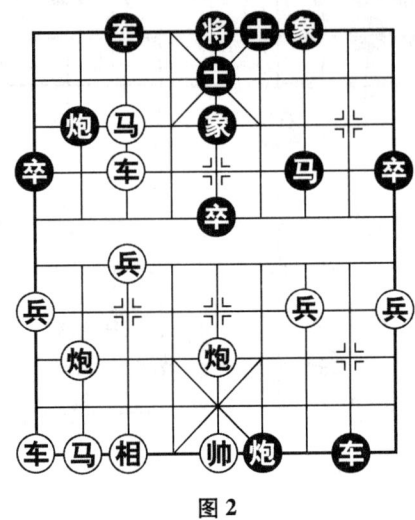

图2

第161局　龚旭东负李晓静

（2012年11月4日弈于南京市第8届弈杰杯象棋公开赛）
中炮急冲中兵对拐弯卒

1. 炮二平五　马8进7　　　2. 马二进三　车9平8
3. 车一平二　卒7进1
4. 车二进六　马2进3
5. 兵七进一　炮8平9
6. 车二平三　炮9退1
7. 兵五进一　士4进5
8. 兵五进一　卒7进1
9. 马三进五　炮9平7
10. 车三平四　卒7平6（图1）
11. 马五进六?　马7进8!
12. 车四平三　马8退9
13. 车三平四　炮7平8
14. 仕四进五　车8进9!
15. 帅五平四?　炮7平4

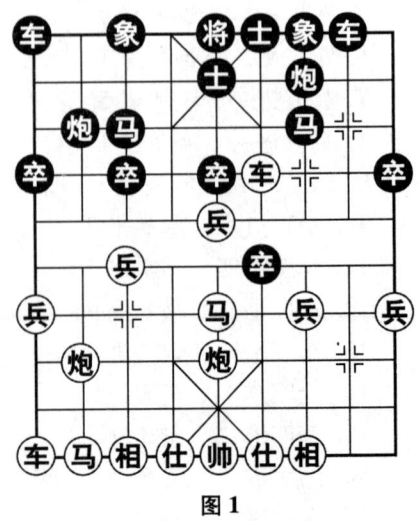

图1

第五章 中炮急冲中兵对屏风马

16. 帅四进一	车 8 退 1
17. 帅四退一	炮 4 平 2
18. 仕五退六	前炮平 4
19. 炮八退二	车 8 进 1
20. 帅四进一	炮 2 进 6
21. 炮八平六	车 8 平 4
22. 马六进七	卒 6 平 5?
23. 兵五平六	炮 2 退 5!
24. 车九平八	车 1 进 2
25. 马七退五	炮 2 平 5
26. 炮五进四	将 5 平 4
27. 兵六平五	车 1 平 8!
28. 炮五退二	车 8 进 6
29. 帅四进一	车 4 退 1

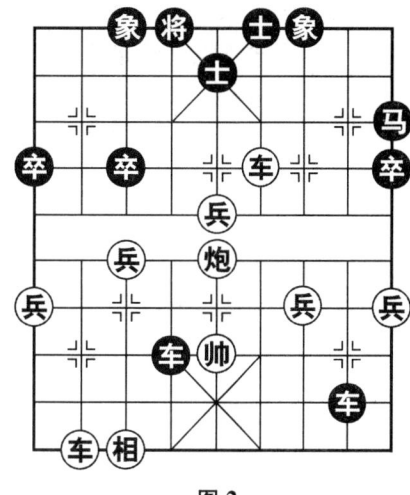
图 2

30. 帅四平五　车 4 退 1（图 2）

第 162 局　张强负柳大华

（2001 年 8 月 16 日弈于派威互动电视杯象棋超级排位赛）
中炮急冲中兵对拐弯卒

1. 炮二平五	马 8 进 7	2. 马二进三	车 9 平 8
3. 车一平二	卒 7 进 1	4. 车二进六	马 2 进 3
5. 兵七进一	炮 8 平 9		
6. 车二平三	炮 9 退 1		
7. 兵五进一	士 4 进 5		
8. 兵五进一	炮 9 平 7		
9. 车三平四	卒 7 进 1		
10. 马三进五	卒 7 平 6		
11. 车四退二（图 1）	卒 5 进 1!		
12. 炮五进三	象 3 进 5		
13. 炮八平三	车 8 进 4		
14. 车四平五	马 7 进 5!		
15. 炮三进六	炮 2 进 3!		
16. 炮五进二!	象 7 进 5		
17. 兵七进一	马 5 进 3		

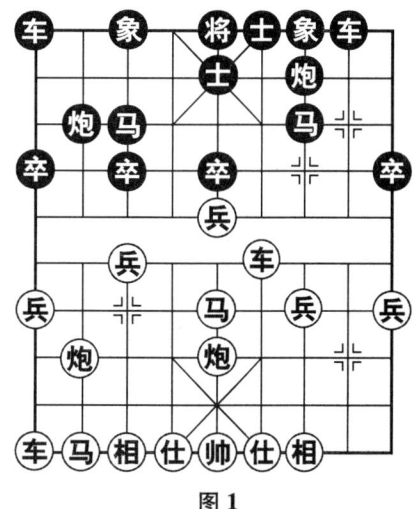
图 1

· 187 ·

中炮冲中兵对屏风马

18. 车五平八	前马进4!		19. 车八退三	车8平5
20. 相七进五	车5进2		21. 兵三进一	车1平4
22. 马八进六	车5平9		23. 车九平七	卒3进1
24. 车八进六	车4进2		25. 炮三退一	士5进6
26. 仕六进五	马4退5		27. 马六进七	马3退4
28. 车八平六	马5退4		29. 马七进六	前马进5
30. 仕五进四!	车9平1		31. 仕四进五	将5进1!
32. 马六退七	马5退4		33. 炮三退一	后马进3
34. 炮三平七	卒3进1		35. 马七退六	马4退5!
36. 炮七平二	车1平8		37. 炮二平四	车8平4
38. 马六进八	车4平2		39. 马八退六	车2平6
40. 炮四平二	车6平8		41. 炮二平四	车8平4
42. 马六进八	车4平2		43. 马八退六	车2平4
44. 马六进八	车4平3!		45. 兵三进一	车3进3
46. 马八退七	马5进4		47. 兵三进一	将5退1
48. 炮四平一!	士6进5		49. 马七进六	卒1进1
50. 兵三平二	卒1进1		51. 相五进三	马4退5
52. 相三进一	卒3进1		53. 马六进五	卒3平4
54. 相三退五	卒1平2		55. 马五退三	卒2平3
56. 马三进四	象5进7		57. 马四进三	将5平4
58. 炮一退一	象7退5		59. 马三退二	马5进6
60. 马二退四	卒3进1		61. 炮一进二	马6退4
62. 兵二平三	马4退5		63. 马四退二	马3进4
64. 相五进三	马5进6		65. 马二进一	卒4平5
66. 炮一平二	卒3平4		67. 帅五平六	将4进1
68. 炮二退六	将4退1		69. 炮二平四	马6退5
70. 马一进二	马5退3		71. 马二进一	象5退3
72. 马一退三	象3进5		73. 仕五退四	象5退3
74. 炮四平七	象3退5		75. 炮七进三	马3进2
76. 仕四进五	象5退7		77. 兵三平四	卒5平6
78. 兵四平五	马4进6		79. 兵五平四	马6退4
80. 帅六平五	卒6平5		81. 炮七进五!	卒5平6
82. 炮七平三	卒4平5		83. 相一退三	马4进3
84. 马三退五	马2退4		85. 炮三退四	马3退5

第五章 中炮急冲中兵对屏风马

86. 炮三平六	将4平5		87. 兵四平五	马5进3
88. 炮六退五	马4进5		89. 马五进七	将5平6
90. 炮六进四	马3退4		91. 炮六平九	马4退3
92. 兵五进一	卒5平4		93. 相三进五	卒4平3
94. 炮九退一	卒3进1		95. 炮九进六	卒3进1
96. 炮九平七	马5退4!		97. 兵五平六	马3平2
98. 马七退五	马2进4		99. 兵六平七	卒3平4
100. 炮七平九?	前马进5		101. 炮九退四	马5退4
102. 炮九平二	后马进6			
103. 马五进七	马4退5			
104. 兵七平八	士5进4			
105. 炮二退四	马6进5			
106. 马七退六	士6退5			
107. 马六退五	将6平5			
108. 马五退七	后马进4			
109. 兵八进一	马4进3			
110. 兵八平七	卒6平7			
111. 仕五进六	卒7进1			
112. 仕四退五	卒7进1!			
113. 炮二进一	卒7平6			
114. 炮二进四	卒6平5（图2）			

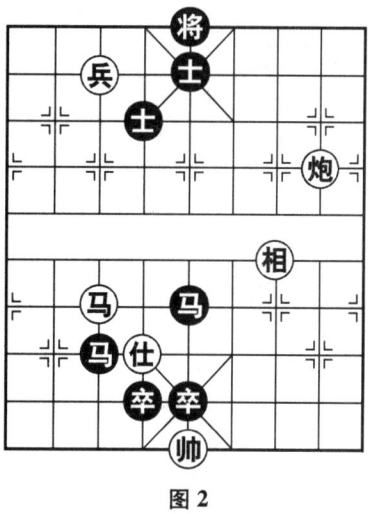

图2

第163局　李锦林负龙龚

（2008年11月19日弈于第3届杨官璘杯全国象棋公开赛）

中炮急冲中兵对拐弯卒

1. 炮二平五	马8进7		2. 马二进三	车9平8
3. 车一平二	马2进3		4. 兵七进一	卒7进1
5. 车二进六	炮8平9		6. 车二平三	炮9退1
7. 兵五进一	士4进5		8. 兵五进一	炮9平7
9. 车三平四	卒7进1		10. 马三进五	卒7平6
11. 车四退二	卒5进1		12. 炮五进三	象3进5
13. 炮八平四（图1）	车8进4		14. 马五进四	马7进5!
15. 相七进五	炮7进3!		16. 炮五进二?	炮2平5

17. 马四进五？	炮7平5	18. 仕六进五	炮5退2
19. 车四进二	卒3进1	20. 马八进九	卒3进1
21. 相五进七	马5进6	22. 相七退五	马3进4
23. 车四平一	马6进4	24. 炮四平三	象7进9
25. 帅五平六	后马进6！	26. 车一平六	车1平4
27. 车六进三	士5退4	28. 炮三平一	车8平4（图2）

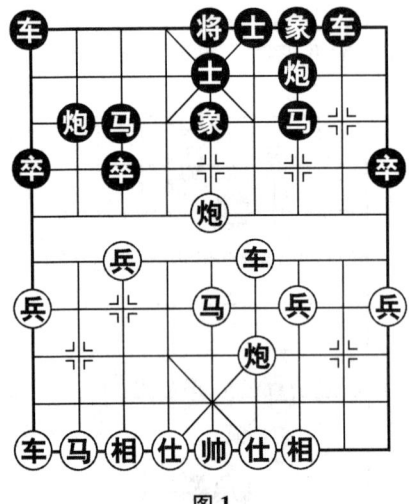

图1

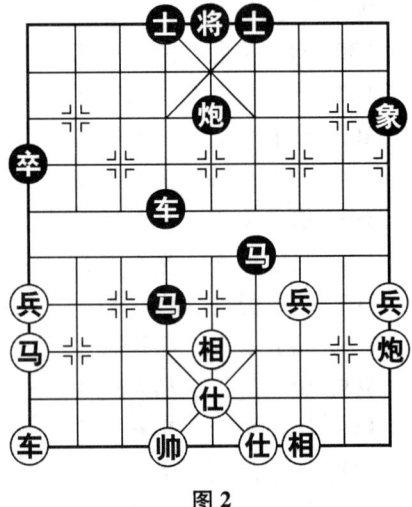

图2

29. 马九进七	车4退2	30. 仕五进六	马4进6
31. 帅六进一	车4进4	32. 车九平七	炮5平4！
33. 帅六平五	车4平7		

第164局　米珍珠负张义平

（2010年10月30日弈于阳泉市移动全球通俱乐部益智棋牌联谊赛）

中炮急冲中兵对拐弯卒

1. 炮二平五	马8进7	2. 马二进三	车9平8
3. 车一平二	卒7进1	4. 车二进六	马2进3
5. 兵七进一	炮8平9	6. 车二平三	炮9退1
7. 兵五进一	士4进5	8. 兵五进一	炮9平7
9. 车三平四	卒7进1	10. 马三进五	卒7平6
11. 车四退二	卒5进1	12. 炮五进三	象3进5
13. 炮八平四	车8进4	14. 马五进四	马7进5

第五章 中炮急冲中兵对屏风马

15. 相七进五	炮7进3	16. 车四平五（图1）	炮7平5！
17. 车五进一	马5退7！	18. 车五平八	炮2进7
19. 车九平八	车8平6	20. 前车平四	马7进6
21. 车八进三	车1平4	22. 炮四平一	车4进3
23. 兵三进一	车4平8	24. 仕六进五	马3进5
25. 兵九进一	卒3进1	26. 车八进三	卒3进1
27. 相五进七	马5进3！	28. 车八进三	士5退4
29. 车八退四	马6进7	30. 炮一平九	马7退5
31. 相三进五	士6进5	32. 炮九平八	马5进3
33. 兵九进一	卒1进1	34. 车八平九	车8平2（图2）

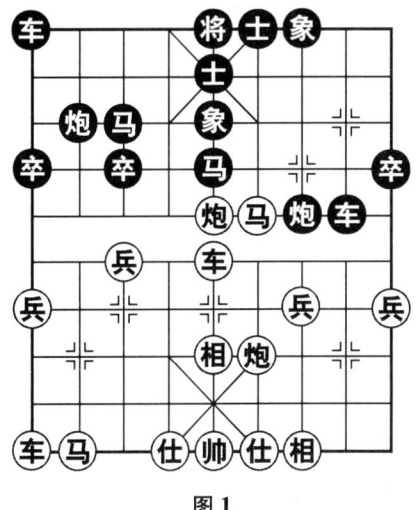

图 1

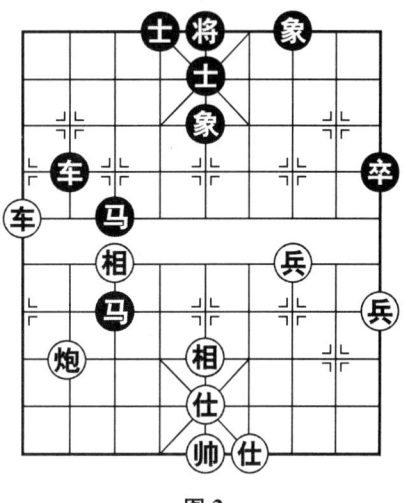

图 2

第 165 局　张才负徐建斌

(2013年2月22日弈于朔州市朔城第9届财盛杯象棋公开赛)
中炮急冲中兵对拐弯卒

1. 炮二平五	马8进7	2. 马二进三	车9平8
3. 车一平二	卒7进1	4. 车二进六	马2进3
5. 兵七进一	炮8平9	6. 车二平三	炮9退1
7. 兵五进一	士4进5	8. 兵五进一	炮9平7
9. 车三平四	卒7进1	10. 马三进五	卒7平6
11. 车四退二	卒5进1	12. 炮五进三	象3进5

· 191 ·

13. 炮八平四	车8进4		14. 马五进四	马7进5
15. 相七进五	炮7进3		16. 车四平五	炮7进5（图1）
17. 相五退三	车8平6		18. 仕六进五	卒3进1
19. 马八进六	卒3进1		20. 车九平八	马5进3
21. 车五退二	车1平4		22. 炮四平三	后马进5（图2）

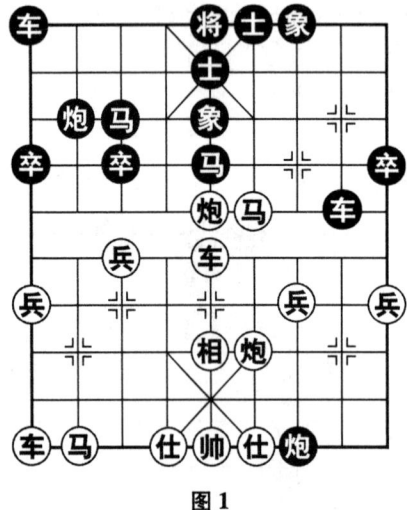

图1

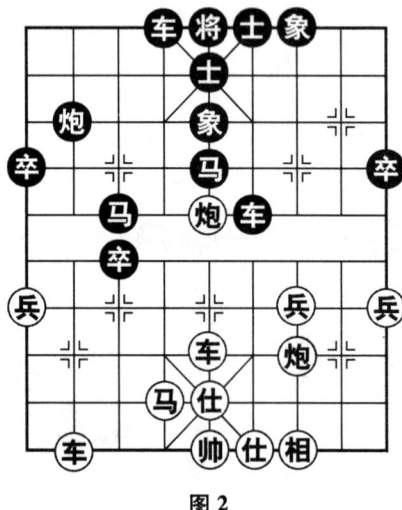

图2

第166局　蔡俊武胜梁朝晖

（2008年9月20日弈于广东省高校&精英象棋俱乐部象棋擂台对抗赛）

中炮急冲中兵对拐弯卒

1. 炮二平五	马8进7		2. 马二进三	卒7进1
3. 车一平二	车9平8		4. 车二进六	马2进3
5. 兵七进一	炮8平9		6. 车二平三	炮9退1
7. 兵五进一	炮9平7		8. 车三平四	士4进5
9. 兵五进一	卒7进1		10. 马三进五	卒7平6
11. 车四退二	卒5进1		12. 炮五进三	马3进5（图1）
13. 车四进四	车8进4		14. 炮八平五	炮2退1
15. 车四退二	象3进5		16. 马八进七	车1平4
17. 前炮平六	车8平4？		18. 马五进六	车4进4
19. 车九平八	车4进3		20. 马七退九	车4平1
21. 马九进七	车4退2？		22. 炮五平三！	马7进8

第五章 中炮急冲中兵对屏风马

23. 车四平五　马8进6
25. 车八进八（图2）

24. 车五退三！炮7进6

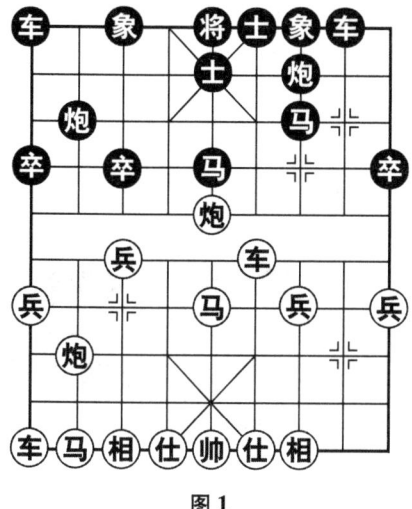

图1

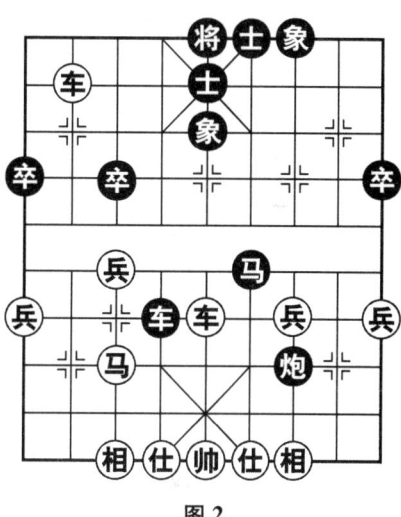

图2

第167局　申鹏胜李雪松

（2009年9月16日弈于全国象棋甲级联赛）
中炮急冲中兵对拐弯卒

1. 炮二平五　马8进7
2. 马二进三　车9平8
3. 车一平二　卒7进1
4. 车二进六　马2进3
5. 兵七进一　炮8平9
6. 车二平三　炮9退1
7. 兵五进一　士4进5
8. 兵五进一　炮9平7
9. 车三平四　卒7进1
10. 马三进五　卒7平6
11. 车四退二　卒5进1
12. 炮五进三　马3进5
13. 车四进四　炮2退1
14. 车四退二　象3进5
15. 炮八平三（图1）马7进8!

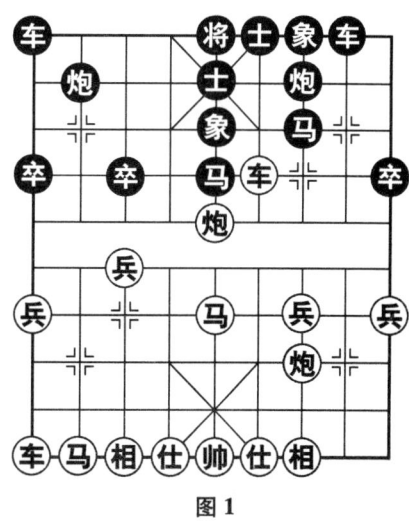

图1

16. 车四平五	马8进6	17. 马五进四	炮7进6
18. 车九进二	马6进4	19. 车九平六	马4退5
20. 车五退一	炮7平8	21. 车五平八	炮2进8
22. 车八退五	车1平3	23. 车八进五	炮8进8
24. 仕六进五	车8进6	25. 兵一进一	士5进6
26. 车六进四	士6进5	27. 车六平一	炮8平9
28. 车一平二	车8平9	29. 车二进三	炮9退4
30. 车八退二!	炮9退3	31. 马四进二	炮9平7
32. 相三进五	车3平4		
33. 车八平四	车4进2		
34. 马二进三	将5平4		
35. 车四平八	象5退3		
36. 马三退一(图2)	车4平2		
37. 车八平六	车2平4		
38. 车六平八	车4平2		
39. 车二平三	将4进1		
40. 车八平六	车2平4		
41. 车六进四	炮7平4		
42. 马一退二	车9退2		
43. 马二进四	卒3进1?		
44. 车三平七!	卒3进1		
45. 车七退五	车9平6	46. 车七进二	卒1进1
47. 兵三进一	将4退1	48. 车七平六	炮4退1
49. 马四退六	车6平5	50. 马六进八	车5平2
51. 马八进九	车2平3	52. 兵三进一!	炮4进1
53. 兵三进一	将4平5	54. 兵三平四	炮4平1
55. 车六平九			

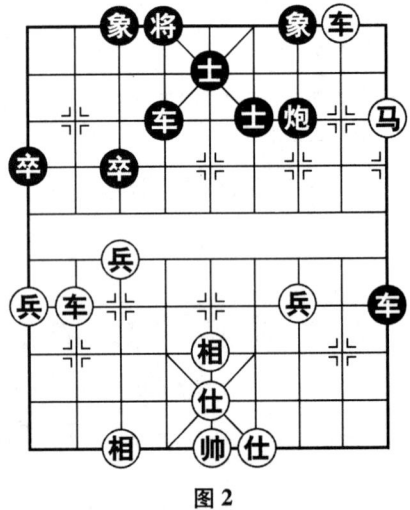

图2

第168局　黄金成负石才贯

(2012年11月23日弈于广西首届全民健身运动会象棋比赛)

中炮急冲中兵对拐弯卒

1. 炮二平五	马8进7	2. 马二进三	车9平8
3. 车一平二	马2进3	4. 兵七进一	卒7进1

第五章　中炮急冲中兵对屏风马

5. 车二进六　炮8平9
7. 兵五进一　士4进5
9. 车三平四　卒7进1
11. 车四退二　卒5进1
13. 车四进四　炮2退1
14. 车四退二　象3进5
15. 炮八平五（图1）车1平4
16. 马八进七　车4进6
17. 车九平八　车8进4
18. 车八进五　将5平4
19. 相三进一　卒3进1
20. 兵七进一　象5进3
21. 前炮平六　炮2平3?
22. 炮五进四　炮3进6
23. 炮五平六　车4退2
24. 马五进六　车8平4
25. 车八进四　将4进1
26. 仕四进五　炮3退1
28. 相七进五　炮3平5
30. 炮六平四　马7进6
32. 车五进三　将4平5
34. 车八退五　马6退7
35. 车五退二　士6进5
36. 炮四退六　马7进8
37. 兵三进一　马8进7
38. 车八平四　马7进9
39. 炮四平二　车4平8
40. 车四退一　车8进2
41. 兵三进一　炮5平2
42. 相五退七　炮2平5
43. 兵三进一　士5进6
44. 相七进五　炮7平6
45. 车四平三?马9进8（图2）
46. 车三进二　车8进1

6. 车二平三　炮9退1
8. 兵五进一　炮9平7
10. 马三进五　卒7平6
12. 炮五进三　马3进5

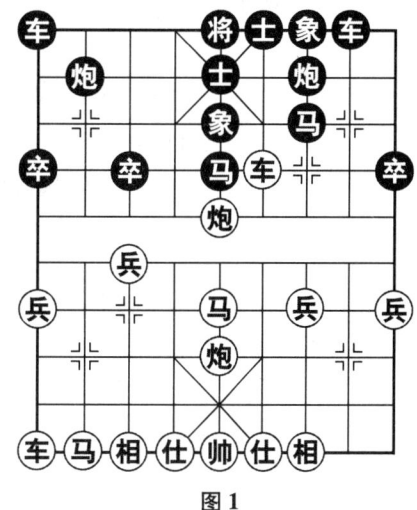

图1

27. 车四退三?炮3退1
29. 车四平五　炮5退3
31. 炮四进二　士5退4!
33. 车八退一　将5退1

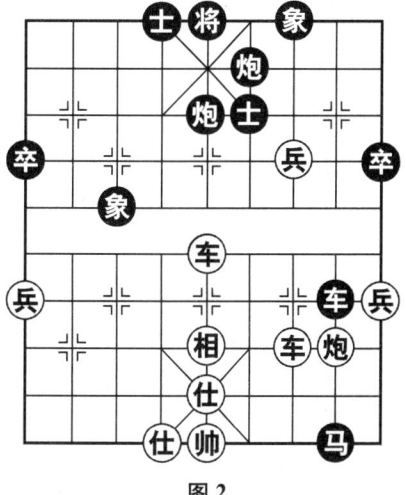

图2

47. 车三平二	车 8 退 2		48. 车五平二	马 8 退 7
49. 车二平三	炮 6 平 2！		50. 车三平八	炮 2 平 5
51. 车八退二	马 7 退 6		52. 兵三平四	后炮进 6
53. 帅五平四	后炮进 2		54. 车八进一	后炮平 6
55. 仕五进四	马 6 进 4			

第169局　石天生负石才贯

（2011年7月3日弈于广西柳州市象棋十强赛）
中炮急冲中兵对拐弯卒

1. 炮二平五	马 8 进 7		2. 马二进三	车 9 平 8
3. 车一平二	马 2 进 3		4. 兵七进一	卒 7 进 1
5. 车二进六	炮 8 平 9		6. 车二平三	炮 9 退 1
7. 兵五进一	士 4 进 5		8. 兵五进一	炮 9 平 7
9. 车三平四	卒 7 进 1		10. 马三进五	卒 7 平 6
11. 车四退二	卒 5 进 1		12. 炮五进三	马 3 进 5
13. 炮八平五	炮 2 平 5（图 1）			
14. 马八进七	炮 5 进 2			
15. 炮五进三	车 8 进 4			
16. 车四平五	车 1 平 2			
17. 车九平八	车 2 进 9			
18. 马七退八	象 7 进 5			
19. 马五进三	炮 7 平 4			
20. 兵三进一	卒 3 进 1			
21. 相七进五	卒 3 进 1			
22. 相五进七	马 5 进 3			
23. 车五退一	马 3 退 4			
24. 炮五退一	车 8 平 5			
25. 马八进七	马 4 进 3			

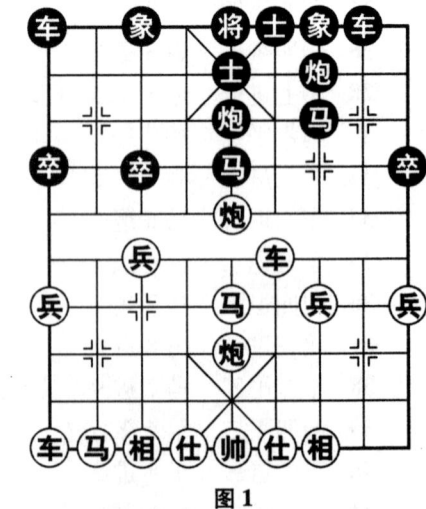

图 1

26. 炮五平六	车 5 平 4		27. 仕四进五	马 7 进 6
28. 炮六平四	卒 9 进 1		29. 相三进五	卒 1 进 1
30. 车五平二	马 6 退 7		31. 炮四退二	马 7 进 5
32. 炮四平一	卒 1 进 1		33. 兵九进一	马 3 进 1
34. 车二平九	马 1 退 3		35. 车九平二	马 5 进 6

第五章 中炮急冲中兵对屏风马

36. 车二平四	马6退5	37. 马七进九	车4平8
38. 仕五退四	马5进4	39. 车四平六	马4退5
40. 仕六进五	车8进3?	41. 炮一进三	车8平5
42. 车六进六	将5平4	43. 相七退五	马3进2
44. 仕五进四	马5进4	45. 仕四进五	马4退5
46. 炮一平六	马2进3	47. 炮六退四	马5退3
48. 马九退七	前马退1	49. 仕五进六	将4平5
50. 炮六平二	士5退4	51. 仕六退五	马3退5
52. 马七进五	马1退3	53. 马五进七	士6进5
54. 兵一进一	象5进3	55. 兵一进一	士5进6
56. 马七进五	士4进5	57. 兵一平二	象3进5
58. 兵二进一	将5平4	59. 兵二平三	马5进7
60. 炮二进二	马3退5	61. 前兵平四	马7进5
62. 炮二退二	前马退3	63. 炮二平一	马3进1
64. 兵四平五	马5进7	65. 马五退七	马1退3
66. 炮一进五	马3退4	67. 兵五平六	象3退1
68. 马六进五	象1退3	69. 炮一平四	马7退5
70. 炮四退一	马4进3	71. 兵六平五	马3进1
72. 马五退七	马1进3	73. 帅五平四	马3退4
74. 炮四平六	象5进3	75. 兵五平六	将4平5
76. 兵六平五	象3进5	77. 马七退五	马4退2
78. 炮六平二	马2退4	79. 马五进七	马4进6
80. 炮二平四	马6进5	81. 马七退五	前马退3
82. 炮四平五	马3退4	83. 马五退三	将5平4
84. 马三进一	象3退1	85. 马一进二	象1退3
86. 兵五平四	马4进2	87. 兵四平五	马2退4
88. 炮五平六	象5退7	89. 兵五平六	将4平5
90. 兵六平七	象3进5	91. 兵七进一	马4退2
92. 炮六平五	马2退4	93. 炮五平七	马4退3
94. 炮四退二	将5平4	95. 炮四平一	士5退6
96. 炮一进六	士6退5	97. 马二进三	将4平5
98. 马三退四	象5进7	99. 兵七进一	马3退2
100. 马四退六	象7退9	101. 马六进七	马2进4
102. 兵七平六	马5退6	103. 马七退六	马6进7

104. 马六进五　马7退8
105. 炮一平二　马4退2
106. 马五进七　士5进4（图2）
107. 兵六进一　将5进1
108. 马七退六　马8进7
109. 马六进八　马2进4
110. 马八进六　马4进5
111. 炮二平四　将5进1
112. 马六退八　马7进9
113. 马八进七　将5退1
114. 炮四退五？马9进7
115. 帅四平五　马7退6

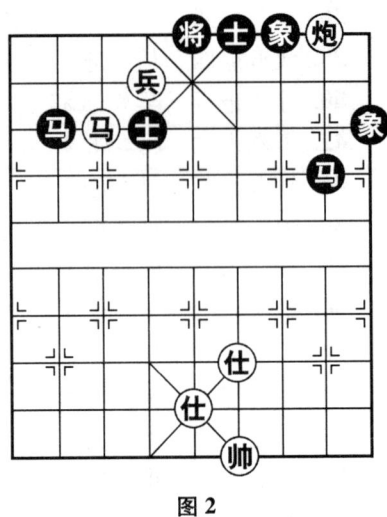

图 2

第170局　陈杰胜冯金利

（2012年5月4日弈于重庆市永川首届乾鑫杯象棋公开赛）

中炮急冲中兵对拐弯卒

1. 炮二平五　马8进7
2. 马二进三　车9平8
3. 车一平二　马2进3
4. 兵七进一　卒7进1
5. 车二进六　炮8平9
6. 车二平三　炮9退1
7. 兵五进一　士4进5
8. 兵五进一　炮9平7
9. 车三平四　卒7进1
10. 马三进五　卒7平6
11. 车四退二　卒5进1
12. 炮五进三　马3进5
13. 炮八平三　炮2平5（图1）
14. 炮五进二　象7进5
15. 车四进二　马7进8
16. 车四平三　炮7进5
17. 车三平五　炮7进3
18. 仕四进五　炮7平9
19. 马五进三　马8进6

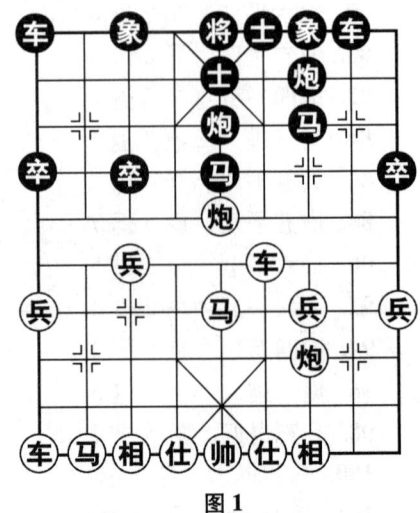

图 1

第五章 中炮急冲中兵对屏风马

20. 车五平二　车8平9？
22. 车二退三！车2进7
24. 车九平四　马6退5
26. 车四平一！炮9平4
28. 车二平六　车9进3
29. 车一平二　车2退2
30. 炮三平五　车9平6
31. 车六进五　车6进2
32. 炮五进六　士5进6
33. 仕六进五　车2进2
34. 仕五退六　车2退2
35. 仕六进五　车2进2
36. 仕五退六　车2退2
37. 仕六进五　车6平5
38. 炮五退二！车2退3
39. 炮五平一　马7退9
40. 马三进二　士6进5
41. 炮一平四（图2）

21. 炮三退一　车1平2
23. 车九进二！车2进2
25. 相七进五　马5进7
27. 仕五退六　卒9进1

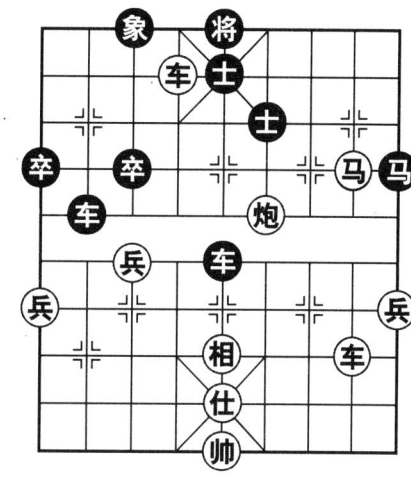

图2